中国科协"科创中国"2022年委托项目（编号：2022YJKT03）支持

创新发展通论

贾敬敦◎著

人民邮电出版社

北京

图书在版编目（CIP）数据

创新发展通论 / 贾敬敦著. -- 北京 ：人民邮电出
版社，2023.9
ISBN 978-7-115-62127-6

Ⅰ．①创… Ⅱ．①贾… Ⅲ．①中国经济－经济发展－
研究 Ⅳ．①F124

中国国家版本馆CIP数据核字(2023)第131623号

内 容 提 要

　　本书是作者多年从事创新发展理论与实践研究的成果集成，聚焦创新发展研究的经济学
意义和具体实践。本书立足于我国的创新驱动发展战略，深入介绍了进行创新发展研究的时
代背景和经济学意义，主要围绕创新发展与宏观经济学核心议题（经济增长与商业周期）的
关系展开论述：基于经济学原理、科学技术发展规律，分析了科学、技术、创新的外部性，
以及将科学、技术、创新注入经济体系的途径；围绕“产业创新发展”“现代金融与创新发
展”“创新与城市发展”等几个议题，以实证方式对国内外创新发展取得的成效进行了深入
分析和探讨；针对宏观创新发展政策，总结了中美两国宏观经济政策的框架及其实施成效，
阐述了宏观创新发展政策的制定、优化与发展趋势。

　　本书可供从事创新发展政策与经济研究的工作者参考，也适合创新创业者、金融与风险
投资者、城市发展研究者、高校相关专业师生以及对创新发展研究有兴趣的大众读者阅读。

◆ 著　　　　贾敬敦
　　责任编辑　韦　毅
　　责任印制　焦志炜

◆ 人民邮电出版社出版发行　　北京市丰台区成寿寺路 11 号
　　邮编　100164　电子邮件　315@ptpress.com.cn
　　网址　https://www.ptpress.com.cn
　　涿州市般润文化传播有限公司印刷

◆ 开本：720×960　1/16
　　印张：22　　　　　　　　　　2023 年 9 月第 1 版
　　字数：290 千字　　　　　　　2024 年 9 月河北第 5 次印刷

定价：99.80 元

读者服务热线：(010)81055410　印装质量热线：(010)81055316
反盗版热线：(010)81055315
广告经营许可证：京东市监广登字 20170147 号

自党的十八大提出实施创新驱动发展战略以来，创新发展已成为举国共识。党的二十大报告强化了创新发展的作用，提出"必须坚持科技是第一生产力、人才是第一资源、创新是第一动力，深入实施科教兴国战略、人才强国战略、创新驱动发展战略，开辟发展新领域新赛道，不断塑造发展新动能新优势"。因此，创新发展研究意义重大。特别是，如何从机理上认识创新发展的经济学意义？中国与其他相关国家的创新发展带来了什么规律启示？中国如何实现未来经济的持久增长？如何应对全球面临的新挑战？回答上述问题对加快实施创新驱动发展战略至关重要。

贾敬敦研究员长期奋战在科技管理第一线，有着丰富的经验，对创新发展有着直接体会和深入思考。他还长期从事科技创新战略与政策研究，在高新技术产业发展、区域创新、企业创新等方面有很深的研究造诣，研究提出的咨询建议多次获得高层重视。本书是贾敬敦研究员对创新发展所做的一次系统性思考，历时近 4 年，以 7 个专题研究报告为基础，内容涉及产业革命以来经济的持久增长及其原因，创新与商业周期及其应对，科技、技术、创新注入经济体系的途径，产业创新发展，现代金融与创新发展，创新与城市发展，宏观创新发展政策研究等核心议题，形成了一整套关于创新发展的理论框架和系统阐述。本书也是贾敬敦研究员从宏观、中观、微观等层面对创新发展理论所做的一次全面探索。在宏观层面，本书归纳了经济持久增长的 7 个原因，强调科学、技术和创新是产业革命以来经济持久增长的源泉，并探讨了如何将科学、技术和创新有效注入经济体系。在中观、微观层面，本书深入分析了科技创新如何支撑产业发展，思考谋划了创新发展所需的金融体系、制度与政策，深入剖析了创新、产业与城市发展的互动关系，刻画了当代产业、金融、城市与创新的耦合关系，让人眼前一亮。

阅读本书，不仅可以获知一个跨历史、跨系统的创新发展理论框架，对理解创新发展机理很有启发，还能了解到大量翔实的数据、鲜活的案例，甚至获知政策背后的逻辑，对指导政策实践大有裨益。相信本书对从事创新发展政策与经济研究的工作者、创新创业者、金融与风险投资者、城市发展研究者，都有所助益。

潘教峰

中国科学院科技战略咨询研究院院长

2023 年 5 月 18 日

创新发展是一个重要的经济学命题，也是经济学研究的一个热点领域。宏观上，创新发展主要研究、分析创新与经济增长的关系；中观上，主要研究、分析创新与产业、区域（城市）发展的关系；微观上，主要研究、分析创新与企业或组织发展的关系。国际上关于创新发展有丰富的理论研究和历史实践，它也是中国正在研究与实践的一个重要命题。但总的来看，在经典的、传统的经济学领域，不论是在宏观经济学、微观经济学，还是在区域、产业、生产要素经济学的研究中，创新发展一直是边缘命题，对创新与经济增长之间关系的研究分析不多，有待深入。这与创新在经济学中的重要地位与意义不符，也不符合现代经济发展的实际情况——科技企业、科技产业、城市创新、科技金融发展取得了巨大成就，并产生了广泛影响。

2012 年，中国提出实施创新驱动发展战略。2019 年，中国人均 GDP 超过 1 万美元，中国成为人类发展史上第一个用社会主义市场经济体制成功实现经济发展的国家。2020 年，中国成功跻身创新型国家行列。应用现有的西方经济学说，难以对中国的发展做出科学解释。中国正通过高质量发展迈向高收入国家行列，创新发展变得更加重要而且亟须深入研究，既需要对中国创新发展实践进行研究分析，寻找发展规律，以丰富中国特色的创新发展理论，也需要对实现高质量发展的路径进行研究。

2019 年下半年，我开始了本书的创作，先后完成了 7 个专题研究报告，包括产业革命以来经济的持久增长及其原因，创新与商业周期及其应对，科学、技术、创新注入经济体系的途径，产业创新发展，现代金融与创新发展，创新与城市发展，宏观创新发展政策研究。在研究分析的基础上，我结合自己长期从事科技创新创业工作的实践，进行了实证性对比分析，形成了总体的理论体系。希望本书能为从事创新发展政策与经济研究的工作者、创新创业者、金融与风险投资者、城市发展研究者，以及高校相关专业师生，提供参考借鉴。

在进行这些专题研究的过程中，中国科学院大学的乔晗教授、科技部火炬高技术产业开发中心的于磊、王赫然、温全等创新管理专家，中国科学院西安光学精密机械研究所的米磊博士，著名创业导师苗英伟，给予了重要的学术指导与帮助，特此致谢。

贾敬敦

2023 年 4 月 28 日

以 18 世纪 60 年代珍妮纺纱机的发明与产业化应用为起点，产业革命兴起，人类社会进入了基于科学、技术和创新发展的时代。尽管"创新"一词诞生于 20 世纪初，但其作为经济活动的创新实践，早就存在。现代意义上的经济学在人类社会经济发展的实践中诞生，并不断开辟新的境界。从经济学的维度观察，创新发挥了怎样的作用？弄清楚这个问题，是我开展创新发展研究的动机，我还试图通过创新发展研究回答以下问题。

1．如何从机理上认识创新发展的经济学意义

创新发展研究的基本意义，就是认识创新对宏观经济发展的作用原理。围绕宏观经济学的两个核心议题——经济增长与商业周期开展研究，我关注的重点首先是创新与经济增长、商业周期之间的关系。产业革命以来，尽管全球经历了两次世界大战，遭受了众多局部战争的破坏，受到了若干经济危机的冲击，但总体上，全球经济实现了长周期的增长，全球财富以惊人的速度积累，这是史无前例的。其原因是什么？人口的爆发式增长是显而易见的，资源是短缺的，有的资源甚至枯竭，究竟是什么原因使世界经济不断突破增长极限，实现了新一轮的持久增长？仅靠经济学理论，并不能完全解释这些现象。

2．相关国家创新发展带来了什么规律启示

若干经济体进行了富有成效的创新发展实践，积累了丰富的经验，在经

济维度上对我们有何启发？美国、以色列、日本、新加坡以及西欧与北欧国家等都有值得深入研究的经验。其中，美国是在创新发展方面取得丰富成效的代表性国家。

概略地说，美国以国家力量推动创新发展，始于第二次世界大战。二战期间，美国以国防科技开发及其产业发展为重点，创新发展十分活跃，一系列军用新技术、新科技产品被成功开发并大规模应用于实战。二战以后的一段时期，是美国形成国家科学政策的时期。在此之前，美国并没有制定联邦政府层级的科学政策。二战后，时任美国总统罗斯福的科技顾问布什，应罗斯福总统提出的关于美国战后科学发展的几个问题，提交了《科学——没有止境的前沿》这一报告。此后，美国逐步形成了联邦政府层级的、以科学发展为主导的宏观科学政策与体制。该政策与体制至今依然发挥着推进科学发展的基础性作用。2007—2009 年，国际金融危机爆发。美国为了尽快恢复经济增长，并致力于实现经济的新发展，于 2009 年在国家层面正式提出了《美国创新战略》。这是美国于二战结束后发布的联邦政府科学政策，是其宏观创新发展政策的又一次重大调整，标志着创新发展上升为美国的国家战略。

二战后，美国经济处于快速发展的长周期，科学知识、技术开发、创新创业发挥了关键作用。现在世界主要经济体中，人口超过 5000 万、人均 GDP 达到约 7 万美元的经济体，只有美国一家。德国、法国、日本、英国等发达经济体的人均 GDP 与美国相比，还有很大差距。

2021 年，美国的人口已经达到约 3.3 亿，能有这么高的人均 GDP，证明美国的生产率很高，这值得研究。究其原因，如果不研究分析创新的作用，很难得出科学的结论。

发达经济体通过创新发展有效促进了宏观经济发展目标的实现，尽管它们的具体做法都有其特殊性，但是分析创新在经济增长中的作用，又具有一般的规律性。分析其中的一般规律，对经济学理论发展、世界经济发展、推动国家经济增长，有重要的借鉴意义。

3. 中国创新发展带来了什么规律启示

产业革命以来的 250 多年里，世界上以社会主义市场经济体制实现了经济长周期、快速增长的国家仅有中国。自 1978 年开始，作为一个后发国家，中国经历了 40 多年的经济高速增长；2010 年，中国成为世界第二大经济体；2013 年，中国成为世界第一货物贸易大国；2019 年，中国人均 GDP 突破 1 万美元；2020 年，中国进入创新型国家行列。苏联是世界上第一个社会主义国家，但其经济发展并不成功，1991 年苏联解体时，其人均 GDP 不到 4000 美元；而且其经济结构严重畸形，产业体系长期落后，特别是消费品工业严重落后。中国的经济发展走的是中国式发展道路，中国的创新发展是有中国特色的，其中蕴含的规律值得深入研究。应用现行的经济学理论很难很好地解释中国的经济发展与创新发展。

4. 中国如何实现未来经济的持久增长

中国人均 GDP 在 2019 年超过 1 万美元，作为世界第二大经济体，如何高水平地继续实现经济的持久增长？

按照世界经济发展的一般规律，任何一个经济体，当人均 GDP 超过 1 万美元之后，便会面临如何越过由中等收入国家到高收入国家门槛的议题。要越过这个门槛，迈向高收入国家行列，经济要进一步持久增长，总需求与总供给的关系、产业发展及其结构、发展方式、经济与社会结构都将经历一个巨大的调整。中国提出实现经济高质量发展，反映了在新发展阶段，推进经济持久增长的政策取向。

值得说明的是，中国经济存在不少结构性问题，比如：中国决心建立高水平市场经济体制，这意味着经过 40 多年的改革，经济体制改革进入了深水区，需要通过深层次的改革来实现突破；中国的城乡结构问题依然十分突出，在经济发展、社会发展、公共服务、社会保障、要素市场建设等方面的"二元结构"依然存在；在基本经济制度与政策上，如分配制度、产权保护、不同所有制企业公平竞争等方面的改革还没有全面完成；明显存在创新发展方面的结构性问题。解决这些结构性问题既是挑战，也是机遇。

美国是世界第一大经济体，中国是世界第二大经济体。美国在 1978 年实现人均 GDP 超过 1 万美元。自那以后，美国经济发生了翻天覆地的变化。20 世纪 80 年代是美国宏观经济政策及经济发展发生深刻变化的时期，严重的通货膨胀在持续了十几年（1966—1981 年）后，在 20 世纪 80 年代初，终于得到了有效治理，经济实现了新的发展。到 1990 年，美国人均 GDP 已经达到了 2.4 万美元，顺利越过中等收入陷阱，进入了高收入国家行列。中国现在进入了跨越中等收入陷阱的关键时期。一般而言，人均 GDP 超过 1 万美元后的这个时期，涉及食物、衣物、住房、交通等方面的基本物质需求问题已经基本解决，那么下一步经济该往哪里走？答案必然是质量导向的增长，这是这个阶段发展的主流方向。实现高质量发展，除了创新发展这条道路，没有别的路径。对中国这样的大规模经济体尤其如此。

因此，在这个新发展阶段，要通过创新发展，实现产业结构升级，培育和发展新产业，建设现代产业体系，建设现代经济体系。中国在 2012 年提出实施创新驱动发展战略，并在 2020 年进入了创新型国家行列。可以预期的是，在新发展阶段，不仅产业与经济将发生比较大的变化，宏观经济政策也将经历比较大的调整。创新发展作为重要战略举措，自然也要根据发展阶段的变化做出适当调整。这是需要认真研究的新命题。

5. 如何应对全球面临的新挑战

当今世界面临一系列新的重大挑战。

第一，新冠疫情。新冠疫情对经济的巨大冲击是显而易见的，其影响是全球性的。造成商业周期的原因很多，比如，战争、社会动乱，又比如，金融问题等涉及经济自身的问题，甚至一部分产业的过快发展、过热发展所引发的过度投机。但是，这次商业周期是由传染病造成的，显著特点是疫情严重影响经济活动，甚至造成经济停顿，而且持续时间比较长。值得注意的是，自 1953 年人类发现 DNA 以后，生命科学与生物技术快速发展，人类掌握了更多的科学知识与技术工具来应对疾病，但面对新冠这样的新发传染病，人类依然显得脆弱，生命科学与生物技术的发展依然任重而道远。

第二，以产业链、供应链重塑为导向的贸易、投资与创新格局调整。2007—2009 年国际金融危机发生后，发达国家普遍启动了本国产业调整，特别重视工业产业发展，大力发展先进制造业、引导工业回归本土。新冠疫情暴发后，产业链、供应链与创新链的稳定问题成为一个全球关注的重点问题，一些国家甚至将其与国家安全相联系。总的来看，加强对产业链、供应链，以及关键科学技术的管控是各国普遍的做法。中国经济正处于高质量发展的起步阶段，产业经济活动逐步向产业链的中高端移动，同时也在努力建设能够自主的创新链，以支撑产业链的延伸、升级。产业链、供应链的调整将直接影响世界贸易和投资，对世界金融也会产生巨大的影响。

第三，深入推进新的科技革命与产业变革。突出表现为基础研究得到进一步加强，量子科技、人工智能、大数据、新能源、集成电路等领域的原始创新、颠覆性技术不断取得突破，创新创业活动更加密集，新企业与新产业不断涌现。科技产业是各大经济体发展的重点，也是国际竞争的重点。新兴科技产业不仅会颠覆若干传统产业，引领产业结构调整，而且对就业、教育和社会生活将产生重要影响。

第四，应对全球气候变化。全球气候变化，不仅仅是一个全球共识，也是全球应协调行动、共同应对的问题。气候变化对全球经济发展的影响是巨大的。值得我们思考的是，当今世界所形成的生产体系，实际上是科技革命的结果，基于已有的科学技术，我们形成了基于化石能源的产业体系。巨量的排放、污染来自这个生产体系。目前，全球人口依然在增长，经济规模依然在不断扩大，对化石能源的消耗依然在持续增加。加上国与国之间存在的分歧，应对气候变化的难度依然巨大。越发严重的洪涝和干旱等极端气候灾害，更是增加了应对气候变化的紧迫感。

现在各国都在开发绿色能源、清洁能源，加速能源转型是应对气候变化的重要举措。这方面的进展富有成效，例如太阳能、风能利用的商业化，新能源汽车产业的快速发展等。要真正解决气候变化问题，不靠创新发展是找不到答案的。

第五，地缘政治格局深度调整。政治格局对世界经济有全面的影响。当前的重大事件就是俄乌战争。俄乌战争发生在欧洲腹地，自然极大影响了世界政治格局。无论战争何时结束，俄罗斯与欧洲主要经济体，或者说与西方主要经济体的地缘政治对抗格局已经形成，远远超出俄乌以及西方主要经济体范围的全球性地缘政治影响已经形成。俄乌战争对世界经济的影响还在持续发酵，对世界能源生产、粮食供应，以及产业链、供应链的影响，会远远超出人们的预料，而且是长周期的。

自2007—2009年国际金融危机以来，以产业链、供应链重塑为导向的国际贸易、投资、创新格局深度调整，已经持续了10多年，加之一系列新挑战的叠加影响，世界经济进入了新的发展周期。各经济体以及区域经济、产业、企业，都要做出适应时代发展的调整。调整的基本方向就是通过科技创新的突破，开启新一轮持久的经济增长，并努力实现绿色发展。当然，这也将深刻影响人们的工作、生活，如专业选择、创业或职业生涯规划等。

本书基于这些重要而迫切的议题，试图通过创新发展研究提出见解，以供参考借鉴。当然，创新发展研究的意义，并不仅仅局限在宏观经济学的核心议题方面。实际上，企业、产业都存在创新发展的问题；公共领域如医院、大学等微观主体的创新发展，也十分重要，值得深入研究。

目录

第一章

产业革命以来经济的
持久增长及其原因

◄◄ 引 语 ►►

人们的生活在经济增长中变得更加美好。产业革命以来，经济实现了持久增长，增长的极限不断被打破。随着生产率的提高、就业的改善，人们的收入和生活水平不断提高。人们可以获得更好的教育、医疗服务、社会保障，人均预期寿命不断延长，人们可以到世界各地旅游，社会文化不断发展。

经济持久增长是多因素综合作用的结果，需要明确的一点是，科技创新至关重要。基于现代科学知识的创新对经济的持久增长发挥了核心作用，创新不断造就新产业，创造了不计其数的新的就业岗位。没有现代企业制度、现代金融体系，没有现代大学、科研机构，就没有经济的持久增长。

第一节　产业革命以来的经济增长

1. 产业革命开启了人类经济发展的新纪元

产业革命后 250 多年的时间里，总体上，全球经济持久增长，经济产出与财富不断增加，生活水平不断提高，人均预期寿命不断延长。有专家研究表明，1820 年，中国 GDP 占全球的 28.7%，曾以农业经济成为世界第一大经济体。1960 年，全球 GDP 只有 1.38 万亿美元；到 2000 年，达到了 33.85 万亿美元；2021 年，则达到了 97.31 万亿美元。以当今世界第一大经济体美国为例，按照美国商务部公布的数据，以名义 GDP 计算，1790 年，美国 GDP 为 1.87 亿美元，1900 年为 205.67 亿美元，2000 年为

10.28 万亿美元，2021 年则达到 23.3 万亿美元。整个 20 世纪，美国不仅保持住了世界第一大经济体的地位，而且实现了 GDP 年均 3.5% 的增长。从宏观经济的角度看，你可能认为 3.5% 不是一个很高的增长速度，但是，如果长周期保持 3.5% 的增长速度，就是一个了不起的成就。如果以 3.5% 的增长速度持续 20 年，经济总量就可以翻一番。

改革开放以来的 40 多年，中国经济实现了快速发展，2010 年，中国成为世界第二大经济体。2017 年，党的十九大报告对中国经济做出了新的判断：我国经济已由高速增长阶段转向高质量发展阶段。在经历了很长时间的高速发展，经济规模达到一定程度后，经济增长速度会有所下降。这是经济发展的规律。有些经济学家在展望中国经济的未来发展时，愿意把中国经济的增长速度说得很高，例如继续长时间保持 8% 的增长速度，这是不符合经济发展规律的。在高质量发展阶段，要保持经济增长在合理区间，速度并不是最重要的。实际上，如果从长周期来看，中国能以一个合适的速度，保持经济持久增长，有效调控商业周期，那么中国经济的未来将是不可限量的。

人们习惯把 1500 年作为世界史发展的分水岭。1500 年以前，各国生活于相对封闭的地理环境中，谈不上跨大洋的国际交流与贸易。1492 年，哥伦布发现新大陆，人类对地球的认识有了质的飞跃，随着大航海时代的到来，国际贸易开始兴起。当然，毫无疑义的是，地理大发现也开启了殖民时代。

今天，各国人民享用的食物不仅营养价值高，而且品种极为丰富。全球贸易的发展，彻底打破了农产品与食品销售的地理限制。人们居住的房屋、家用电器、电子信息设备、汽车、飞机、高速铁路等，在产业革命以前，完全是难以想象的。如今，人们可以获得良好的教育，人均预期寿命因医学进步和收入增加而不断延长。据研究，公元元年以前，欧洲的人均预期寿命仅 20 岁，1850 年达到约 40 岁，2009 年，OECD（Organization for Economic Cooperation and Development，经济合作与发展组织）国家的人均预期寿命则达到 79.1 岁。随着全球化民用航空网络的建设和发展，人们还可以便捷地在全球旅行。

2．财富增长方式发生了本质变化

第一，工商业的崛起。产业革命以前，人们实现财富增长的方式主要是依靠获取天然产物，农林牧渔业是主要产业，手工业与商业的发展十分有限。天然产物数量和品种都受制于大自然，农林牧渔业则受制于生物生长规律，季节性的生产方式使生产率受到气候和生物生长规律的制约。产业革命以后，工商业迅速、持续发展壮大。英国为产业革命带来了两大发明。一是大规模生产技术。珍妮纺纱机的发明与产业化应用被认为是产业革命兴起的标志，其特点是可以实现规模化和更高效率的机械化生产。二是现代工厂制度。现代工厂制度不仅取代了手工作坊，更重要的是它可以大规模融资和筹措生产要素，进行专业化分工生产。现代工厂制度也容易实现周年生产，大大提高了生产的时间效率。这些优势，使二三产业有着远远高于第一产业的生产率，经过一段时间的发展，二三产业增加值占 GDP 的绝大部分。当前，发达国家第一产业增加值占 GDP 的比重一般不超过 5%。农业的相对衰落，是产业革命后产业结构经过调整后的普遍现象，也是发展规律。

第二，就业结构的变化。产业革命以前，第一产业是就业机会的主要提供者；产业革命后，二三产业成为就业机会的主要提供者。在 OECD 国家，只有极少比例的劳动力在第一产业就业。生活水平取决于人们的可支配收入，可支配收入取决于劳动生产率。正是劳动生产率更高的二三产业的发展，改变了就业结构，提高了劳动者收入，让人们的生活水平也得以不断提高。

第三，与工商业发展相伴的是城市的崛起。在产业革命以前，多数人口生活居住于乡村，乡村是全球财富创造的主体。但是产业革命以后，二三产业的发展，导致劳动力大量转出农业、离开乡村，转而工作、生活、居住于城市，城市逐步变成财富创造的主体。现在，发达国家的城镇化率普遍很高，例如，日本的城镇化率已经超过了 90%，美国的城镇化率则超过了 80%。发达国家的城市，无论在人口规模还是经济规模上，都占据压倒性优势。

2022 年，中国的城镇化率超过 65%，二三产业主要集中在城市地区，二三产业增加值占 GDP 的比重已经超过 90%。与其他发达国家一样，城市已经成为中国财富创造的主体。

产业革命以来，一方面，现代工商业与现代城市的兴起，极大提高了人类财富创造的能力，财富规模不断达到新的高度；另一方面，正是现代工商业和现代城市的兴起，才支撑起如此大规模的财富创造。经济学家亚当·斯密在写《国富论》的时候，对"财富"做了定义：财富就是我们所需要的必需品、便利品和奢侈品，这三类物品的总和就构成了我们的财富。当然，他当初并没有具体说明这些物品都是什么。我们今天所拥有的财富包括这三类物品：必需品，例如食品等；便利品，例如飞机、高速铁路、汽车、移动电话、互联网等；奢侈品，例如艺术品、珠宝等。在产业革命以前的那个时代，便利品和奢侈品是难以想象的。

3．经济的增长是无限的

在经济发展史上，有三本影响巨大的图书——《增长的极限》《寂静的春天》《人类简史：从动物到上帝》。

第一本书，《增长的极限》，是美国德内拉·梅多斯等人合著的经济学著作。著作的内容主要来自一份研究报告，即罗马俱乐部委托美国麻省理工学院（MIT），以计算机模型为基础，应用系统动力学对人口、农业生产、自然资源、工业生产和污染五大变量进行的实证性研究。研究报告认为人类社会经济的增长存在极限：人类生态足迹的影响因子已然过大，生态系统反馈循环已经滞后，其自我修复能力已受到严重破坏，若继续维持现有的资源消耗速度和人口增长率，人类经济与人口增长只需百年或更短的时间就将达到极限。研究报告呼吁人类转变发展方式：从无限增长到可持续增长，并把增长限制在地球可以承载的限度之内。这本书于 1972 年出版，在全球引起了巨大反响。从 1972 年到 2023 年，已经过去了 51 年，尽管的确存在书中所说的各种制约，但现实是，全球人口与经济持久增长，人类社会的财富越过了一个又一个高峰，不断突破一个又一个极限。不幸的是，人类同时也付出了巨大的生态环境代价。著名物理学家霍金认为，随着地球环境不断恶化、地球上资源不断消耗，人类想要活下去，就必须在200 至 500 年的时间里移民其他星球。当前，可持续发展面临巨大的挑战，能源与气候变化问题尤为突出，人口增长与经济增长的趋势依旧。也许这本书警示的百年极限是存在的，但是这本书提出的转变发展方式、实现可持续增长，无疑对人类社会发展是有益的。

第二本书，《寂静的春天》，是美国海洋生物学家蕾切尔·卡逊的著作，于 1962 年出版。这本书的核心观点是，人类大量地使用滴滴涕（DDT）等有毒杀虫剂，对地球生态环境造成难以逆转的破坏，进而在不知不觉中累积毒物于自身，甚至遗祸子孙。结果春天来了，鸟儿没了，形成了寂静的春天。这本书的出版在全世界产生了广泛的影响，引发了公众对环境问题的广泛关注，有力推动了世界环境保护事业的发展。1992 年，《寂静的春天》被选为世界上最具影响力的图书之一，被誉为"世界环境保护运动的里程碑"。或许，正是这本书的面世，让人们意识到保护生态环境、保护生态多样性的重要性，并付诸行动，只有这样，"寂静的春天"才不会到来。

第三本书，《人类简史：从动物到上帝》，于 2012 年出版，作者是以色列历史学家尤瓦尔·赫拉利。作者从演化生物学的角度介绍了人类历史，认为生物学限定了人类活动的极限，而文化则塑造了在极限以内所发生的事情。《人类简史：从动物到上帝》将从石器时代至今天智人的演化历史分成以下四个阶段。

第一阶段：认知革命。约公元前 70 000 年，智人演化产生了想象力，出现能够描述故事的语言。认知革命后，智人拥有了创造及相信虚构事物和故事的能力。

第二阶段：农业革命。约公元前 12 000 年，农业开始发展，智人开始驯化动植物。

第三阶段：人类的融合统一。人类政治组织逐渐融合统一为一个"全球帝国"。

第四阶段：科学革命。约公元 1500 年至今，出现了现代科学。起源于欧洲的科学革命，基于当时一种创新的观点——愿意承认人类的无知，并希望通过以观察和数学为中心的科学研究，补救他们的无知，获得新的能力。

作者对人类约十万年的历史进行了系统、条理化的梳理。根据这本书的描述，可以得到一个结论：人类，作为有智力的一个动物种类，在约 70 000 年以前，就有了智力，有了虚构故事的想象力和语言，通过思想交流，通过虚构的故事，大家可以团结起来、协同配合、团结奋斗，实现共同的目标。也就是说，人类可以通过想象、谋划、设计，创造出大自然原本并不存在的事物。

历史证明，人类因为自身的智慧实现了空前的发展，人类有能力发现问题，并有能力解决问题，不断突破发展的边界。展望未来，尽管人类面临环境污染、资源与能源短缺、气候变化等一系列重大挑战，而且应对这些挑战绝非易事。但是因为人类有智慧，其发展潜力依然是无限的。如果地球真到了难以居住、生活的境地，或许那时人类已经找到了地球之外的星球，并在新的星球上安家落户，建设新的家园，开始新的生活。

第二节　经济持久增长的原因

经济持久增长及其原因，一直是经济学研究的热点。总的来看，产业革命以来，世界经济实现了持久增长，人类社会的财富在创造与积累中不断达到新的高度。经济增长、财富增加，不仅是人口增加、生产要素增加、生产规模扩大的结果，而且是生产率持久增长的结果。在收入不断提高的基础上，人们的生活水平也不断提高。为什么会这样？

再看产业革命以前，一场巨大的社会危机或者一个朝代的更迭，都可能使经济发展从头再来，人们的劳作方式几乎不变，产业结构几乎不变。为什么产业革命后经济发展就走出了传统的轮回式循环？分析其中的原因，不仅对我们认识经济增长机理有帮助，更重要的是对继续实现经济的持久增长有重要意义。经济学家们对经济持久增长的原因做了各种各样的研究分析，这方面的文章、图书不计其数。经济学是各国研究的热点，自1969年设立诺贝尔经济学奖以来，到2022年，共颁奖54次，共92人获奖，可见经济学研究成果之丰硕。我对有关经济持久增长原因的研究分析进行了梳理，认为可以概括为以下7个方面。它们都对经济持久增长发挥着基础性、战略性、长期性的作用，而且对经济的持久增长是不可或缺的。

1. 充分的社会资源

第一个原因是充分的社会资源。社会资源主要是指经济体拥有的人口、劳动力、科学技术、文化。社会资源既是经济生产中劳动力要素的源泉，也是市场规模的决定性因素。可以从以下几方面认识充分的社会资源对经济增长的作用。

（1）人口状况

人口状况包括人口规模、人口结构、人口素质。不同国家的国土面积、人口规模、人口结构、老龄化程度不同，这些因素对经济发展的影响也不同。大规模经济体离不开较大规模的人口；人口普遍较为年轻的经济体，劳动力比较丰沛，其经济活力往往优于老龄化程度较高的经济体。在收入一定的条件下，人口规模决定着市场规模。大规模经济体具有潜在的大规模市场，人口较少的发达经济体对国际市场的依赖性往往比较强。

（2）劳动力状况

劳动力状况对经济增长发挥着直接的关键作用。总的来看，一个人口较多、人口比较年轻、劳动力比较丰沛且受教育程度较高的经济体，其经济相对容易实现比较快、比较健康的发展，而且可以建立产业门类齐全的经济体系。老龄化程度比较高的经济体，不仅劳动力相对较少，而且老龄化会增加社会支出，对经济增长产生不利影响。

在经典的经济学里，财富的增长可以归结为劳动和资本的生产函数，劳动是财富创造的一个核心要素。劳动，不仅有数量意义，也有质量意义。对劳动力与经济增长的关系进行系统研究的代表人物是美国经济学家舒尔茨。他在 1960 年提出了人力资本理论，这是人类历史上首次对人力资本进行系统研究。舒尔茨认为，人力资本是当今时代促进国民经济增长的主要因素，劳动力质量和知识投资在很大程度上决定了人类的前景。他因其研究成果获得了 1979 年诺贝尔经济学奖。按照舒尔茨的理论，通过提高劳动力质量、改善教育、对劳动者进行培训、让劳动者掌握更多的专业化知识和技能，可以促进经济增长，甚至决定一个经济体的未来。发展经济学认为，后发国家存在后发优势，其中一个十分重要的因素就是廉价的劳动力。但是，有一点值得注意，劳动力受教育的程度、是否具备与发展产业相匹配的技能，对后发优势来说也是十分重要的。人力资本理论告诉人们一个事实：教育部门是有经济产出的。

（3）社会思想文化、价值观

研究分析社会资源对经济增长的作用，还要考虑一个很重要的因素，那就是社会思想文化和价值观。从经济发展的角度看，其核心元素有三个。第一，对契约与公平竞争的社会认同，这对于公平交易、权益保护、遵守经济规则十分重要。第二，对质量与价值的认同，相应的质量对应相应的价值，获得一定质量的商品或服务，就应当自愿支付相应的价钱。在没有监工的情况下，在共识价格下，劳动者自愿、认真、细致地工作，而不是偷懒，就属于这种价值观的表现。第三，对竞争后结果的认同，接受通过竞争所形成的收入、分配、财富不均等的结果。所以，从经济发展的角度，现代商业文化表现为：一种诚信文化，一种契约文化，一种公平竞争文化。所以，在讨论收入差距时，就要考虑造成收入不均等的原因，如果收入不均等是由公平竞争、勤奋工作造成的，这种不均等就是良性的。

创新思想属于商业文化思想，体现为崇尚企业家精神，崇尚承担风险，通过创新创业争取明天的事业与回报，并服务社会。

许多经济体的商业文化鄙视投机，鄙视恶意价格竞争，反对坑蒙拐骗，认同公平竞争，崇尚诚信与契约，崇尚质量与价值，崇尚纪律与敬业，崇尚工匠精神。这些因素对促进经济发展发挥着十分重要的基础性作用。

（4）社会财富积累

社会财富，包括家庭财富的积累，对一个经济体的持久增长非常重要。一代又一代的财富积累和保护，自然地扩大了社会资本，有利于保持和增加社会投资能力，有利于通过提高生产率，支撑经济的持久增长，提高社会生活水平。战争、社会革命或社会动荡，很有可能会对经济造成毁灭性的破坏，大幅降低生活水平，一个很重要的原因是：这不仅破坏现行的经济活动、经济流量，而且破不支撑经济发展的基础设施，包括生产资本在内的社会资本，破坏的是存量。所以，保持世界和平、保持社会安定对经济发展十分重要。

2. 充分的自然资源

经济持久增长的第二个原因是充分的自然资源。可以从以下三个方面来认识自然资源对经济增长的作用。

第一，自然资源是支撑现代产业的关键要素。产业革命后，现代产业的形成与发展运行方式，发生了巨大的变化。它的基本逻辑是：基于新的科学发现与科技成果，孵化形成新的企业，企业聚集或协作形成新的产业。产业的兴起不再是简单采集天然产物的过程，而是对天然产物，特别是矿物，进行冶炼、提取、加工，最后制造出大自然并不存在的终端产品的一个过程。显然，自然资源是现代产业发展的基础支撑。经济学家熊彼特在分析创新时，论述了这样一种创新：企业对上游资源或者上游供应产业的控制。这说明了自然资源对企业和产业创新发展的重要性。

第二，不同的产业体系对自然资源的需求是不同的。现代产业是不断变化的，新产业会不断产生、发展，所以，对自然资源的需求也是变化的，曾经被认为没有什么经济价值的矿物，会因新产业的兴起而身价倍增。当经济发展主要依靠土石和木头作为基础原料以支撑产业发展的时候，土石和木头就很重要。当经济发展进入了钢铁时代，铁矿石就很重要。现在，经济发展进入了新能源、智能化时代，我们发现，过去我们很少关心的那些金属，例如锂、镓、钴、镍、钛、钪等，已经变得越来越重要。如果没有这些自然资源的支撑，就难以发展相应的产业。一个经济体如果缺乏某些重要自然资源，即使有先进的科学技术，也难以把相关产业发展起来。所以，对于产业发展所必需的自然资源，考虑矿物的品位、采挖、冶炼、物流以及建立可靠的供应链是必要的。

第三，作为非要素类的自然资源，地理位置与气候对经济发展也有重要影响。总的来看，那些经济发展比较好、比较快的地方，往往都是地理位置优越的地方。亚当·斯密在《国富论》中论述过地理位置对经济发展的影响，水上运输往往比陆上运输便利，尤其是成本更低，如果一个城市位于水网地区，这样的地理位置非常有利于经济发展，尤其有利于贸易发展。在沿海与沿江地区（如航空港地区），经济更容易实现较快发展，地理位置优越，便于货物集散与物流业的发展。这也不难理解，我国的中西部地区，由于多处于内陆，地理位置对其经济发展确实形成一定的制约。尽管可以建设普通铁路、高速铁路、高速公路网，但是对货物的大规模运输来说，还是水上运输更有成本竞争力。

从气候的角度看，生态环境优美更有利于经济发展。气候对第一产业的影响最大，中国东北地区的农作物生长基本只能一年一季，华北地区可以一年两季，南方地区可以一年三季，可见气候会极大地影响生产率。

关于自然资源的延伸经济学意义

丰富的自然资源有两面性。一是有利于发展基于自然资源的上游产业，例如石油资源丰富的国家大力发展石油开采业，可以获得持续的巨额石油收益，沙特阿拉伯等中东产油国以及俄罗斯等均是典型例子。我国的山西省富产煤炭，可以说煤炭资源对山西经济做出了极大的贡献。二是经济发展容易形成资源依赖，过多的经济资源会集中于资源依赖型产业，尤其是开采业、原料销售业等，造成产业结构畸形；政府财政也会有较强的资源依赖性，出台更加有利于资源依赖型产业发展的政策。这会影响制造业、服务业的发展。常常出现的情况是，资源富集国或地区缺乏发展科学技术与现代教育、高新技术产业的动力。

3. 储蓄、投资与资本

储蓄、投资与资本是经济学研究的重点，也是经济发展、创新发展过程中需要深入研究分析的重点，因为它们对经济增长至关重要。一个国家的 GDP 能够达到何种规模，储蓄、投资与资本发挥着决定性的作用。要扩大产出的规模、提高效率，关键在于投资的规模和质量。

（1）为什么不同国家的经济效率会有很大的差异

为什么不同国家的人均 GDP、生产率与生活水平会有很大不同？根本原因在于资本。一个人均资本量多的经济体，往往会有更高的生产率，这就是资本深化。资本深化是资本不断积累的结果。

要有资本，就必须有投资。资本既有存量，有损耗，也有增量；存量是过去投资的结果，损耗是自然过程，补充损耗、增加投资，则可带来增量。要有投资，就要有储蓄。一个经济体保持一定的储蓄率或较高的储蓄率，有利于投资及投资量的增加。一个经济体要实现持久增长，就离不开储蓄，离不开投资，这也是基本的经济学原理。所以，人们需要把获得的经济收入分成两份：一份用来消费，既形成了市场，也可以使人们达到一定的生活水平；另一份作为储蓄，用于投资，充实或增加资本（量），以增加今后的产出与财富。这里的投资应当是生产性投资。非生产性投资并不会增加资本，好比今天的消费对增加今后的经济产出没有直接效果。

中国改革开放 40 多年来经济发展比较快，效果显著，一个很重要的先决条件就是中国的储蓄率一直比较高。有了比较高的储蓄率，加上中国鼓励投资的政策，才有可能不断增加资本量，支撑经济持久快速增长。

按照经典的经济学理论，没有储蓄，就没有投资；没有投资，就不可能形成资本。观察一个经济体的发展，储蓄、投资、资本、经济增长的关系就是如此。但是，这样的关系并不完全适应开放经济体的实际情况。原因在于，在金融国际开放、投资跨国流动的国际大背景下，一个经济体可以利用其他经济体的储蓄。也就是说，一个开放的经济体，有可能其储蓄率很低，但依然可以有很旺盛的投资，方法就是引进外资。

人力资本理论的形成，证实了"人力资本"的资本属性，以及对经济增长的重要作用。这是对传统资本理论的重要补充完善。由于人力资本是无形的，其形成、发挥的作用、投资回报机制与传统的有形资本有明显不同，难以像有形资本那样进行计量、统计、计价。所以，在经济分析中，人们更多关注的是有形资本。这是一个值得深入探讨的命题。

（2）开放经济体中，低储蓄、高投资的美国案例

1980 年前后是美国经济发展的一个分水岭。1966 年至 1981 年期间，美国经历了长期的高通货膨胀，这是一个十分特殊的发展时期。有人认为这是一个滞胀时期，也有人认为这是一个充满活力的创新时期。争论是正常的。不过，这个时期的美国经济实力在持续提升，企业创新充满活力。1978 年，美国人均 GDP 超过了 1 万美元。从 1979 年开始，美联储用高利率和货币紧缩的方法，大力治理通货膨胀，至 1981 年基本完成了治理任务。从此，美国这个世界第一大经济体发生了巨大的变化。比如，国际贸易方面，从长期的国际贸易盈余慢慢变成了国际贸易赤字，这与美元汇率走高有关；同时，尽管实行高利率，但是在 20 世纪 80 年代，美国的储蓄率不

但没有提高，反而不断走低。另外，美国财政赤字、政府债务上升成为常态。1985 年，美国结束了自 1914 年以来一直作为净债权国的历史，成为净债务国。

按照经济学原理分析，美国的储蓄率非常低，很多美国人根本就没有储蓄甚至是负储蓄；没有充分的储蓄，就没有足够的投资，美国就难以保持持久快速的经济增长，也难以实现如此高水平的人均 GDP。例如，2021 年，美国的人均 GDP 已达到约 7 万美元，处于人口超过 5000 万的发达国家的首位。其中的原因是什么？根本原因在于美国拥有开放、发达的金融体系。这个开放的金融体系，凭借巨大的经济规模和市场规模，凭借美元作为国际货币的优势，使美国可以很好地利用他国的储蓄。也就是说，美国通过国际融资来保持或增加投资，从而实现经济增长。通过国际金融体系融入外来资金，这种做法有效解决了美国储蓄率低所造成的投资不足的问题。

当然，任何经济体的经济发展均是多元因素综合作用的结果，仅靠国际金融体系的有效运作与强势美元这两个理由，也不能充分解释美国的经济发展。高利率与高汇率是紧密相关的，高汇率与国际贸易赤字也是紧密相关的，但是，高债务与经济的持久增长之间的关系非常复杂。美国在 20 世纪 80 年代的这一套做法在其他国家基本行不通。

国际贸易的延伸分析

中美之间存在贸易不平衡与巨大贸易赤字。在美国与中国的贸易中，美国确实存在比较大的逆差，中国存在比较大的顺差，从而造成了贸易赤字。这源于美国比较旺盛的国内需求与中国产品的良好竞争力。这也符合比较优势原理，总体上有利于增加美国国民的福利。美国是一个开放经济体，贸易赤字不只存在于中美之间。另外，美国通过自己发达开放的金融体系，把他国贸易顺差的相当部分变成了自己的投资，包括让他国购买美国的国债、进行资本市场投资，或对美国直接投资。这就是为什么美国的储蓄率非常低，但是投资非常活跃。美国的资本市场非常活跃，关键在于国际资金发挥着重要作用。

所以，对于美国的国际贸易逆差，或者说对于任何一个国家的国际贸易逆差，都不能简单地评价到底是好还是坏。这需要具体深入地分析，必须考虑国际融资与国际投资。如果美国追求贸易顺差，就需要做到以下几点。第一，必须提高美国产品的竞争力，特别是普通产品的竞争力，而且必须调整自身的产业结构。但是，这绝非易事，对自身来说也不一定是一件经济的事情。美国在一系列高科技产业领域有很强的竞争力，但是在日用消费品领域，就不见得有竞争优势。第二，改变自己的金融体系与强势的美元政策，这会动摇美国的金融优势与美元作为国际货币的地位。外资大量撤出美国，美国会失去获得外国投资的机会。第三，美国国民需要放弃过多依赖金融资产以获得财富的做法。当然，这并非解决问题的全部方案。这样的改变有多大的难度？有什么影响？还需要做进一步的分析。

（3）中国进入了金融发展的重要时期

2019 年，中国人均 GDP 超过了 1 万美元。一般而言，一个经济体的人均 GDP 超过 1 万美元以后，都会经历经济结构的深度调整期。其中，金融不仅会经历结构调整，而且也会快速发展，尤其表现为货币市场与资本市场的并行发展。早期的金融体系是以货币经营为主业的，当一个经济体进入中高收入阶段特别是高收入阶段后，金融体系将会出现货币经营与资本经营并重的局面，资本市场尤其活跃，并广受关注。这个阶段，人均GDP提高了，储蓄率反而会下降，但是，富裕家庭会不断提高资本市场的参与率，从有价证券的投资中获得金融资产的收入。发达开放的货币市场、股票市场和证券市场，是经济发达的重要标志。

发达开放的金融体系，一方面可以支撑国内产业升级，促进经济转向高质量发展；另一方面，又可以发展国际融资和国际投资。现代金融是现代经济体系重要的组成部分。目前，金融是中国经济的一个短板，特别是证券市场。以中国现在的经济体量，可以支撑一个发达开放的金融体系。这也反映了中国金融体系与金融市场发展的潜力。预计到2035年，中国人均GDP将达到中等发达国家的水平。以中国庞大的人口规模，要达到这样的水平，持续的大规模投资是必然的。这对金融业发展提出了迫切、巨大的需求。

有一个将中国的华为、小米与美国的苹果、特斯拉等科技企业进行对比分析的案例，对比分析了工资和利润。以单位工资能创造多少利润作为考察指标，结果发现，美国科技企业的单位工资创造的利润非常高，我国科技企业的单位工资创造的利润非常低。出现这种现象的原因是什么？答案是劳动生产率。那么决定劳动生产率的因素是什么？是一个劳动力推动着的资本量，包括数量与质量。微观上是这样，宏观上也是这样。所以说，搞创新驱动，一定要把投资做好。只有充足的投资、生产性的投资、创新型的投资，才能不断形成和扩大资本量，特别是高质量的资本量，并促进资本深化。这样才能促进经济实现持久增长；企业才能不断提高劳动生产率，从而提高经济效率；宏观上，才能不断提高国民生活水平。

在经济危机爆发或者应对经济下行的时候，为了解决经济发展中出现的问题、恢复经济增长，广大、激励投资是通行的做法。例如，1929—1933年，美国应对大萧条的举措；2007—2009年，美国应对国际金融危机的举措；以及各国应对新冠疫情对经济冲击的举措。各国普遍的做法是采用宽松的货币政策，实施积极的财政政策，以促进投资、扩大需求。

> ### 创新驱动与投资驱动
>
> 无论是从发展经验观察，还是从经济学原理分析，投资是任何经济体，在任何发展阶段，实现经济增长的基本工具。创新创业本身是一个高风险的投资过程，离开投资，创新创业就无法将科技成果转化为现实经济价值。所以，不存在创新驱动和投资驱动之间的替代关系，不存在由投资驱动转向创新驱动的实证结论。二者是相互协同的发展关系。

4. 科学、技术与创新

科学、技术、创新和经济增长的关系，是一个迷人的经济学议题。在经典的经济学中，针对这方面的研究并不多。产业革命以来，世界经济持久快速增长，经济规模越过了一个又一个高峰，生产率与生活水平不断提高到新的高度。主要原因是基于科学、技术的新产业的兴起和不断发展，经济产出不断扩大，第一产业劳动力不断转入劳动生产率更高、收入更加稳定的二三产业，乡村人口不断转入城市。

科学、技术、创新，三者是不同的概念。没有经济目标的基础研究所生产出的科学知识，主要是自然科学知识。当然，人文科学与社会科学的研究也生产知识。知识是创新创业不可缺少的基础。技术是对基于科学知识所研究开发出的方法、工艺、技巧的总称，主要指设计开发产品的技术、生产产品的技术。创新，指的是应用科学知识，把新技术、新产品转化为商业化的产品的一类经济活动。

实证学习：《科学——没有止境的前沿》

《科学——没有止境的前沿》一书的作者是二战时时任美国总统罗斯福的科技顾问范内瓦·布什。

这本书实际上是布什关于美国科学政策的研究报告。1944年，二战快要结束的时候，时任美国总统罗斯福提出了关于战后科技成果转化应用、疾病防治与国民健康、政府与私人部门在科技活动上的分工、人才发现与发展等4个问题，并请其科技顾问、白宫科学研究和发展办公室主任布什提出解决方案。为了回答总统的提问，布什以美国科学发展为主题，写了一个报告，后来以图书形式正式出版——《科学——没有止境的前沿》（*Science：The Endless Frontier*）。这本书深刻阐述了科学在发展经济、防治疾病、创造就业机会、发现与发展人才，以及发展社会文化中发挥的重要作用。突出科学是这本书最鲜明的特色。这本书可以说是美国科学政策的开山之作，并在全球产生了广泛的影响。

例如，作者在报告的开始就明确地提出：为什么美国赢得了二战的胜利？报告中的观点十分有趣：科学进步是一种必需，赢得这场战争的第一个重要的科技成果是青霉素。大家都知道，青霉素是1928年由英国人发现的。因为二战，美国实现了青霉素的大规模生产和使用。青霉素的大规模使用挽救了无数人的生命。首先实现青霉素大规模商业化生产的美国辉瑞公司也因此获得了快速发展。

报告中提到了DDT。作者认为DDT的应用也对美国成为二战的战胜国发挥了巨大作用。野外战场上的大量蚊虫、昆虫很容易传播各种疾病。疾病的大规模传播不仅会造成士兵生病甚至死亡，而且会极大削弱军队战斗力。DDT 的使用可以帮助杀灭各种害虫，从而防止传染病的发生。当然，后来 DDT 在社会上的广泛使用造成了严重的生态问题。DDT 毒性大，在使用的时候既能杀死害虫，也会杀死大量益虫，从而造成生态破坏。这导致后来 DDT 被禁用。报告还提到了雷达、弹药。作者认为这些为美国成为二战的战胜国做出贡献的重要产品，都源自科学。作者以二战为实证，阐述了科学是技术、产品发展的源泉。不难推理，科学也是培育企业、发展产业的源泉，当然也是就业机会增加、经济增长的源泉。

所以，作者断言：实现美国的繁荣与安全，必须加强基础研究，大力发展科学。

进入 21 世纪后，创新日益成为全球关注的重点，成为世界级的命题。例如，美国在 2009 年出台《美国创新战略》，中国在 2012 年提出实施创新驱动发展战略。加强创新的目的是，通过政府的主导作用，推进制度创新和机制创新，在加强基础研究的同时，加快科学知识转化应用，促进经济发展。政府通过营造良好的创新生态，促进技术开发与技术发明，加快新技术、新产品的商业化，在促进经济增长的同时，创造新的就业机会。

回顾产业革命以来，世界产业形成、发展和衰落的逻辑，就是这样的一个循环：首先是科学的发展，其次，基于科学知识开发出新的产品以及生产新产品的技术，最后是通过技术转移/转让、技术许可、创新创业或直接商业化等多种方法，把新技术、新产品用于孵化培育企业、发展产业。如果没有科学发现、技术发明，就没有真正意义上的科技创新创业活动，也就不会有新产业的发展。蒸汽机、内燃机、电动机、飞机、计算机等一系列新产品的发明，催生了诸多历史上从来没有出现过的新产业。产业革命以来的 250

多年，产业形成与发展遵循的都是这个逻辑。

产业有兴衰。任何一项技术或者任何一个技术体系，经过一段时间的完善发展，就会变得成熟，产业也就逐渐成熟了。到了这个阶段，会有更多的人和机构知晓、掌握这些技术，新的企业进入产业的技术门槛就会降低，产业规模达到一定程度后，还会出现规模效益递减现象。同时，为了在饱和的市场中实现发展，企业间竞争会加剧；企业盈利趋于困难，生产率难以进一步提高。那么在这个阶段，往往就会孕育新的科学、技术和新的产业。这就是经济学家熊彼特提出的创造性的破坏，新技术、新产业颠覆旧技术、旧产业。

实证观察

进入 21 世纪，世界进入了又一个创新活跃期。新技术、新产业密集涌现，正在深刻影响世界经济发展，深刻影响人们的生活。一些在 20 世纪不存在或不成气候的产业，例如智能技术及其产业的快速发展，已经在全球范围内形成了影响力巨大的产业链和供应链。例如智能手机，可以说它是 21 世纪第一个影响力巨大的科技产品。智能手机的大规模商业化和在全球范围内的广泛应用，对人们生活的方方面面产生了极大影响。2021 年底，人们关注的科技企业中的明星代表——苹果公司，它的市值达到了约 3 万亿美元。单个企业拥有如此庞大的市值，这在历史上是罕见的。如果没有智能手机的大规模发展，数字经济的发展是难以想象的。再如马斯克的特斯拉电动车，这涉及一个在全球范围内广受关注、快速发展的新产业。

评判一个经济体是不是有活力，是不是有持久增长的潜力，主要就看这个经济体能不能依靠科学、技术、创新不断孕育新的科技企业和科技产业。

由此能够得出一个重要结论：科学、技术与创新是经济持久增长的源泉。这带给人们一个惊人的启示：人类可以减少对大自然的资源索取，通过自身智慧实现经济增长，过上更好的生活。

科学发展、技术进步和创新都是永无止境的。综上所述，我们可以得出结论：新的企业和产业的开发，也是永无止境的。

5. 市场经济体制

经济持久增长的第五个原因就是市场经济体制。

（1）三种经济体制

从 50 ～ 60 年的长周期观察经济的长期增长，经济体制是基础性的重要影响因素。产业革命以来 250 多年的时间里，全球建立的经济体制主要有三种：第一种是自由市场经济体制，是资本主义早期的经济体制；第二种是中央计划经济体制，典型代表是苏联的经济体制，即通过中央政府的行政计划，来推动整个国民经济的运行，包括生产、分配、交换；第三种是混合经济体制。目前，从经济体系的实际运行看，世界主要经济体的经济体制一般都是混合经济体制。混合经济体制是将市场经济与政府干预相结合的一种经济体制。其中，既充分发挥市场在资源配置中的决定性作用，市场主体在法治下可以公平、自由竞争；同时又发挥政府的作用，政府负责营造良好的制度与政策环境，提供私人部门难以提供或难以有效提供的公共服务，治理市场失灵等。政府不干预市场主体的具体经营活动。市场运行的主体是产权清晰、依法经营的企业。

（2）现代市场经济体制

对于纯粹的市场经济体制和纯粹的中央计划经济体制，尽管理论上的描述很美好，但是在实践上，从经济体系长期运行的表现来看，这两种经济体制均存在比较明显的缺陷。纯粹的市场经济体制就是自由市场经济体制，比较有代表性的是大萧条以前的美国经济。事实上，现在的美国经济体制，从严格意义上说，早已不是历史上的自由市场经济体制了。自大萧条以后，美国经济体制就逐步发展成为混合经济体制。

1946 年以前，美国经济的运行基本呈现自由放任的市场经济，美国政府基本不干预微观经济运行，不干预市场的自我运行。1907 年，美国爆发了金融危机，这是美国历史上最严重的金融危机之一。这次金融危机的一个直接结果是美国建立了自己的中央银行——联邦储备系统，即美联储。美联储发挥着中央银行的作用，例如制定并执行统一的货币政策、对金融体系进行监管、作为最后的银行以稳定金融等。但这家中央银行与世界各国的中央银行十分不同，具有典型的美国特色——由强大的私人资本主导。美联储不是个政府机构，它相对独立，并不受国会和白宫的领导和控制。它以会员制的方式组成，在全美设立 12 个地区储备银行，以执行和维护统一的金融政策。从美国金融的体制设计与运行机制来分析，美国经济体制是在自由市场经济与契约基础的公共调控下所形成的一种混合经济体制。

1929—1933 年，美国经历了影响巨大且深远的大萧条，重创美国经济。大萧条造成的危害和破坏触目惊心：严重的失业，大量的银行和企业破产。大萧条的影响是全球性的，欧洲若干国家也发生了经济危机，基本上与美国同步。这是有史以来全球最大规模的一次经济危机，基本上是到了二战爆发的时候，由于战争大规模拉动了内需，美国与欧洲国家才走出了经济危机的影响。

大萧条提出的一个重大命题就是，在经济危机来临的时候，美国政府能发挥什么作用，如何稳定经济？残酷的现实说明，市场并不能靠自身的力量有效地调控经济。面对危害巨大的经济危机，市场难以发挥有效作用。如果让联邦政府发挥作用，一方面国会没有立法授权，另一方面联邦政府又缺少调控经济的职责和手段。1946年，美国国会通过了相关立法，授权美国联邦政府有责任稳定美国经济、稳定就业。这是对大萧条的历史教训的总结，也是有效应对未来可能出现的新的经济危机的一个重大成果，是美国走向混合经济体制的里程碑事件。

需要注意的是，宏观经济干预的两大工具——财政政策和货币政策，在美国联邦政府的具体实施过程中是分开的。美国联邦政府主要依靠财政政策，即联邦政府干预经济的政策基于财政政策，并不包括货币政策。货币政策是由美联储独立操作的。当然两者之间可能是相互协调的，但是由于财政政策、货币政策分别由白宫和美联储独立操作，因此两者之间并没有制度性的协调机制。

由于世界主要经济体均实行混合经济体制，市场的作用是决定性的，所以现在人们所说的市场经济体制实际上就是混合经济体制。

（3）市场经济体制是经济得以持久增长的体制

从长周期（55年以上甚至上百年）的经济发展状况看，总体上，混合经济体制在实现经济持久增长方面，有独特的优势。现在，纯粹的市场经济体制与中央计划经济体制基本不存在了。

西方的市场经济体制有这样一些特征：财产私有，市场主体是私营企业，企业资产基本上都是私人拥有；财产及权益、市场交易受到法律保护；企业间是公平、自由、竞争的关系，优胜劣汰；政府并不直接干预微观经济。

值得讨论的是，目前，产权清晰的股份有限公司是企业的主要组织形式，尽管财产私有，但往往是众多国民共同拥有这个公司。甚至拥有公司产权的人，完全不参加公司管理经营。这类企业与传统上所说的私营企业实际上有很大不同。如果很多人拥有企业的财产，那么这个企业的属性到底是什么？

回顾中国改革开放以来的发展，经济实现了持续40多年的快速增长，改革开放发挥了基本作用。1978年，中国开始改革开放，1992年，中国提出"我国经济体制改革的目标是建立社会主义市场经济体制",中国开始用社会主义市场经济体制推进经济发展。分析中国改革开放几十年的发展,中国成功走出了一条中国特色社会主义市场经济的路子。这是人类发展史上的一个伟大创举。

中国的社会主义市场经济体制的基本特征是:以公有制为主体,多种所有制经济共同发展;实行以按劳分配为主体,多种分配方式并存;在宏观调控上,更好地发挥计划与市场两种手段的长处。具体来看,中国的企业是多样化的,包括国有企业、集体企业、民营企业、外资企业等;土地是公有的;企业依法经营,实行产权与权益保护;政府作用突出,对经济、市场有比较大的影响。

中国曾经采用计划经济体制,也取得了显著的成效。在改革开放引入市场机制后,中国建立了社会主义市场经济体制,经济发展取得了巨大成就。从1978年至今,已经40多年了,对于一个人口超过10亿的人口大国,经济保持快速发展并实现持久增长,这并非易事。其间,中国人口从1978年的9.63亿增长到2021年的14.13亿;2010年,中国正式成为世界第二大经济体;2019年,中国人均GDP超过了1万美元。

中国在2001年加入了WTO。2001年以前,中国经济发展也很好,并实现了总体小康。1978年,中国刚开始改革开放的时候,温饱问题还没有解决。2000年,中国已经解决了温饱问题,人民生活总体上达到了小康水平。2000年后,中国进入了全面建设小康社会的发展时期。设定的目标是到2020年全面建成小康社会。2021年,在庆祝中国共产党成立100周年大会上,中国庄严宣布:我们实现了第一个百年奋斗目标,在中华大地上全面建成了小康社会。这是了不起的经济发展成就。

中国的经济发展成就证明,社会主义市场经济体制是成功的,是可以实现经济持久增长的,中国发展经济的做法是值得深入研究的。尽管都采用了混合经济体制，但是中国的经济体制与西方的经济体制相比有明显的不同。中国经济能够实现这么长时间的增长，原因是多方面的，这本身就是值得深入研究分析的议题。一些西方人士对中国的经济发展提出了各种各样的质疑，原因可能是他们更多是用西方经济发展的理论观点与标准来评判中国的经济发展。

（4）市场经济体制的几个关键特点

无论是中国的实践还是其他国家的实践，都证明市场经济体制对实现经济的持久增长是非常有效的。就市场经济体制而言，不管是什么样的经济体，只要采取了市场经济体制，都需要遵循以下几项基本原则。

第一，市场经济强调经济体系的自组织和自运行。"看不见的手"在市场中发挥着基础性的作用。中国的理论就是，市场在资源配置中发挥着决定性作用。2020 年，中国又对构建更加完善的要素市场化配置体制机制做出部署，提出建设土地、劳动力、资本、技术和数据五大要素市场。建设五大要素市场，强调市场的自组织和自运行的重要性，让市场在五大要素资源的配置过程中发挥决定性作用。

从经济学的角度看，任何经济体的发展都面临着三个共性问题。第一个问题是，生产什么？即生产什么东西才能卖出去。第二个问题是，如何生产？任何经济体都面临资源稀缺的问题。那么，如何用最经济的方法把这些稀缺的资源转化为商业价值？这是生产方法的问题，也是技术问题。第三个问题就是，为谁生产？即生产出来的财富，如何进行分配。不管是发达经济体还是中国，都是通过市场经济，通过市场的自组织和自运行，比较好地解决了这三个问题。当然，市场经济并不完美，比如，所有的市场经济，特别是自由市场经济，都存在比较突出的市场失灵问题。面对经济的外部性、公共产品供给、生态破坏与环境污染等问题，市场经济是失灵的。

解决上述三个问题，目的是实现三个基本的宏观经济目标：产出不断增加，即经济持久增长；充分就业，即保障劳动收入，提高生活水平；价格稳定，即防止价格过度波动。

第二，质量与效率。市场经济通过法律保障的公平、自由竞争，要素的自由流动与重组，形成企业优胜劣汰机制，促进产品质量、效率的提高。同时，由于优胜劣汰机制的存在，经济体会保持蓬勃发展的活力。

当然，法律对财产权、财产权益、商业合同权益以及经济纠纷仲裁的有效保障，对市场经济的运行发挥着至关重要的作用。

第三，商业周期。市场经济普遍存在产出、价格、就业的波动，当波动超过一定幅度、持续一定时间，就会形成经济危机。如果没有采取必要的调控措施，很可能会造成巨大的危害，并且很长时间不能恢复正常的经济增长水平。

不过，世界主要经济体采取的都是混合经济体制，政府有若干手段应对商业周期。由于商业周期的存在，在现代市场经济中，政府角色依然不可缺失。

公共产品

公共产品是难以由私人部门提供，而且增加一个用户基本不影响其运行成本的、可以公共使用的产品。由于存在市场失灵现象，所以一般都是由政府保障公共产品的供给。充分的公共产品供给对提高经济效率非常重要。例如交通设施、社会治安、网络、教育、科学研究等领域的产品或服务，公共属性都比较强。这些领域的充分发展对经济发展发挥着非常重要的作用。中国经济成功的一条非常重要的经验就是，政府提供了充分的公共产品，如高速公路网、铁路网、海运港口、信息网络、体系化的教育等，这为企业经商运营提供了充分的保障。

6．开放经济

开放经济是经济持久增长的第六个原因。

（1）开放经济的理论观点

一是比较优势原理。由于自然、社会条件不同，发展阶段不同，科技教育水平不同，因此不同国家存在不同的经济、产业优势，即某些产业的生产效率更高，同样的产品在不同国家的生产成本可能不一样。因此，一国用自己有比较优势的产品出口，进口自己缺乏比较优势的产品，就可以提高国家的总体社会福利，也可以理解为有利于这个国家社会财富的增加。这就是比较优势原理的运用。

二是自然资源互补理论。由于不同国家自然资源禀赋不同，自然资源短缺的国家需要进口资源，以发展产业。自然资源经过加工增值后变成产品，可以将产品出口，从而获得增值收入。

主要经济体一般都采取开放政策，但对外开放的事项、程度、方式并不相同。对外开放包括发展国际贸易、投资、金融、科技创新、劳动就业等若干方面。总的来看，充分利用好比较优势原理，对国民经济的发展是非常有利的。

（2）开放有利于技术进步，提高企业竞争力

开放对技术进步、提高企业竞争力是有利的。各国的实践以及经济学的分析都表明，一个行业中的企业与世界最优秀的企业竞争，有利于加快这个企业的技术进步，因为优秀企业的引入会强化市场竞争。如果能引入这个行业中最优秀的企业，其会产生引领示范作用，优秀企业的技术、产品、管理、运营等都会对国内企业产生直接的影响。这样的正向外部性会促进国内企业的发展，也会直接带动当地生产要素市场的发展，例如，扩大就业，从而促进当地经济发展。尤其是冷战结束以后，经过几轮全球化

浪潮，特别是中国加入 WTO 以后，全球产业格局发生了很大的变化，产业链和供应链都是全球化配置，产业链和供应链在国家之间的竞争中占据主导地位，单个企业离开了产业链、供应链，往往是很难独立发展的。通过开放，一国的企业可以更好地融入世界经济体系中，加入全球化的产业链、供应链。

（3）开放能够扩大经济体的市场空间和资源利用空间

如果企业能够采用经济的方式筹措大规模资源，企业就会快速发展，这是一个重要的经济学原理。一个经济体开放了，相当于一方面扩大了潜在的市场；另一方面，客观上也拓宽了各种资源来源的渠道，扩大了经济规模。

开放的案例

地理大发现以前，世界基本处于各大洋相互封闭的状态。地理大发现迎来了大航海时代，跨大洋的贸易兴起，欧洲、亚洲、美洲、非洲等开始了全球化贸易与投资开发，这对世界经济发展起到了非常重要的作用。葡萄牙、西班牙、荷兰、英国、法国等国家受益颇多。没有国际贸易，很难想象欧洲国家特别是西欧国家能发展到什么程度。当然，其中不乏不平等贸易与投资，甚至存在血腥战争、殖民掠夺。

中国的对外开放呈现出独特性，整个过程是和平的、互利的、效果显著的，特别是 2001 年，中国加入 WTO 以后。在对外开放中，一方面，中国极大地开拓了国际市场，拓展了资源利用空间；另一方面，中国逐步形成了若干在世界上举足轻重的产业链、供应链，中国经济体系为世界经济体系的发展贡献了巨大的力量，中国也成为世界第一贸易大国，为世界提供了规模巨大的中国市场。

进入 21 世纪的第二个 10 年，世界出现了逆全球化的趋势。2019 年底，新冠疫情暴发；2022 年，俄乌战争爆发，引发了激烈的世界地缘政治冲突。这些事件对世界经济的发展和开放合作产生了巨大影响。国际贸易与投资秩序开启了深度调整，特别是中美两大经济体之间的竞争趋于激烈。

7. 负责任与廉洁的政府

政府是除经济要素外，对经济发展最重要的影响主体或因素。经济持久增长的基本规律是让市场发挥决定性作用，政府发挥促进经济增长的外部作用。负责任和廉洁是经济实现长周期增长对政府的一个基本要求，这样的政府能提供以下几个方面的便利条件。

（1）良好的营商环境

显而易见，应当由政府推动建立稳定的政治环境、良好的社会秩序与公共安全保障，这是经济发展的基础。政府要营造良好的营商环境，包括充分的公共产品供给，良好的交通、能源、电力等基础设施，廉洁、适度、透明的监管，便利的进出口服务及货币兑换、结算政策等。

政府营造良好营商环境的一项重要职责就是发展科学和教育，包括职业教育，增加科学技术供给，不断提高社会人力资本。

（2）稳定的宏观经济政策

有效的产权制度是市场经济健康发展的制度基础，这也是发展市场经济的基本要求，有了这样的基本制度，才能形成有利于投资的稳定预期，有利于各种资本（包括国有资本、外国资本、私人资本等）的发展，从而激发微观主体活力。制度保障下的公平竞争是实现良好经济秩序的根本，在法律许可的范围内，企业依靠自己的精心经营、产品或服务质量与效率，公平参加市场竞争，公平竞争商业机会，这样经济才能实现健康发展。政府不宜干预具体的市场活动，不宜干预企业经营，并且要坚决防止并铲除各种腐败行为。

宏观经济政策是可变的，但是为保障宏观经济政策的稳定，可以强化积极的市场预期，这有利于企业的长期经营，特别是投资安排，这涉及税收、外汇、要素（土地、劳动力、技术、数据）、出入境等多方面的政策。

有为的政府可以积极进取，制定完善有利于投资、经营和经济发展的制度与政策，并保持稳定、公开透明。政府廉洁十分重要，如果一个政府不廉洁，不仅会破坏公平竞争的营商环境，而且，腐败相当于在税收体系之外，又多了一个隐性的、不确定的税收体系，对经济的运行是非常有害的。税收对投资有直接的影响，高税收会抑制投资，优惠的税收会激励投资。

发展教育与科技、完善医疗保障制度体系是政府的职责。这不仅对提高社会资源的质量来说必不可少，同时，这也是提高社会人力资本的重要保障，对经济的创新发展和经济的持久增长发挥着基础性的保障作用。

第三节 经济增长永无止境

产业革命以来，发达经济体的经济发展史证明，人类有能力实现经济持久增长，生活水平可以不断提高。中国通过改革开放，建立社会主义市场经济体制，成功实现了经济的持久增长，成为世界第二大经济体，使拥有 14 亿多人口的国家全面建成了小康社会。这是人类经济发展史上的重大事件，展现了另一种经济体制发展的成功。按照世界银行 2022 年的相关资料，高收入国家或经济体数量占全球比重约为 35.8%。这证明一个国家要进入高收入国家行列并不容易。从上述的分析可以看出，经济持久增长的原因达 7 个之多，对它们进行良好组合，才能实现经济持久增长。经济持久增长的原因是多元的，既有经济体系内部的原因，也有外部的原因。

分析经济体系内部的原因，有必要讨论和深刻认识生产要素的作用。这些要素之间是什么关系？要进行生产和发展经济，就要组合生产要素。创新要素组合可以提高效率。要素组合是企业的事，但是又受到制度与政策的影响。负责任的政府和有效的市场共同发挥作用，可以使促进经济增长的内部要素和外部要素形成合力。产业革命以来，最重要的要素变量是科学、技术与创新。这是实现经济持久增长的核心，也是关键。但是仅靠科学、技术与创新，并不能实现生产经营、实现经济增长。必不可少的就是投资。所以，可以得出这样一个结论：投资主导的，以科学、技术与创新为核心的要素组合，是实现经济持久增长的关键。所以，对于发展科学、技术、创新与促进投资，均不可偏废。

需求，或者说无尽的需求，是经济持久增长的永恒动力。需求来自人们的可支配收入，所以，任何经济体都需要在发展生产的同时，提高生产率，改善就业，增加人们的可支配收入。经济持久增长的原因是多元的，通过市场机制可以有效地将其组合起来。建设现代商业文化有利于完善市场机制。

展望未来，科学发展永无止境，技术发明永无止境，创新永无止境，要素组合永无止境，所以，经济增长也将永无止境，经济可以从一个水平发展到更高的水平。

第四节　关于宏观经济学的两个前沿问题

本节讨论关于宏观经济学的两个前沿问题：全球气候变化和人工智能。

1. 全球气候变化

（1）历史的警钟

1962年，《寂静的春天》出版，对可怕的"寂静的春天"提出了预警。

1972 年,《增长的极限》出版,该书认为人类社会经济的增长存在极限。从 1972 年至今,已经过去了 50 多年。2021 年,全球人口已超过 75 亿,全球 GDP 已突破 96 万亿美元。同时,全球生态环境破坏依然严重,生物多样性保护的形势依然严峻。尽管由于科学技术的突破和应用,经济还在不断发展,但是,以目前的发展方式和地球的承载能力预判,人类经济增长确实存在极限。

（2）令人焦虑的全球气候变化

1972 年,联合国人类环境会议在瑞典召开,这是世界各国政府共同讨论当代环境问题、探讨保护全球环境战略的第一次国际会议。会议通过了《人类环境宣言》,呼吁各国政府和人民为维护和改善人类环境、造福全体人民、造福后代而共同努力。下面引用《人类环境宣言》提出和总结的 7 个共同观点。

第一,由于科学技术的迅速发展,人类能在空前规模上改造和利用环境。

第二,保护和改善人类环境是关系全世界各国人民的幸福和经济发展的重要问题,也是全世界各国人民的迫切希望和各国政府的责任。

第三,在现代,如果人类明智地改造环境,可以给各国人民带来利益和提高生活质量;如果使用不当,就会给人类和人类环境造成无法估量的损害。

第四,在发展中国家,环境问题大半是由发展不足造成的;在工业化国家,环境问题一般与工业化和技术发展有关。

第五,人口的自然增长给环境保护带来一些问题,但采用适当的政策和措施,可以解决。

第六,为现代人、子孙后代保护和改善人类环境,已成为人类一个紧迫的目标。这个目标将同争取和平和全世界的经济与社会发展两个基本目标共同和协调实现。

第七，为实现这一环境目标，要求人民和团体以及企业和各级机关承担责任。各级政府应承担最大的责任。国与国之间应进行广泛合作，国际组织应采取行动，以谋求共同的利益。

值得注意的是，这是国际社会首次正式承认科学技术的应用造成了环境问题，这个认识是符合产业革命以来产业形成发展规律的。

1992年，联合国环境与发展会议召开。这是继1972年联合国人类环境会议之后，环境与发展领域中规模最大、级别最高的一次国际会议。会议的一项重要成果就是150多个国家签署了《联合国气候变化框架公约》。从这次会议开始，应对全球气候变化成为国际社会的共识，相关的行动不断推出并付诸实施。

尽管在应对全球气候变化方面，各国特别是主要经济体已经做出了富有成效的行动。但是，现实的情况是：温室气体的排放依然在增加，全球在持续变暖，极端气候灾害如洪涝与大规模干旱等愈演愈烈。应对全球气候变化变得更加急迫。

（3）全球气候变化的经济学讨论

这里提出四个讨论的问题。

第一，全球气候变化是产业革命以来，经济发展的最大的外部性事件。就本质而言，始于18世纪60年代的产业革命，建立在人类对化石能源的科学发现和利用的技术发明基础之上；产业技术体系实际上是基于化石能源的技术体系；现代人类生活也是建立在化石能源消费的基础之上，离开了化石能源，支撑人类现代生活的衣食住行的物品供应将会怎样，这是难以想象的。直到今天，尽管人类在清洁能源的开发利用上已经取得了巨大进展，但是支撑全球生产和人类生活的物质基础依然主要是化石能源。所以，产业革命的成果可以概括为：人类建立了基于化石能源的产业体系和生活方式，以及相应的科技体系。支撑人类经济社会发展的产业体系与科技体系的运行，必然伴随着化石能源的消耗，还会造成温室气体的排放。

不幸的是，在产业革命兴起时，人类并没有认真考虑化石能源利用可能带来的严重后果，直到200多年后的1972年，人类才对现行产业体系与科技体系造成的环境污染、生态破坏，以及保护人类环境等达成了共识。形成应对全球气候变化的共识并采取行动不过是1992年的事。达成共识是一回事，采取行动又是一回事。尤其是在应对全球气候变化的行动上，各国的做法并不一致。全球气候变化带来的灾难显而易见，科学家对可怕的灾难性前景也进行了比较详细的预见。

第二，经济计量的局限。由于全球气候变化是一个外部性事件，现行经济体系运行计量的方式方法无法涵盖全球气候变化。

从宏观上看，各国普遍采取产出、就业、价格、进出口等指标的计量方式，对相关化石能源消耗带来的温室气体排放以及温室气体排放导致的成本分摊等并没有进行计量。

从微观上看，企业核算采取的是投入产出的方式，其中不包括相关化石能源消耗带来的温室气体排放以及温室气体排放导致的成本分摊。

从科学技术层面上看，人类对化石能源利用造成的温室气体排放问题以及清洁能源的科学研究起步比较晚，相关技术开发滞后。对现行科技政策的评估也没有充分考虑温室气体排放与清洁能源利用问题。

从市场交易看，目前的商品与服务交易没有将温室气体排放成本纳入其中。尽管有的国家开启了碳排放交易，试图用经济的方法遏制温室气体排放，发展利用清洁能源，但基本上也是在传统的市场交易之外的独立交易。对于成本如此高昂的全球气候变化，人类并没有将其纳入经济计量，也很少有人为此买单，这体现了人类对经济发展认识的局限性。

这也反映出传统经济学研究存在的缺陷。不论是宏观经济学，还是微观经济学，对经济计量的研究与设计，关注的重点是经济产出与增长。对于商业周期应对的研究，重点在于恢复经济增长。对于全球气候变化、温室气体排放，以及产业发展造成的环境污染与生态破坏等问题的经济学研究，则是十分薄弱的。针对经济活动的研究，理应包括正向的产出与负面的污染两个方面。经济学研究应当补上环境污染研究这个短板。如果能形成遏制温室气体排放与环境污染的内生发展机制，就能为可持续发展提供有效的经济机制保障。

从经济学理论、经济发展实际，以及科学制定经济政策的需求的角度，应当完善传统的经济发展评价测量指标与方法，应当研究制定计量经济活动的全成本核算计量方法。对于经济活动，不仅要计量产出、就业、价格、生产活动的直接投入成本，还应当计量经济活动带来的环境污染或破坏成本，并将其分摊到相应的经济活动之中。成本分摊的原则应当是谁污染、排放，谁担责、付费。在开放的世界经济体系之中，对诸如环境污染、生态破坏、温室气体排放等进行成本分摊，并将其纳入实际的市场交易活动之中，并非易事。因为各国的发展阶段不同，科技体系与产业体系不同，利益诉求也不同，要形成共识的标准规范并执行，确实面临许多困难。

第三，重构人类发展目标。 1972 年，联合国人类环境会议就人类发展目标达成了具有里程碑意义的共识，即为现代人、子孙后代保护和改善人类环境，已成为人类一个紧迫的目标。这个目标将同争取和平和全世界的经济与社会发展两个基本目标共同和协调实现。早期达成的共识是，人类发展目标包括四部分：经济发展目标、社会发展目标、环境发展目标与争取和平目标。实际的情况是，各国的发展目标均突出了 GDP，虽然 GDP 的目标十分重要，但显然存在局限性。

实现人类可持续发展，需要重构传统的人类发展目标，将上述四部分的目标纳入发展目标设计与发展规划之中，形成综合性的评价目标。

第四，科学、技术、创新的新使命。认识到全球气候变化与温室气体排放，源于人类建立的科技体系、产业体系与生活方式。那么，应对全球气候变化，解决温室气体的排放问题，实现绿色发展，就必须建立支撑绿色发展的科学知识与技术的供给体系、产业体系与生活方式。至关重要的是科学知识与技术的绿色化、清洁化变革。这是科学、技术的新使命，也是创新的新使命。

2. 人工智能

（1）人工智能的发展

自 1956 年，美国提出 AI（Artificial Intelligence，人工智能）的概念和内涵后，主要科技大国均开展了针对 AI 的研究、开发与应用。其间，不乏科技突破和应用产品突破。一项重要技术，只有发展到可以广泛影响生产与生活的程度，才能说这项技术是重要的、成功的。像 AI 这样的重要技术得以发展与应用的一个要素就是，它需要相关设施、法律法规与监管、相关产业的协同发展。也就是人们所说的应用场景，类似于经济学上所说的"范围经济"。进入 21 世纪，AI 本身的科学技术不断取得突破，例如高端智能芯片的开发生产，机器视觉技术、机器学习技术、高性能计算技术的开发应用等，这些技术的突破为 AI 产品开发生产提供了保障。此外，由于 AI 应用场景中关键支撑要素的发展，AI 开始广泛影响生产生活。这些关键支撑要素如下。

第一，泛在的信息网绎发展，特别是移动互联网的发展。这使信息的快捷获取成为可能。

第二，数字化技术的发展与广泛应用，包括数字、声音、图像等各种信息的数字化，使得各种信息可以统一进入信息网络，并实现计算机处理。

第三，智能手机的发明与大规模生产应用。这是 AI 影响生产，特别是大规模影响人们生活的关键一步。没有智能手机的大规模应用，数字经济的发展是难以想象的。

第四，电池技术的突破。这是机器人等移动式智能产品发展的能源保障。

第五，机器人开始在先进制造领域广泛应用，机器人已经可以完成复杂的产品生产制造。

由于 AI 技术开始深刻影响生产、生活，按照科学技术发展的规律，不少人开始担心 AI 技术发展的前景。回顾产业革命以来的 250 多年，科学技术发展的重要特点是，提供增强人类体力的方法和工具。AI 的兴起，本质上是提供加强和提高人类智力的方法、工具。科学发展永无止境，这预示着 AI 发展的可能结果是，一个类人的机器人物种的兴起。如果走到那一天，我们这些生物人与机器人的边界就会成为一个问题。尽管这只是一种遥远的可能，但著名物理学家霍金曾表示："计算机具备的人工智能将会在未来 100 年中的某个时点超越人类的智能。当这种情形发生时，我们必须确保计算机是站在人类这边的……我们的未来是在日益崛起的科技力量与我们试图掌控它们之间的一场竞赛。"

（2）AI 潜在的经济影响

第一，对人类生产的影响。当人工智能发展到一定程度，机器人有可能完全取代劳动工人。这个时候的生产方式就是极少数的知识型管理者在经营大规模生产，向市场提供各种产品。智能网络的发展，完全能够支撑起供应链的运转。传统意义上所说的生产方式将不复存在，资本发挥着决定性作用。那么就业怎么办？

第二，对经济分配的影响。当机器人取代劳动者，劳动分配就是一个突出的经济问题，也是一个突出的社会问题。没有就业，就没有劳动收入；

没有相应的人均可支配收入，市场就会萎缩甚至消失。尽管机器人的智力来自人类的智力劳动，但是把所有的生产收入都分配给少数的智力劳动者，就社会发展而言，显然并不可行。生产的本质意义在于改善国民福利，为了迎接 AI 技术广泛应用的未来，如今就应当研究提出适应 AI 广泛应用时代的经济学，例如，应当如何完善经济领域的法律、税收与税制、收入分配以及公共服务、社会保障等。

无论是应对全球气候变化，还是分析 AI 技术的发展，本质上都是创新发展。应对全球气候变化，需要相应的科学知识与技术支撑清洁生产、实现绿色发展；需要通过创新把绿色科学技术注入经济体系，实现化石能源生产体系到绿色生产体系的转换。AI 技术发展的过程，就是 AI 产业兴起与发展的过程，也是将 AI 技术应用于其他产业的过程，以及应用于社会发展、社会服务的过程，符合一般的创新创业发展规律。应对全球气候变化、AI 技术与应用这两大创新发展命题，是关乎经济学深刻变革的命题。

第二章

创新与商业周期及其应对

◄◄ 引　语 ►►

　　经济可以实现持久增长，但波动及商业周期难以避免。经济体系的外部原因与内部原因均可能造成商业周期，我们将其称为一般性商业周期；令人惊讶的是，创新也可以形成商业周期，也会对经济造成危害。

　　商业周期会对经济、生产、生活产生重要影响。过大的经济波动，如严重的经济萧条，可能对经济、生产、生活造成严重破坏。市场体系本身难以有效应对商业周期。对商业周期采取主动应对措施是必要的。对于一般性商业周期与创新型商业周期，要采取不同的应对措施，才能有效减小商业周期的危害。

　　本章使用的创新概念，指的是基于科学、技术的创新。

第一节　一般性商业周期

　　一般性商业周期，是指经济学教科书上所阐述的商业周期，也称经济周期。在本书中，我们提出了创新型商业周期的概念。提出这个概念的主要原因，一是一般性商业周期并不能完全解释现实经济中的商业周期现象；二是确实存在创新型商业周期，即重大技术创新导致的商业周期。这类商业周期与金融原因造成的商业周期明显不同。

　　一般性商业周期是经济体系运行的重要特点，表现为经济运行出现周期性、波动性。经济增长与商业周期是宏观经济学的两个核心议题。经济可以持久增长，在一段时间内，有可能实现稳定增长，但波动性是客观存在且难以避免的。经济体系运行中出现的过大、过长时间的波动，会带来严重的危害。

1. 所有的经济体系运行均表现出周期性的特点

观察各国经济发展特别是中长周期的发展可以发现，所有的经济体系运行均表现出周期性的特点。不论采取中央计划经济体制、自由市场经济体制还是混合经济体制，经济体系的运行都呈现波动性。

其中，中央计划经济体制的波动表现为中长周期的剧烈波动，其特点是，根据规划设计的理念，经济体系可以按照统一的行政安排运行，应当可以避免商业周期的出现；其行政安排可以极其细化，对企业的投入与产出、生产与销售、工资福利、产品价格，以及公共设施的建设与维护等，都可以提前做出计划安排；经济体系的运行可以是稳定的。但是从长周期看，这种中央计划经济体制下的经济体系的运行会出现严重的经济结构、产业结构畸形，经济活力与效率低下，企业与劳动者积极性差，尤其是企业与产业缺乏创新动力等现象。苏联的经济就是如此，苏联解体的原因是多方面的，但是基本原因是其经济发展的失败，军工产业快速发展壮大，消费品工业长期发展滞后，消费品供应短缺，人们的生活水平长期得不到提高，甚至下降。一旦这种现象发展到临界点，就会一发不可收拾。

自由放任的市场经济，尽管可以在激烈的自由竞争中保持强劲的活力，"看不见的手"可以造就意想不到的经济秩序，实现供求平衡；但是其波动是客观存在的，有时是十分严重的，甚至会造成持续数年的大萧条，例如1929—1933年的大萧条。在自由放任的经济体系中，投机、污染、收入严重不平等、公共服务效率低下等外部性问题表现突出。由于世界主要经济体实际采用的都是混合经济本制，所以，在一般性商业周期的研究中，讨论比较多的是混合经济体制中偏短期的宏观经济周期现象，其经济周期一般是 2 ～ 10 年，实际上这是中短周期的经济发展波动现象。

从世界各国经济体系的运行来看，在混合经济体制中，市场和政府均发挥作用。主要的区别在于，二者发挥作用的边界在不同的国家是不一样的。尽管如此，从各国经济发展的实际来看，自 20 世纪的大萧条后，政府对宏观经济的影响作用普遍加大，表现为宏观经济政策的实施范围与力度加大；商业周期表现出了新的特点，例如波动性趋缓，破坏性减弱。大萧条至今的约 90 年间，全球再没有出现像 1929—1933 年那样破坏巨大的商业周期。

直到目前，世界各国均没有消除商业周期。曾经有人认为，计划经济体制可以应对商业周期，理论上可能可行，但是实践中行不通。在微观上、中短期上，中央计划经济体制可以做到让经济稳定运行，但是从长周期看并不可行。政府强力干预经济，尽管可以实现经济的平稳运行，但是，受政府重视的部门会得到更多资源，实现优先发展，这会造成严重的经济结构失衡，经济效率会大受影响。综合分析，混合经济体制在实现经济增长、应对一般性商业周期方面，有独特的优势，表现比较好。

2. 描述一般性商业周期的方法

一般性商业周期与物理学中描述物体运动的周期不同，恰当的理解是经济运行存在波动的现象。经济的波动并非围绕一条水平线的上下波动。由于经济可以持久增长，所以，这种波动实际上是围绕一条上升的、不规则的经济长期增长曲线的上下波动，这种波动本身也是不规则的。

描述一般性商业周期的方法有很多，比较流行的有两种。一种是两阶段法，即把经济的波动分为扩张和收缩两个阶段。用扩张和收缩两个阶段来描述一般性商业周期，这种方法简单明了。经济不能实现匀速稳定发展，永远处于波动之中，要么扩张，要么收缩，用两阶段法进行分析，自然有其道理。

也有人认为两阶段法太粗放，用四阶段法更好，即按照繁荣、衰退、萧条、复苏四个阶段分析一般性商业周期。衰退与萧条的区别在于时间。经济学家通常将持续 6 个月至 1 年的经济下降的现象称为衰退；超过这个时间，则称为萧条，萧条可以持续数年时间。不同国家对衰退与萧条的定义并不相同。美国国家经济研究局对衰退的定义是：国民经济活力全面显著放缓，通常要持续几个月甚至更长时间，主要表现在实际 GDP、实际收入、就业、工业生产和零售业等各个方面。这个定义比较模糊，宏观经济指标包括总量和增速两方面的指标，经济增长放缓，可以理解为增速下降，也可以理解为总量萎缩。也有人认为：如果实际 GDP 连续两个季度下降，则应视为衰退；两个季度以上至一年即为萧条。一般性商业周期持续时间通常为 2 ～ 10 年。在具体的研究分析中，应当把实际 GDP 的变化作为判断衰退或萧条的依据。

研究一般性商业周期，就是要分析：目前造成商业周期的原因是什么？处于什么发展阶段？发展趋势是什么？总量数据与增速数据有什么变化？按照一般性商业周期发展的实际，基于数据和事实制定国家经济调控政策，也便于企业安排投资运营。但是，实际情况是，由于影响经济发展的因素是多元的，如果一个因素发生变化，需要一定的时间传播其影响。因此，认识并确定一般性商业周期的具体态势，比如，何时是谷底、持续多长时间，何时是峰顶、持续多长时间，并非易事。

3. 经济衰退的表现

经济衰退会对投资与消费、就业、人们的生活、经济产出、企业经营与利润产生明显的负面影响。

经济增长时，生产、市场到处都是繁荣景象，人们对经济发展的预期乐观，企业投资活跃，就业机会比较多，收入不断增加，人们日子过得比较幸福。当经济衰退时，从供给端看，企业会普遍感到经营困难，市场低迷，产品销售困难，利润下降。甚至有些企业经不起商业周期的冲击，面临停工、停业，甚至破产。企业投资会明显减少。如果有通货膨胀，也会伴随利率提高。利率的提高又会推高汇率，对出口产生不利影响。宏观经济产出趋于下降，经济预期往往转向悲观。

当经济衰退时，企业经营困难导致投资减少，失业增加导致人们的收入下降，从而抑制人们的支出，造成消费下降，最终对宏观经济增长产生负面影响。

从金融市场看，经济衰退时，股票价格、房产价格会趋向下跌。如果经济衰退是由金融危机造成的，则会有银行或其他金融机构经营困难，甚至破产。由于金融与企业联系密切，经济衰退会引起连锁反应，造成企业经营困难甚至破产。从利率的角度看，如果一个经济体的利率是市场化的，通货膨胀与利率就是高度相关的；高通货膨胀往往对应高利率，当失业率过高时，往往需要降低利率。低利率有利于促进投资，从而有利于提高就业率；高利率会降低投资，往往会抑制就业率的增加。在实行自由市场经济的开放经济体中，利率与汇率是密切相关的，高利率对应高汇率，低利率对应低汇率。

值得讨论的是，在全球化时代，国际金融对经济发展的影响是跨国界的。例如，当金融强国美国实行高利率以应对其国内通货膨胀时，会引起美国的本币（即美元）版图向美国的收缩，那些拥有美元或美元贷款的国家可能会流出美元，从而导致货币紧缩、投资收缩，对经济增长造成负面影响。这对经济实力比较弱的国家产生的影响尤其严重，因此，这些国家需要高度关注金融安全。

第二节　一般性商业周期形成的原因

经济体系的外部原因与内部原因均可能导致一般性商业周期。

1. 外部原因

主要有四个方面的外部原因会导致一般性商业周期。

第一个原因是自然因素，包括重大自然灾害，例如严重的洪涝、干旱、地震等。曾经有一个说法，太阳黑子与商业周期高度相关，这个说法也确有道理。据观察，太阳黑子的周期约为 11 年，太阳黑子出现以后，对地球有比较大的影响，如对地球磁场和气象有重要影响，会造成严重的洪涝、干旱，可能影响农业比如农产品生产，造成歉收，以农产品为基础的加工业或者制造业也会随之受到影响。在工商业还不够发达的时候，农业所占比重比较大，用太阳黑子来预测、解释商业周期有其道理。

第二个原因是重大烈性传染病。重大烈性传染病对一般性商业周期有重大影响。当然，其他一些重大疾病，如糖尿病、心脑血管慢性病、呼吸系统慢性病等，患病群体规模也很大，对经济发展特别是对家庭生活有重大影响，但是能够形成明显的一般性商业周期的主要是烈性传染病。因为烈性传染病有流行范围广、传染人口规模大的特点，在交通便利、国际交流频繁的当代，更可能跨地区、跨国界形成大流行。针对传染病的防控，封闭与隔离是常用的方法。因此，烈性传染病，尤其是新发烈性传染病发生后，很可能对经济生产、社会生活造成停滞性的巨大冲击，甚至造成生产与商业中断，从而带来严重的一般性商业周期。历史上烈性传染病暴发冲击经济发展的例子有许多。

第三个原因是重大政治事件。例如西方国家的换届选举，新一届政府上台往往伴随着新政策的出台，会对经济发展产生重要影响，但这样的影响是有限的。国家的基本经济政策是为解决经济发展的具体问题，或实现一定的发展目标而制定的，往往连续性很强。政治革命与社会动乱都会造成突出的一般性商业周期，会带来经济停摆甚至巨大的经济破坏。

第四个原因是战争。需要深入分析战争对一般性商业周期的影响。总的来看，战争对一般性商业周期的影响，对于不同的国家，其结果可能有很大的不同。

以美国为例，自美国南北战争以来，美国本土基本没有战场，凡是美国发动或参加的规模比较大的战争，其对美国经济发展基本上都发挥了非常有力的促进作用。大萧条时间是1929—1933年，实际上就是过了1933年，世界经济尤其是西方国家的经济，也远远没有恢复到大萧条前的状况。大萧条源自美国，当然对美国影响很大，对欧洲国家如德国、英国和法国的影响也很大。尽管美国政府为了应对大萧条造成的经济与社会危害，采取了多方面的有力措施，但是大萧条对美国经济的不利影响持续存在。直到1941年底美国参加二战，美国经济才逐步恢复到大萧条前的状态。借助战争的大规模支出增加、生产扩张、需求拉动，美国经济不仅全面恢复，而且实现了新的扩张。二战后，美国完整保存了经济体系并使其没有受到战争破坏，利用参加二战的西欧国家战后重建的机遇，美国经济实现了大发展。大萧条也对欧洲经济造成了严重冲击，以德国为例，其经济彻底摆脱大萧条的影响，也是借助了准备战争、扩大军备带来的机遇。

西方国家的战争理论有自己的特色，战争的指导思想与东方国家相比有很大的不同。它们会把战争当作一种生意：融资、投资、军备生产，都是利用现成的经济体系来进行的；扩大军备是扩大投资、扩大生产的一部分。因此，在西方国家的战争史上，不乏因战争而成长起来的大企业。美国尤其有代表性，例如生产药物的辉瑞公司、生产炸药的杜邦公司等。

但是，战场所在地、所在国的情形就有很大不同，战争的巨大破坏会造成严重的经济萎缩、衰退。当然，战后重建会带来新的经济机会。现代欧洲经济，特别是德国、英国、法国的经济，是二战后重建的结果。总的来说，二战给经济带来的一轮一般性商业周期很明显。

2. 内部原因

下面讨论一下内部原因。

（1）经济体系运行的自然现象

一般性商业周期出现的内部原因与经济体系自身运行有关。一般性商业周期是经济体系运行的自然现象。经济体系运行实际上遵循一个基本的经济学原理，就是均衡原理。经济体系在运行的过程中，如果能保持动态均衡，经济就会稳步发展。均衡原理表现在经济发展各个方面，例如，供给与需求、投入与产出、进口与出口等。经济均衡，才能不失衡。人们经常讨论的债务，无论是政府债务、企业债务还是家庭债务，只要在时间尺度上与当时的资产、收入能够保持均衡，就不会出现大的问题。贸易赤字也是如此。

现实的情况是，由于经济体系是一个动态系统，其运行受到多种因素的影响或者干扰，所以，经济体系要保持持久的稳定是很难的，波动是常态。如果波动过大，无论是过高还是过低，波动时间过长，都会造成具有明显破坏性的商业周期。

（2）金融因素

金融因素可能造成的一般性商业周期的情况，可以分为以下几种。

第一种情况，过度投资与投机性投资。过度投资是指超过项目正常投资需要的投资现象，投资的目的在于生产，但是投资量超过了正常项目投资的需要，或投资造成过多的产能，就形成了过度投资。投机性投资是指纯粹为了将来可以出售获利而买进证券、商品的行为，其特点是利用价格变动，通过投资获得价格利差。这类投资可能来自金融体系，也可能来自政府资金或个人持有的资金。能够给经济造成较大影响的资金往往来自金融体系。

金融的特点是对经济体系有全面的渗透性，尤其是对现代经济的各个部门。生产、消费、科技创新创业、基础设施建设、资本市场，以及其中的各个法人主体，大多数家庭甚至个人，都是现代金融的参与者。健康稳定的金融对经济发展来说无疑非常重要，但是，金融投机、资产炒作、开发项目过度投资、恶性通货膨胀、新经济泡沫等金融问题客观存在。因此，金融就成为经济体系内部造成商业周期的一个原因。

过度投资与投机性投资的案例不胜枚举。例如，集成电路过度投资现象。政府与企业都认为发展集成电路产业非常重要，前景美好，这就非常容易出现各级政府以及有资金实力或融资能力较强的企业过度投资的现象。其中既有正常的项目投资，也不乏跟随的投机性投资。房地产领域的房产炒作，以及资本市场中的有价证券炒作就属于投机性投资行为。投机性投资对经济的伤害是巨大的，它可能会人为推动价格大幅度波动，而使投资者获得价格利益。这不仅会造成商品价格严重扭曲、扰乱市场，而且对其他消费者会造成严重伤害，甚至对金融机构造成伤害。美国开发西部、修建铁路、开凿运河的时候，都出现了过度投资与投机性投资的现象，大量的资金非理性地涌入了某个开发项目，投入与产出严重失衡，形成严重泡沫，最终形成了商业周期。在计划经济体制中，在政府重视的项目或行业中可能出现过度投资的现象，虽然表面上不会形成市场经济体制中的商业周期，但是会造成资金、资产损失以及产业畸形发展。

第二种情况，恶性通货膨胀。发达经济体干预通货膨胀的基准一般是2%。发达经济体的 GDP 年均增长率一般为 3%～5%，甚至更低。所以，5%～10% 的通货膨胀从心理上就让人难以接受。整个 20 世纪，美国经济史上发生过 5 次比较严重的通货膨胀，通货膨胀率超过了 10%。这 5 次分别是：1917—1920 年，最高通货膨胀率达 23.7%；1941—1942 年，最高通货膨胀率达 13.2%；1946—1948 年，最高通货膨胀率达 19.7%；1974—

1975 年，最高通货膨胀率达 12.3%；1979—1981 年，最高通货膨胀率达 14.8%。特别高的通货膨胀率（如 100%），就属于恶性通货膨胀。

当然，不同国家对恶性通货膨胀的定义可能不同，这是因为不同的国家对通货膨胀的容忍度不一样。但恶性通货膨胀往往对经济有巨大的伤害，特别是会彻底破坏经济预期。动荡不定的价格使得往往很难对资产、企业投资、个人生活规划等做出稳定预期的判断，甚至会造成巨大的经济混乱，从而引发更加"恶化"的一般性商业周期。

值得注意的是，外部原因通常导致通货膨胀，造成严重的经济波动，例如，战争引发的通货膨胀。俄乌战争引发的地缘政治变化，对能源、粮食等重要商品的供给带来冲击。国际货币基金组织在 2022 年 7 月发布的《世界经济展望》中预测，发达经济体 2022 年的通货膨胀率将达到 6.6%，新兴市场和发展中经济体的通货膨胀率将达到 9.5%。根据阿根廷政府 2022 年 9 月 15 日发布的数据，8 月阿根廷的通货膨胀率同比飙升至 78.5%，这就是恶性通货膨胀。应对通货膨胀、恢复经济增长，这是当前全球面临的双重重大挑战。

第三种情况，房地产泡沫。首先看看 MIT 的经济系资深教授金德尔伯格关于"泡沫"的定义："泡沫可以不太严格地定义为——一种资产或一系列资产价格在一个连续过程中的急剧上涨，初始的价格上涨使人们产生价格会进一步上涨的预期，从而吸引新的买者——这些人一般是以买卖资产牟利的投机者，其实他们对资产的使用及其盈利能力并不感兴趣。价格的上涨往往导致预期的逆转和价格的暴跌，由此通常导致金融危机。"这个定义可以延伸到房地产泡沫的定义上。

此外，与房地产业发展密切相关的还有金融衍生产品证券化创新，它会造成风险积累，当出现还贷困难后，金融泡沫破裂，从而造成金融危机。房地产业是金融依赖性比较强的产业，资金流量比较大。如果叠加金融产品创新，一是可以使本就存在的金融风险隐蔽化；二是金融风险会进一步积累、放大。

由房地产泡沫造成的比较典型的一次金融危机，就是源自美国，后来扩展到其他国家的 2007—2009 年的国际金融危机。这一次国际金融危机令中国也受到了巨大的影响。这次金融危机表面上看是由房地产领域引发的，但根本原因是金融衍生产品过度创新和风险控制不当。金融系统基于次级贷款，进行金融衍生产品证券化开发和销售，把高风险贷款转嫁分散给证券购买者。随着贷款规模、证券规模的扩大、积累，风险也不断积累，当偿付贷款出现问题后，金融资金链断裂，引发债券违约，形成金融危机。这次金融危机导致很多投资银行，包括历史上著名的投资银行和普通的商业银行经营困难甚至破产。在金融国际化时代，债券分散在全球若干国家，因此这次发源于美国的金融危机演变成了国际金融危机。

这次金融危机造成了比较严重的经济衰退。各国纷纷采取措施应对。美国的应对举措有以下几个方面值得关注。一是出台了救急一揽子政策措施，减少金融危机造成的经济破坏，努力保障民生，保障政府正常运作，保障公共产品的供给。二是出台了《美国创新战略》，旨在尽快让经济恢复增长，同时通过实施创新战略，实现美国经济新一轮持久的增长。总的来看，美国的应对措施是十分有效的，深陷困境的美国银行业在金融危机后，用了 4 年时间，于 2013 年实现了盈利，恢复了常态化运营。

我们来看看中国房地产业的发展调整。2020 年以来，房地产业进入了结构调整期，表现为普遍的房产销售低迷、下降，普遍的价格下跌，房地产土地需求与投资低迷，目前依然处于调整之中。房地产业调整对房地产业本身、银行、消费者，甚至对宏观经济都产生了巨大影响，实际上形成了商业周期。自 2008 年以后，中国的房地产业进入了快速发展期，大约在 2019 年达到了顶峰。这期间的发展过程与金德尔伯格教授关于"泡沫"

的定义相符。这一轮房地产业的调整反映出总体上中国刚性住房需求已基本解决。

2008 年，中国人均 GDP 大约是 3400 美元，2019 年，中国人均 GDP 突破 1 万美元。从世界各区经济发展的经验看，这个发展阶段对应的一般都是家庭解决基本住房需求的阶段。这个阶段的基本住房需求的含义是，在一国人口特别是家庭人口规模及土地保障条件下，满足家庭成员有相对独立的居住、生活、学习空间的需要。

中国房地产业发展的特点是对于土地公有制基础之上的政府、企业、银行、家庭共同参与的产业，城市政府掌握土地要素并获得土地出让收入，银行提供贷款并获得收入，企业负责开发并销售；家庭是付费者，议价能力有限，基本上是被动的付费者，难以在需求端对房地产价格的快速增长形成有效的抑制作用。与所有快速发展的行业均会有众多参与者一样，快速发展的房地产业迅速成为城市政府、银行、房地产开发企业争相进入的产业，过度投资、过热发展、资产炒作、价格持续走高，是必然的结果。因此，房地产业在高速发展中逐步走向供给与需求、价格与购买力的严重失衡。房地产业是典型的重资产行业，其发展严重依赖金融支持，价格越是走高，对金融的依赖程度就越高，占用的金融资源就越多，金融风险就会在不断累积中升高，当达到一定的临界点，整个房地产业的调整是必然的。

商业周期的特点就是由繁荣到衰退，甚至萧条。不难判断，像房地产业这样的重资产行业的调整，自然是长周期的。有人认为这一轮房地产业的周期性调整会很快结束。实际上这是缺乏依据的。中国已经进入了高质量发展阶段，房地产业调整的结局不会是回到快速发展的数量型起点，而是转型升级。完成调整后，新一轮房地产业的复苏将会是供给侧与需求侧共同发力，由数量型、基本保障型转向有中国特色的质量型。尽管中国有庞大的人口规模、十分有限的土地，难以提供很多有院子、有绿地的独栋房子，但是，房子空间的科学配置、舒适度的提升、多功能设计、社区配套设施的改善、物业质量的提升等，都是必然的。

中国房地产业的调整，对中国完善治理房地产业的方式方法，也会发挥重要的作用。

第三节 创新型商业周期

本章提出创新型商业周期的概念，基于如下观察和分析。

第一，以20世纪80年代美国颁布实施《拜杜法案》为标志，联邦政府开始支持企业技术创新，特别是小企业开展技术创新。这是美国创新政策的重大调整。此前，美国并没有国家意义上的创新政策，只有国家意义上的科学政策。除了美国政府部门组织开展针对服务行业发展的应用研究外，联邦政府主要资助大学开展基础研究，以及国防领域的研究开发。工业部门的技术创新则交给市场，由企业自主进行。支持企业技术创新的目的是明确的，就是促进小企业发展，增强经济活力，促进经济增长，创造就业机会。实际上，这是为把技术创新作为重要的宏观经济发展工具而做出的制度和政策安排。

第二，科技企业、科技产业不断发展，对经济增长、国际贸易、就业的影响趋于重要。以美国为代表，自20世纪80年代起，小企业逐步成为技术创新的主要力量；进入20世纪90年代，经过十年的发展积累，加上互联网在经济与社会领域的迅速普及，科技企业、科技产业发展进入了黄金十年；其间，一批科技领军企业迅速成长。科技产业不仅成为推动宏观经济发展的一股特色鲜明的力量，而且对传统产业产生了全面的渗透性影响，发挥了重要的改革与颠覆作用。在20世纪90年代初冷战结束后，世界上形成了一次规模巨大的经济全球化浪潮，苏联体系的国家，特别是那些东欧国家，纷纷引入市场经济体制，并实行开放经济政策。互联网以及科技企业、科技产业在这一次经济全球化浪潮中，成为主导力量，深深影响了世界经济发展。冷战结束后，科技企业、科技产业发展形成了新型的商业周期。

第三，中国的改革开放政策为经济全球化注入了重要动力，极大改变了世界经济发展格局。经过 20 多年的改革开放，到 2000 年，中国实现了总体小康。2001 年，中国加入 WTO 后，广泛融入了全球化发展，国际科技企业、科技产业进入了规模巨大的中国市场，中国科技企业、科技产业也进入了发展的快车道。中国的大型互联网科技企业，华为、比亚迪、科兴等先进制造科技企业，均是在这个时期成长起来的。

第四，新经济泡沫不断出现。一些新技术、新产业出现后，会形成非传统的新经济部门，受到人们的热捧，大量的资金等经济资源会过度进入，从而形成具有科技产业特征的经济泡沫。例如，2000 年左右发生在美国的互联网泡沫，造成了新型的商业周期。当然，这些新经济过度投资或科技企业股票价格高估引发的泡沫，造成的危害均没有一般性商业周期那么严重，但也形成了全局性的经济影响。

第五，对创新与商业周期的关系，以及相应的应对措施的研究比较薄弱。例如，创新型商业周期形成的原因与机理，以及如何应对创新型商业周期，都是值得深入研究的课题。

1. 创新型商业周期的定义

创新型商业周期是由重大技术创新引起的宏观经济波动现象。重大技术创新是指基于科学知识开发重要技术与产品，从而形成的能够对经济产生全面或广泛影响的技术创新。例如蒸汽机的发明，内燃机、电动机、计算机、智能手机等重大产品的发明，现代电网、互联网等重大设施的发明等，这些创新不仅形成了独立的产业，而且对经济、社会产生了全面的、广泛的、持久的影响。某个企业、某个行业的局部技术改良，其影响是微观的、局部的，一般不能被称为重大技术创新。

2. 创新型商业周期产生的原因与特点

（1）重大技术创新有周期性

如果以《天体运行论》的出现作为现代科学的起点，至今已有近 500 年的时间。这期间又有三次重大科学发现。一次是伽利略物理学理论的创立，伽利略于 1632 年出版了《两大世界体系的对话》，激怒了教会，被判处终身监禁。一次是牛顿物理学理论的创立，牛顿于 1687 年出版的《自然哲学的数学原理》为现代工程学的发展奠定了基础，他的人生比伽利略幸运多了。还有一次是量子力学理论的创立，按照我国科学家周光召的说法，1900 年普朗克提出量子论，经过 25 年的发展，1925 年海森伯等科学家创立了量子力学。爱因斯坦于 1915 年创立了广义相对论，于 1921 年创立了狭义相对论。观察这近 500 年的科学技术发展，可以发现一个共同的现象——物理学发展对人们认识宇宙万物、对科学技术发展发挥了根本的作用，呈现一浪又一浪、逐步发展的周期性现象。物理定律是人们发明创造的前沿边界，类似现代经济在波动中从一个水平发展到另一个更高的水平。物理学革命不断开辟认知物理世界、万物运动规律的新境界，对人类知识边界的拓展、世界观、思维方式产生了基础性影响。重大技术创新的周期性的形成，得益于科学发展的周期性。蒸汽机、电动机、内燃机、计算机等重大技术创新均表现出周期性特点。

（2）重大技术创新形成的科技产业有周期性

以牛顿力学的创立为标志的科学革命发生后 100 年左右，产业革命于

18世纪60年代在牛顿的故乡英国爆发，开启了人类社会产业、经济发展的新时代。从此，基于科学的技术创新成为产业诞生、发展的关键。此后的产业发展表明，每一次重大技术创新均会形成新产业发展的浪潮。目前，基本达成共识的观点是，人类历史上已经经历了三次科学革命：17世纪的牛顿力学革命，19世纪的电磁力学革命，20世纪的量子力学革命。每一次科学革命均催生了技术革命和产业革命。现在，人类处于以量子力学为科学基础的技术创新与产业革命时期。产业革命的周期性必然对经济发展形成周期性影响。

（3）创新型商业周期的特点

第一，创新型商业周期是由科学技术及其创新引发的。所以，创新型商业周期与基础研究取得的进展密切相关，重大科学发现会催生重大技术创新，重大技术创新会催生重大产品或基础设施，促进相关新产业的产生与发展，同时也会提高生产率。新企业、新产业的兴起会引发新的投资，创造新的就业与财富。创新型国家的发展表明，那些更重视基础研究的国家，如英国、德国、法国、美国、日本等，不仅科学发展水平高，技术创新效果和经济发展成绩也很显著，其经济竞争力也比较强。

第二，创新型商业周期比较长。原因是重大科学发现、重大技术创新的时间一般比较长。将科学知识、技术成果转化为市场接受的商业化产品，也需要比较长的时间。所以，创新型商业周期表现为长周期的经济波动。

经济学家熊彼特在其创新理论中对商业周期进行了分析。他通过实证研究，认为资本主义经济存在商业周期，包括长周期（55年以上甚至上百年，本书讨论的多为55年长周期）、中周期（8～10年）和短周期（30～40个月）。熊彼特认为，在创新之前经济处于静态均衡的状态，企业的支出等于收入，没有利息和利润。但是，由于经济发展中生产要素的重组，企业家为获得超额利润（新产品价格与生产要素价格之间的价值差额）而努力创新，当创新浪潮出现时，社会上对银行信贷和生产资料的需求扩大，从而引起经济高涨。当创新扩展时，竞争使商品价格趋于下跌，盈利机会减少，银行信贷收缩，于是经济从繁荣转入衰退。他进一步对现实资本主义经济运行中存在的繁荣、衰退、萧条、复苏四个阶段进行了分析。

熊彼特认为，创新浪潮不止一次，第一次浪潮中，创新引发了生产资料需求增长和银行信贷扩张，同时推动了新工厂的建立和新设备的增产。这时一般又会伴随着消费品需求的增长，在物价普遍上涨的情况下，社会上出现许多投资机会，即出现了投机，此为第二次浪潮。第二次浪潮中，许多投资机会与本部门的创新无关，信贷扩张只是为一般企业和投资活动提供资金。因此，第二次浪潮中就已包含了失误和过度投资行为，并且它不可能具备自动调整走向新均衡的能力，当经济出现收缩而引起"衰退"时，不仅投资活动趋于消失，而且还会引起破坏。"萧条"发生后，第二次浪潮的反应逐渐消除，经济进入恢复调整阶段——"复苏"。从"复苏"进入"繁荣"又需要一次创新浪潮。由于创新并不是平稳进行的，各种创新对经济发展的影响也不一样，因而商业周期的长短也不一样，如此循环往复。其中，历时约 55 年的长周期对应的是重大技术创新。

需要说明的是，熊彼特论述的"创新"并非仅仅是科技创新，现在所谓的模式创新也包含在他的创新理论之中。

经济学家德鲁克在其《创新与企业家精神》一书中，分析了基于科学知识的创新。他认为这类创新的时间最长，一般而言，由知识变成可应用的技术，进而被市场接受，所需要的时间为 25 ～ 35 年。

经济学提出用数量测算周期，并非基于数理逻辑的数学计算，而是统计学意义上的计算，经济运行中的实际周期不一定与测算的时间完全一致。无论怎样，可以判断的是，基于科学知识的创新是长时间的，对应的创新型商业周期也是长时间的，一般都在 10 年以上。经济学家从宏观经济学的角度研究提出的 55 年左右的长周期，反映的是市场经济条件下重大技术创新形成的周期。

从实践的角度看，历史上的重大技术创新耗时都很长，例如杜邦公司从研究开发尼龙到大规模生产耗时 15 年，青霉素从研究开发到大规模生产耗时 15 年。中国的大型银行研究了自身支持科技企业成长的经验，统计显示，企业从初创到上市的平均时间是 16 年。当然，这些案例里面的时间反映的主要是研究开发时间，并不是创新创业的全部时间，前期的基础研究与应用基础研究也要耗费大量时间。另外，研究开发的新产品，在形成规模化生产技术与能力之后，还会在相当长的时间内占据竞争优势。例如，汽车从诞生至今已有 130 多年，在进入 21 世纪后，才出现了电动汽车等新能源汽车对传统汽车的商业化替代现象；计算机从诞生至今已有 70 多年，现在依然在蓬勃发展。当然，在其发展过程中，产品的更新换代是产业延续的重要特征。所以，重大技术创新一旦形成，新兴产业就开始发展，在早期阶段，由于知识产权保护、商业秘密、生产技术设备不容易受到登门槛效应的制约，其他投资者进入并不容易。所以，早期的新兴产业比较容易获得超额利润。随着生产的发展，产品扩大销售，特别是专利保护到期后，技术的外溢会加快，越来越多的竞争者将进入这个产业领域。随着生产者增多、产品增加，利润会不断下降。这个实践过程与熊彼特的理论分析是一致的。

第三，创新型商业周期是经济体系外部因素、内部因素共同作用的结果。具体表现为产业界、科学界、教育界、金融界、政府及其部门协作形成的经济发展现象。创新型商业周期自兴起开始，不仅表现为新企业、新产业的诞生，而且表现为对传统企业、产业有替代性、颠覆性。这是因为新技术支撑的新企业、新产业往往会开辟新市场，具有更高的生产率和比传统产业更强的竞争力。

总的来看，创新型商业周期是有利于经济增长的，对增加经济产出、增加高质量就业机会、提高产业与经济竞争力是有益的。但是，不可忽视创新型商业周期的负面影响。创新型商业周期有扩张，也有衰退甚至萧条，并有可能引发过度投资和投机性投资，出现一般性商业周期的问题和特征。

例如，20 世纪 90 年代，美国的互联网向社会开放应用之后，基于互联网的企业、产业迅速发展，有人称之为新经济。新经济的发展引发了投资过热，形成了人们所说的互联网泡沫。2000 年左右，新经济泡沫破裂，形成了对经济的冲击。这是比较典型的由重大技术创新形成的商业周期。自 2019 年起，为规范行业经营，中国有关部门开始整顿互联网平台企业，互联网行业进入了结构调整期。人们习惯上把这些企业称为科技企业，实际上这些互联网领军企业，更多的是借助互联网这一重大技术创新设施，利用中国庞大的生产规模，通过经营模式创新，快速实现业务规模扩大。这些互联网企业为商务现代化做出了巨大贡献，带来了巨大的商业便利，但同时也带来了垄断、排挤中小企业与个体工商户，以及借电子商务业务开展金融业务等一系列弊端。互联网企业发展过程中出现了高杠杆金融操作、垄断行为、社会责任缺失、投资过热、资产价格虚高等现象。如果按照商业周期的理论，中国互联网企业的调整也属于商业周期现象。

值得注意的是，尽管有不少人把中国这些互联网巨头称为科技企业。但是，按照中国科技企业的标准，依据这些企业的实际数据来监测计算，这些企业算不上是严格意义上的科技企业。这么来看，如果蚂蚁金服登陆科创板，就是不合适的、不严肃的、不规范的。当然，在资本市场上，如果把这些企业归为科技板块也是有道理的，毕竟它们是基于互联网这一重大技术创新设施兴起的新产业，而且在商业模式创新上贡献巨大。它们缺乏的是人们所期待的"硬科技"创新。

由此也可以看到，重大技术创新对经济的影响是非常广泛的，有时候确实会引起很多意想不到的企业、行业的兴起，并向社会提供新产品、新服务。基于互联网的电子商务，就是基于互联网的衍生创新。当重大技术创新催生新产业的时候，很容易形成投资过热。尽管新产业的发展有利于经济增长，扩大就业，增加国民收入，带来更多便利，但是，对于相应而来的风险、资产泡沫、投资过热等现象，也要给予高度的重视。

第四，激励创新创业的政策有利于形成创新型商业周期，也可以治理创新型商业周期。这些政策包括建立知识产权制度，实现对知识产权的有效保护；用高额收益激励创新创业，成就创业者的梦想；改进资产计量估值方法，支持知识类无形资产在总资产中占有较大比重；宽松适度的监管，以利于新产品、新服务进入市场；政府支持创新创业产品的采购政策等。一轮创新形成一轮商业周期，要防止一轮商业周期进入衰退、萧条阶段时可能给经济社会造成的负面影响，就必须有激励创新创业的长期政策，从而实现持续创新创业。

第五，激励创新创业的社会文化与创新型商业周期密切相关。激励创新创业的社会文化，会在全社会塑造崇尚创新创业的价值观，形成鼓励、尊重、支持创业者的社会环境。创新创业的根本在于创业者，鼓励创新创业的社会文化，才会持续不断地培育和造就创业者。

第四节 一般性商业周期的应对

我们把商业周期分为两类，一类是一般性商业周期，一般时间跨度是 2 ~ 10 年；另一类是创新型商业周期，时间跨度是 10 年以上。对于不同类型的商业周期，要采取不同的应对方法。本节主要阐述一般性商业周期的应对。

1. 凯恩斯的理论

大萧条是应对一般性商业周期的分水岭。大萧条具有破坏力极强、影响范围广、持续时间长的特点，在许多国家造成的影响甚至持续了 10 年之久。为了有效应对一般性商业周期，各国设计了许多方法、工具，同时，也引发了人们对传统经济体制的研究。所以，大萧条以后，特别是二战以后，各国普遍引入了宏观经济干预政策，应对一般性商业周期的宏观经济政策措施逐步实现了体系化。

谈到应对大萧条，就不能忽视经济学家凯恩斯的贡献。1936 年，凯恩斯的著作《就业、利息和货币通论》正式出版，这标志着宏观经济学的诞生。凯恩斯宏观经济学的核心理论涉及总需求与总供给的关系，有两点重要论述。第一，市场经济中高失业率与未被完全利用的生产能力有可能长期并存，这意味着存在效率障碍、失业与生产能力闲置。第二，认定政府的财政政策和货币政策能够影响产出，从而降低失业率，并缩短经济衰退期；这意味着，扩大投资、扩大支出可以增加总需求。

2. 两大工具

凯恩斯宏观经济学理论极大影响了政府的经济职能改革。1946 年，美国国会授权联邦政府稳定美国经济、稳定就业的职责。凯恩斯宏观经济学理论为自由放任的市场经济体制转变为混合经济体制提供了理论依据。

凯恩斯的理论正式发表于大萧条之后。大萧条发生后，相关国家都在研究应对大萧条的对策。凯恩斯的名著首次出版时间为 1936 年，那时欧美国家的经济普遍没有恢复到大萧条以前的状况，这些国家还在致力于恢复正常的经济增长。可以说，凯恩斯的理论为应对大萧条做出了重要贡献，至少为政府延续应对大萧条的政策提供了理论依据。凯恩斯提出的"政府的财政政策和货币政策能够影响产出,从而降低失业率,并缩短经济衰退期",被许多国家采纳,财政政策与货币政策成为应对一般性商业周期的两大工具。

观察此后应对商业周期的做法,各国普遍采用的宏观经济政策是财政政策与货币政策。

财政政策主要包括两项,一项是财政预算,即政府在配置资源的时候,决定给不同的经济领域配置不同的财政资金。另一项就是税收政策,具体包括税收目的是什么,税率是多少,以及如何征收等。

货币政策主要包括利率、信贷量、信贷条件等。在现代经济体系中,利率是最重要的货币政策。中央银行会根据经济发展状况,特别是通货膨胀程度、失业程度确定利率,对经济发展进行干预。进入 2022 年,特别是进入第二季度以后,欧美国家普遍出现了比较严重的通货膨胀,中央银行由采取宽松的货币政策以应对新冠疫情对经济的冲击,转为提高利率以应对通货膨胀。美联储在 2022 年 3 月开始加息,至 2022 年 9 月,已经加息 5 次。这 5 次加息已经发挥了效力。

有人担心加息会造成经济衰退,这完全是有可能的。但是,如果不能把通货膨胀控制在一定范围内,其造成的损失可能更大。这说明货币政策,特别是其中的利率政策,依然是应对商业周期的专用工具。从现代金融的流动性规模、影响广泛性、市场化特点分析,货币政策的影响要远远大于财政政策。

所以,如果一个现代经济体系中没有强大的现代金融体系,它就很难被认为是强大的现代经济体系。

3. 需要重视的三项举措

相对而言,在应对一般性商业周期的措施中,人们更关注的是财政政策和货币政策。实际上，还有三大工具对应对商业周期有重要作用，分别是结构性改革、开放和创新。财政政策和货币政策这两大工具，其发挥作用实际上都是偏短期的，主要是应对一般性商业周期，即 2～10 年的一般性商业周期。但是，对于长周期的创新型商业周期（将在本章第五节论述），仅靠这两大工具，是不够的，也是不充分的。

第一，关于结构性改革。 经济体系本身是一个系统架构，从系统论的原理分析，经济体系的运行效能取决于经济体系的结构。由于经济增长是由多个因素决定的，而且科学技术进步推动企业、产业等经济部门不断发展，当生产力达到一定的程度，会出现现有经济结构不适应经济新发展的现象，表现为经济活力不足、波动、发展放缓，甚至出现萎缩。尽管可以考虑采取财政政策与货币政策等短期措施，促进经济稳定增长，但是，如果这些短期措施效果不佳，就要研究分析经济体系发生萎缩的深层次原因，诊断经济体系本身是否存在结构性问题。

比较重要的结构性问题包括：经济制度方面，如财产制度、税收政策、知识产权制度、要素制度、分配制度、市场管理制度等涉及经济体系构建与经济运行的基础制度与政策问题；区域发展状况，如地区发展的不平衡、地区政策差异化等问题，以及城乡经济制度与政策、产业结构等方面的问题。

如果一个经济体存在严重的结构性问题，当出现商业周期时，常规的财政政策与货币政策的作用就会大打折扣。不合理的经济结构对经济是有害的。例如，美国的经济体系存在实体经济空心化、金融力量强大的结构特点，其贸易逆差问题就难以解决。2007—2009 年国际金融危机后，一方面，美国形成了广泛共识，认识到是金融衍生产品过度创新造成了银行风险失控、贷款偿还困难，引发了金融危机。另一方面，美国更加重视发展实体经济，大力发展先进制造业，吸引美国企业回归本土，创造更多的实体经济就业机会。

中国经济体系中比较突出的结构性问题有：城乡二元结构十分明显，地区差距比较大，资产制度与政策不完善，居民可支配收入占 GDP 比重偏低，要素（包括城乡劳动力、城乡土地、国有资本与民营资本、知识产权等）市场等均存在突出的结构性问题。自 1978 年起，中国开始经济体制改革和对外开放，从改革的内涵看，主要是市场经济导向的结构性改革。

世界上若干自然资源丰富的国家，如俄罗斯、中东盛产石油的国家等，往往都存在突出的产业结构问题。这是因为，自然资源越丰富的国家，往往会优先发展壮大那些与丰富资源高度相关的产业，也容易获得更多财富，从而吸引更多的投资和人才。资源过多地进入部分产业，一个严重的后果就是容易造成产业结构畸形，以及过度依赖自然资源。失衡的产业结构很容易受到外部因素的影响。例如，严重依赖石油资源的国家，尽管也有繁荣的时候，日子非常红火。但是，一旦石油市场出现问题，后果往往就很严重。

经济体系存在结构性问题，就不能简单用财政政策或货币政策解决，有效的方法是进行结构性改革，要通过制度变革、体制变革，辅以配套政策，解决经济结构不合理的问题，促进良好经济结构的形成。

第二，关于开放。 相关国家的经验表明，经济开放，用来应对一般性商业周期、创新型商业周期，非常有效。因为经济开放可以扩大一国产品的市场规模，开辟新的要素获取渠道，可以从贸易、投资、金融、技术、人才等方方面面，为经济发展提供新的空间、新的渠道。利用好比较优势原理，扩大本国经济福利，有赖于经济开放。

中国的经济开放就是一个典型的案例。中国的经济开放充分利用了经济学上的比较优势原理，在实现长时间快速发展、获得巨大经济利益的同时，也为世界提供了数量巨大、种类繁多的产品和服务，有力促进了国际贸易和投资的发展，以及全球的共同繁荣。

开放经济有一个特点，即商业周期的外溢。例如，一个开放的经济体一旦发生金融危机，就会波及与它经济关系比较密切的其他经济体，经济体量越大、金融体系越强大，其外溢的影响就越大。

第三，关于创新。创新对经济增长非常重要。重大技术创新是形成创新型商业周期的直接原因。应对创新型商业周期，本质就是把创新作为工具，一是保持经济繁荣，并实现不竭的增长；二是通过创新培育和发展新产业，弥补传统产业的衰退，以及减小经济波动可能造成的经济破坏。创新，对持久的经济增长尤为重要。

第五节　创新型商业周期的应对

1. 命题的提出

毫无疑问，创新型商业周期是存在的。既然创新型商业周期是由重大技术创新引起的，形成的原因不同于一般性商业周期，那么仅靠传统的财政政策与货币政策是否能充分地影响创新型商业周期？如果不能发挥有效作用，那么可以采取什么样的针对性政策应对创新型商业周期？一般性商业周期反映的是宏观经济偏短期的波动现象，创新型商业周期反映的是宏观经济的长期波动现象，从宏观经济政策的有效性和针对性的要求看，应当有针对创新型商业周期的长期举措。

2. 经济学家关于商业周期的实证研究

经济学家熊彼特在对资本主义经济发展史进行深入研究后，做出了三个关于长周期的判断，分别是：1787—1842 年，有一个 55 年的长周期；1842—1897 年，有一个 55 年的长周期；1897 年到 20 世纪 50 年代，有一个 50 多年的长周期。其间，经历了蒸汽机与钢铁，电气、化学和汽车等重大技术创新产品时代。19 世纪末，汽车作为一项重大技术创新产品，刚刚起步。

经济学家德鲁克提出了更为细化的、由重大产品引发的长周期：1789—1853 年，棉花阶段，64 年；1853—1908 年，铁路阶段，55 年；1908—1959 年，汽车阶段，51 年；1959—2010 年，计算机阶段，51 年。

经济学家康德拉季耶夫的研究分析给出的结论是：1789—1849 年，有一个 60 年的长周期；1849—1896 年，有一个 47 年的长周期。

可以发现，三位著名经济学家对资本主义经济发展史的研究起点均是产业革命以后，关于长周期的时间跨度的划分是相似的，大约为 55 年。但是划分商业周期的时间节点是不同的，对不同周期的标志性技术与产业的分析也是不同的。之所以会如此，一是他们研究分析的理念不同，二是对周期的定义不同，三是观察的角度不同。另外，这也反映出要确定商业周期的时间节点本身就比较困难，背后体现了经济学统计分析的特点。但无论如何，他们的实证研究对人们认识重大技术创新意义上的长周期，是非常有益的。

3. 中国发展周期现象

1840 年，鸦片战争爆发，西方的坚船利炮深深影响了中国，现代教育、现代科学技术与现代工业在中国萌芽。1861 年，清政府开始洋务运动，在国家层面开始推动现代工业的发展。但好景不长，洋务运动大约持续到 1895 年，历时仅 35 年。1949 年，新中国成立，开启了中国现代教育、现代科学技术与现代产业经济发展的新时期。到 1978 年改革开放，中国建成了比较齐全的工业体系、科技与教育体系、农业体系等。到 2010 年，中国人均 GDP 超过 4500 美元，总体达到了中等偏上收入国家水平。这一年也是国际金融危机结束后的第一年。2012 年，中国经济发展进入新时代。1840 年以来，中国也存在 50 ～ 60 年的发展长周期。

从现代科学兴起、产业革命后的产业与经济发展规律看，长周期是重大技术创新形成的。产业革命以来，产业兴衰逻辑发生了根本变化，工商业脱离了农林牧渔业受制于生物生长规律的情形，从农林牧渔业的季节性生产为主的局面转变为工商业在可控环境下的周年生产，国际贸易与投资使局限于区域地理环境中的生产转变为全球化分工协作生产。基于科学技术的工商业表现出与农耕时代不一样的新的周期现象。人们对商业周期的研究结果体现的就是客观存在的周期现象。

4．关于认识创新的几个要点

（1）基础研究是创新的基础

科学知识来自基础研究。现代产业的产生与发展，均来自科学发展创造的科学知识。英国、德国、法国等欧洲国家，是现代科学发展的先行国家，二战以前，它们是世界现代科学中心。由于欧洲在二战中遭受了巨大的破坏，美国本土没有受到战争破坏，加上二战后，美国出台了支持基础研究的科学政策，美国逐步成为世界科学中心。至今，美国依然是世界科学中心。美国是研发经费投入最多的国家，最近一段时期，其基础研究投入占全社会研发投入的比重约为 16%。中国的科学技术正在快速发展，特别是基础研究，在 2012 年以后，逐步得到加强，2021 年中国的基础研究投入占全社会研发投入的比重为 6.09%。

认识到基础研究是创新的基础非常重要。一般人的理解是，基础研究并无商业目的。就经济发展而言，基础研究具有完全的外部性，是典型的、可以完全免费使用的产品。值得讨论的是开展基础研究的重要性。第一，可以增加科学知识量，对世界而言，贡献了公共产品。第二，可以培养科

学家。这两项产出对增强一个国家的国家威望、提高国际地位、使国家更
受尊重，非常有用。第三，对立并巩固科学精神。科学精神对一个民族的
发展至关重要。科学精神的本质是基于科学实验、实际观测、科学计算、
科学推理，形成对自然、生命健康的认识的思维习惯和方法，而不是依靠
经验、臆测、感觉，对事物做出认识、判断。科学精神的树立，能够促使
人们形成评判与质疑思维，通过质疑、评判、辩论，形成正确的科学认识。
有了科学知识，才能有基于科学知识的技术发明、产品开发。所以，科技
创新创业离不开科学知识与科学思维。这些好处，通过加强基础研究、开
展科学研究、普及科学知识，才能获得。

（2）新技术、新产品、新服务的发明与创造是创新的起点与关键

科技创新创业最难的是第一步，即把知识、原理、规律等科学理论，
转变成针对实际需要的创意、概念，然后把创意、概念转变成可商业化的
产品或服务。其次是开发有商业价值的制造技术，这包括有竞争力的生产
技术、生产设施、生产装备以及材料、零部件的配置。这些条件具备了，
才有可能兴办企业、发展产业，并把产品、服务生产出来。

（3）科技创新创业的目的是孵化科技企业、发展科技产业

科技企业是生产商业价值的主体，也是形成科技产业的基本单元。新
产品、新服务及其生产技术是组建企业的关键条件。但是，最重要的是要
孵化科技企业，有了企业才有可能筹措资金、劳动力、技术等要素，实现
新产品、新服务的规模化、专业化生产。所以，科技创新创业的直接目标
并非转化科技成果，而是孵化科技企业。企业多起来了，开始分工协作了，
产业就形成了。

（4）形成市场是衡量创新绩效的根本标准

科技创新创业成功与否，主要看形成的新产品、新服务是不是能够为
市场所接受。如果是全新的产品，就意味着要开发培育新的市场，新的市

场形成了，创新就是成功的。为了支持科技创新创业，许多国家制定了政府优先采购科技企业创新产品的政策，目的就是帮助企业培育市场，以扶持科技企业成长。

以此为标准，技术本身是否先进并不重要，重要的是使用技术生产出的产品是否有市场。有市场竞争力的产品技术才是先进技术。所以，评价技术的标准是市场，而非学术。从事技术开发必须坚持市场价值导向，纯粹学术意义上的技术开发并无多大意义。这也从根本上揭示了为什么技术开发的责任主体应当是企业。

（5）创新需要生产要素保障

由于科技创新创业是经济活动，因此需要体系化生产要素保障来支持科技创新创业。生产要素保障主要包括这几方面：资金（特别是风险投资）、拥有相应专业技能的劳动者、生产设备与厂房、创业服务（商务、财务、法务等）、数据及网络设施、科技设施、社区支撑以及公共服务等。

（6）创新需要包容性监管

新产品、新技术的商业化，必然涉及是否符合现行标准、规范、制度等监管政策的问题。这些标准与规范往往都是针对已经存在的产品与技术，因此并不一定适用于新产品与新技术。所以，激励科技创新创业，应当采取包容性监管政策，即，在相关标准与规范制定颁布之前，采取灵活措施，允许新产品、新技术投放市场，以支持企业开拓新产品和新服务市场。

有人用"创新三角"来形容创新环境：创新政策、产业生态、监管政策。"创新三角"较好地反映了促进创新的环境条件。

5. 创新对商业周期的影响

第一，创新通过孵化培育科技企业、发展科技产业，增加新的经济产出。

第二，创新创造新的就业机会，创新孵化培育的科技企业、科技产业，可以提供高质量就业机会。所以，创新促进就业者收入增加，人力资本提升。

第三，创新孵化培育的科技企业、科技产业不仅可以创造新的商业价值，形成新的市场，而且可以带动经济技术进步，提高经济效率。特别是科技企业的资本性产出，对其他经济部门的资本质量与生产效率的提升有重要推动作用，会带动全局性的经济技术进步。

第四，创新孵化培育的科技企业、科技产业可以创造新的投资机会，为现代金融的发展提供机会。创新孵化培育的新企业、新产业，一般属于高成长型，往往可以带来新的投资机会。科技产业的发展与风险投资、资本市场中的科技板块等现代金融部门的发展，呈现高度正相关关系。

在我们明确了创新的内涵、特点和过程后，可以清楚地认识到，科技创新创业对经济的影响，与常规的扩大投资、扩大支出、增加就业等措施对经济发展的影响是十分不同的。科技创新创业对经济长期增长、保持经济活力、产业的迭代升级来说，是必不可少的。

6. 创新型商业周期应对

创新型商业周期与一般性商业周期形成的原因十分不同，应对的方式方法也是不同的。应对创新型商业周期的目标如下。

第一，遵循科技创新创业的发展规律，通过多种干预措施，保持创新的持续发展，保持经济创新发展的活力，不断提高经济效率。

第二，通过推动科技创新创业，孵化培育新企业、新产业，促进经济实现长周期的增长，并努力防止或减缓因创新不足、传统产业衰落造成的经济波动。

第三，通过发展现代教育与技能培训，提高社会人力资本，增加科技创新创业需要的技能劳动力供给。

第四，通过完善创新发展政策与宏观经济政策，既要为创新创业提供生产要素保障和服务，又要防止或抑制新经济过度投资及非理性投机。

由于科技创新创业的特殊性，政府在应对创新型商业周期上，承担着远比应对一般性商业周期更大的责任。例如，建设创新生态系统这样的公共性经济活动，应当主要靠政府推动。一般而言，发达国家或创新型国家都把创新作为中央政府的职责，中央政府将其作为重要议程进行推动。以下几方面的政策措施对应对创新型商业周期是有效的。

（1）保持充分的科技投入，促进科学发展

当一个采用市场经济体制的国家达到中等收入水平后，政府应当把支持基础研究作为科技事业资金投入的重点，支持大学（主要是研究型大学和国家实验室）持续开展基础研究。政府应当提供稳定的、长期的资金支持，实现科学知识的持续生产。技术研究、新产品开发应当主要由市场负责。

（2）发展现代教育与技能培训

发展现代教育的目的是为社会培养各方面的人才，就促进创新发展而言，重点是 STEM（Science，Technology，Engineering，Mathematics，科学、技术、工程、数学）教育。同时，为了向创新创业提供高技能人才，必须发展技能培训，以支撑高质量就业。

（3）支持创新创业，尤其是科技创新创业

要有支持创新创业发展的体系化制度与政策。制定专门的政策，支持创业者、风险投资者、企业家开展创业活动。通过股权激励、资产收益，承担高风险的创业者可以获得高额收益机会，形成有效的创业激励机制。

（4）改进创新创业支撑服务设施

包括向创业者提供科技开发、实验与测试设施服务，改善交通，提供社会公共服务、便捷的信息网络等。科技创新创业的关键是人才，建立以人为本的社会服务对吸引创新创业人才是十分重要的。

（5）鼓励创新创业的社会文化

崇尚创新创业，尊重创业者，包括创业失败者；鼓励处于社会基层的人士特别是青年人，通过创新创业实现人生梦想。

（6）规范科技创业投资

值得关注的是，科技创新创业过程中，特别是在新兴产业领域，往往会有过度投资、过高估值，甚至投机炒作，以及较多的创业失败现象。科技创业投资活动属于高风险的专业化投资活动，管理科技创业投资活动的原则包括以下三方面。第一，要有专业、公开、明确的制度措施，核心是告知投资者，需要自己承担科技创业投资的高风险、高不确定性；告知投资者参与投资可以获得的高额回报路径；让投资者提前认识到投资可能血本无归，也可能获得远远超过一般投资行为的回报。第二，要有规范的公开交易所和资本市场，让市场发挥优胜劣汰的决定性作用。第三，严格的、公开的投资资质审核机制和成本高昂的投机炒作处罚机制。

需要强调的是，规范管理的目的不是限制，而是激励科技创业投资。需要认真对待科技创新创业过程中可能发生的经济问题，遵循科技创新创业发展规律，借鉴应对一般性商业周期的方法进行处理。但是，不能因此限制或归责于创新创业本身。鼓励创新创业应当是持久的政策。只有坚持持久鼓励创新创业的政策，才能在一轮重大技术创新形成的红利用尽、经济停滞、经济增长缓慢或衰退的时候，通过新一轮重大技术创新形成经济发展的接续力量。

第六节　最近40多年商业周期观察

自20世纪80年代开始，科技企业、科技产业呈现出以10年为周期的波浪式发展现象，即每10年都会出现重要的新兴科技产业。例如，20世纪80年代，个人计算机、手机、微软操作系统、高清电视等重要产品的发明或相关产业兴起；20世纪90年代，互联网的大规模应用；进入21世纪的第一个10年，移动互联网、数字化技术，特别是智能手机的全面崛起及其相关产业的发展；21世纪第二个10年，新能源汽车技术、先进制造技术、人工智能技术、高端芯片技术及其产业的发展等。新兴科技产业的一个特点值得关注，那就是高成长性，这些科技产业在21世纪的第一个10年兴起，之后依然快速发展，并跨国界拓展市场和业务。

所以，最近40多年的世界经济发展，以由科技企业、科技产业引领的创新发展为特色，每10年的一波发展浪潮，形成了创新型商业周期。下面我们观察一下世界第一大经济体和世界第二大经济体的经济运行状况。

1. 美国经历的若干商业周期

（1）20世纪80年代

20世纪80年代，是一个特殊的10年周期，美国经历了深刻的结构性改革和经济政策调整。通过减税刺激投资、消费；放松管制激发企业活力，进一步激活市场；扩大政府开支，大规模发行国债，政府平衡预算的传统被打破；美元快速升值，外汇价格走高，进口增加，贸易赤字快速上升。此前，美国经历了废弃布雷顿森林货币体系，美元与黄金脱钩；经历了1966—1981年长期的高通货膨胀；1978年，美国人均GDP超过1万美元。可以说，经过20世纪80年代这10年的发展，美国越过了中等收入陷阱，进入了高收入国家行列。出台创新发展政策是这个10年期间美国宏观发展政策的一个重要成就。1982 年，美国国会通过了具有重大历史意义的《小企业创新发展法案》，同年，美国在 1977 年美国国家科学基金会发起的"小企业创新研究计划"的基础上，在全国启动了"小企业创新研究计划"。在这个 10 年，小企业逐步成为美国技术创新的主体，美国的创新发展活力得到提高，科技企业、科技产业得到快速发展，困扰美国长达 16 年的高通货膨胀问题终于得到解决。1979—1981 年这连续三年，美联储实行强有力的高利率与货币紧缩政策，对有效治理美国的高通货膨胀发挥了重要作用。

整体上，美国在历经 20 世纪 80 年代这 10 年的发展后，成功跨越了所谓的中等收入陷阱，之后经济在很长一段时间内保持了强劲增长。1990 年，美国人均 GDP 达到约 2.4 万美元。在 20 世纪 80 年代，美国由世界最大的债权国变为最大的债务国。

（2）20 世纪 90 年代

这是互联网时代兴起的 10 年，互联网作为服务于国防的重大技术创新，于 1993 年初在美国全面推行，并向全球推广。作为一项对经济和社会生活各个方面全面渗透的重大技术创新，其带来了令人难以想象的快速全球化推广应用。这反映了全球对互联网的普遍欢迎。随着互联网的普及，基于互联网的新产业、新经济迅速兴起，美国经济欣欣向荣。1990 年，美国启动了对全球产生重大影响的先进技术计划（ATP），有力促进了美国高技术产业发展。这是低失业率、低通货膨胀率的 10 年。基于互联网的产业快速发展，导致过度投资，互联网企业价值被普遍高估，逐步形成资产泡沫。这一时期的繁荣，一直持续到 2000 年互联网泡沫破裂为止。

（3）21 世纪的第一个 10 年

由于互联网泡沫的影响，2001 年美国经济发展缓慢，同年发生了"9•11"恐怖袭击事件，此后，美国发动阿富汗战争与伊拉克战争，阿富汗战争一直持续到 2021 年。这 10 年中，仅有 2003 年至 2006 年美国经济发展良好。2007—2009 年，因房地产业引发的金融危机在美国爆发，并很快发展成国际金融危机。直到 2010 年，美国经济才开始恢复。这 10 年间，以移动互联网为代表的新一代信息技术快速发展，并开启了智能技术商业化应用，标志是苹果公司于 2007 年推出了世界第一款商业化销售的智能手机。这 10 年间，最重要的事件之一是，美国白宫于 2009 年 9 月发布了《美国创新战略》，并启动实施。G20 峰会于 2009 年被确定为国际经济合作的主要论坛。

（4）21 世纪的第二个 10 年

美国于 2011 年、2015 年分别推出修订版的《美国创新战略》，标志着美国创新战略部署走向成熟。2017 年，时任美国总统的特朗普开启了自 20 世纪 80 年代以来最为剧烈的国内经济政策与国际贸易政策的调整：减税并放松管制，以激励企业发展，促进实体经济回归本土，扩大就业，刺激消费；调整国际贸易制度与政策，试图缩减贸易逆差，并保障供应链安全可靠；加强科学技术管控，巩固并保护美国科技优势等。这个 10 年，美国新一代信息技术及其产业、新能源汽车产业、半导体与高端芯片产业、数字化技术与 AI 产业、太空商业化开发等新兴科技产业快速发展。

从经济持久增长的影响因素分析，美国最近 40 多年的经济发展，与二战结束后 30 多年的发展表现出了巨大的不同，尽管它们都是在混合经济体制下进行的。

第一是调整了影响宏观经济发展的基本政策。自 20 世纪 80 年代起，美国放弃了政府平衡预算的政策，并实行减税政策，赤字与政府债务成为常态，就在 20 世纪 80 年代，美国由世界最大的债权国变成了最大的债务国。这个纪录一直保持到今天，在美国国内也引发了广泛的争论。

第二是对货币政策进行了巨大的调整。1971 年，美国实际放弃了美元黄金挂钩制度，1973 年西方国家达成协议，放弃固定汇率制，实行浮动汇率制，从此布雷顿森林货币体系完全崩溃。货币政策调整的一大出乎意料的成果是催生了外汇市场的发展。目前，外汇市场已经成为全球最大而且最活跃的金融市场，也是当今世界流动性最强的市场。美元始终是当今世界最强的货币，各国的外汇储备中最主要的外汇是美元，在国际市场上，绝大多数商品是以美元标价的。由于美元的动向和涨跌是所有交易者最关心的事项，市场需要一个反映美元在外汇市场上整体强弱的指标，因此，美元指数应需而生。

美国货币政策及汇率制度的调整，标志着人类进入了无限货币时代。金融的灵活性进一步增强。

第三是调整了科学、技术、创新政策。具体表现为大学、科研机构与企业合作关系的深化，企业特别是中小企业逐步成为美国技术创新的主体。另外，21 世纪的第一个 10 年，美国发布了《美国创新战略》，从此，科技创新创业更加活跃。

2021 年，美国的人口大约是 3.3 亿。最近 40 多年，美国人口始终处于增长之中，人均 GDP 超过 7 万美元，在人口超过 5000 万的发达国家之中遥遥领先。这是人类经济史上一个罕见的现象，世界第一大经济体是第一经济强国、第一科技创新强国，也是最大债务国。

2. 中国最近40多年的发展

自 1978 年至今的 40 多年，中国在改革开放中实现了经济的快速发展。2010 年，中国成为世界第二大经济体；2019 年，人均 GDP 超过 1 万美元；2011 年成为城市人口占多数的国家；2020 年跻身创新型国家行列；目前已全面建成小康社会。

值得强调的是，中国于 2001 年加入 WTO，全球化发展进入新阶段。

中国作为当时世界人口最多的发展中国家，又是经济快速进步的发展中国家，加入 WTO，为世界经济、全球贸易与投资发展注入了持久增长的强劲动力。

（1）1978—1991 年

这 14 年是中国改革开放的第一个发展阶段。首先是启动了改革开放的战略实施，这个时期发展的重要标志是市场导向的经济、社会、政府治理体制的结构性改革。1983 年决定取消自 1958 年开始实行的人民公社，重建乡镇体制，乡镇重新被确立为农村基层行政单位；同年，全国农村普遍实行家庭联产承包责任制，取消了集体生产组织后，家庭获得了农业生产经营自主权。农业生产和农村经济呈现前所未有的快速发展和繁荣景象。1984 年，中国启动经济体制改革，提出社会主义经济是公有制基础上的有计划的商品经济。从此，以城市为重点的经济体制改革全面展开，特别是启动了全民所有制企业改革，包括实行股份制。此后，不同所有制的经济成分，如中外合资、中外合作、外商独资企业和国内劳动者的个体经济、私营经济等非公有制经济，获得迅速发展，形成了以公有制为主体、多种所有制经济共同发展的所有制结构。在政府管理经济上，缩小指令性计划，扩大指导性计划，小商品和国家计划外商品都由市场调节。价格、税收、金融等市场导向的政策，在宏观调控中的作用日益增强。1990 年，中国在上海、深圳设立证券交易所。

值得说明的是，中国启动科技与教育发展工作的时间，要早于经济的结构性改革。1977 年，停止了 11 年的高考恢复了，这标志着大学教育的恢复。1978 年，中国以召开全国科学大会的方式，部署了科学技术发展事业。1985 年，中国启动了既促进科学事业发展，又促进商品经济发展的科学技术体制改革。这表明中国高度重视科学技术发展。1988 年，中国启动了国家高新区建设，其重点是发展科技企业和科技产业。

（2）1992—2001 年

结构性改革依然是这个 10 年最显著的标志。1992 年，中国决定要建立社会主义市场经济体制，规划在 20 世纪 90 年代，通过改革，构筑社会主义市场经济体制的基本框架，让市场在社会主义国家宏观调控下对资源配置起基础性作用，运用市场对各种经济信号反应比较灵敏的优点，促进生产和需求的协调。从"公有制基础上的有计划的商品经济"到"建立社会主义市场经济体制"，这是中国经济体制的重要改革，标志着中国放弃了计划经济体制。

自 1993 年起，中国凭票购物的时代结束，适应计划经济、物品短缺时代的购物票证停止使用。这反映了通过改革开放，中国经济发展取得了巨大成绩，尤其是农业生产得到了巨大发展，已经基本解决了长期严重的粮食与农产品短缺问题。到 2000 年，中国实现了总体小康。1995 年，中国提出实施科教兴国战略，这对中国经济与科技发展具有里程碑意义。

经过 20 多年的改革开放，中国积极进行结构性改革，建立社会主义市场经济体制，充分利用自身的社会资源、自然资源、高储蓄与高投资、科学与教育资源，整体上，经济取得了持续快速增长。尤其是 1992 年中国明确提出建立社会主义市场经济体制以后，逐步形成了中国特色的混合经济体制，既可以发挥政府的作用，又可以充分发挥市场作用。通过市场经济导向的改革，企业作为微观市场主体，获得了自主经营权，有了空前的发展活力。对外开放，又使中国可以充分发挥后发优势，利用好国际资源和国际市场，加快发展。

（3）21 世纪的第一个 10 年

如果说自 1978 年以来的 20 多年，中国经济发展得益于一系列具有战略意义的结构性改革。那么，进入 21 世纪的第一个 10 年，中国经济发展显著的特点就是：开放、融入全球化，标志是中国加入了 WTO。此后，中国融入全球化的速度明显加快，表现在国际贸易、引进外资与对外投资、科技合作、教育合作等各方面。中国经济与科技教育深度融入全球化，使得开放的红利快速勃发，中国在解决了温饱问题、实现总体小康以后，快速向中等收入经济体行列迈进。股市繁荣，汽车开始向家庭普及，房地产业兴起。2008 年，中国成功举办奥运会。尽管 2007—2009 年爆发了国际金融危机，但中国出台了比较有力的刺激措施，经济保持了快速发展。到 2010 年，中国 GDP 超过日本，成为世界第二大经济体。

2006 年，中国颁布《国家中长期科学和技术发展规划纲要（2006—2020 年）》，正式提出建设创新型国家。

（4）21 世纪的第二个 10 年

进入 21 世纪的第二个 10 年，中国经济发展速度与国际金融危机前的 30 年相比，速度明显放缓，2010 年 GDP 增长率为 10.3%，然后几乎逐年下降，2019 年 GDP 增长率为 6.1%，但从全球来看依然是比较高的。21 世纪的第一个 10 年，GDP 年均增长率约 10%，第二个 10 年，年均增长率约 7%。其间，汽车进入家庭普及阶段，房地产快速发展，房价上升较快。2011 年，中国的城镇化率首次超过 50%。2013 年，中国成为世界第一贸易大国。2019 年，中国人均 GDP 超过 1 万美元。2020 年，新冠疫情大流行，重创世界经济，形成一轮经济大幅下滑、停滞，甚至萎缩的商业周期。2021 年，中国宣布全面建成小康社会。

值得高度关注的是这个 10 年周期中的创新发展。2012 年，中国决定实施创新驱动发展战略。从此，创新驱动发展战略成为国家战略。研发投入持续增加，基础研究得到进一步重视，科技创新创业更加活跃，科技企业、科技产业地位与作用得到进一步提升。这反映了中国在该发展阶段的深刻变化：当经济发展达到中等偏上水平后，人口红利等后发优势趋于消失；通过低成本从其他国家获得科技成果变得困难；按照比较优势原理，与高收入国家及中低收入国家之间形成的经济分工，进入结构调整期；经济发展更加依赖本国科学和技术发展，依赖本国科技创新。这是经济高质量发展的特征。按照国际通行的标准，2020 年，中国跻身创新型国家行列。

比较有趣的是，美国于 20 世纪 80 年代，中国于 21 世纪的第二个 10 年，均在国家层面出台了加强创新发展的战略与政策。这个时期都是人均 GDP 达到 1 万美元或接近 1 万美元的时期。这反映了当经济发展达到一定水平后，要实现经济的持久增长，创新是重要途径。另外，2007—2009 年国际金融危机期间，美国与中国都进一步加强了对创新创业的政策支持，这反映了两国都把创新作为应对这次国际金融危机以及恢复经济增长的重要举措。

第三章

科学、技术、创新注入经济体系的途径

◀◀ 引 语 ▶▶

科学、技术、创新是三个不同的概念，其属性并不相同，但是它们都有经济价值，对实现经济增长有重要作用。

按照市场经济发展的一般规律，科学、技术在进入经济体系方面面临很多障碍；尽管从创新的属性看，创新属于经济活动，但是在传统的经济体系中，创新并不能顺畅地成为经济的内生增长要素。所以在本章的论述中，使用了一个词——注入，其意义是：如果没有必要的制度与政策安排，科学、技术、创新就不能顺畅地进入经济体系，变成内生的现实生产力。

一般而言，一个经济体的创新效能取决于其创新体系。大学与科研机构是创新体系的重要组成部分。现代大学是科学知识的传承者，也是科学人才的培养者，更是科学知识的创造者，在科学发展中发挥着非常重要的作用。现代大学也可以成为重要的科技创新创业参与者。除大学及科研机构外，企业也是创新体系的重要组成部分。在主要创新型国家中，技术创新大多是由企业承担的。科技创新创业既是培育科技型市场主体的重要方式，也是培育新的创新主体的重要方式。

科学、技术、创新注入经济体系的主要障碍，源于经济的外部性。有为的政府会做出适当的制度与政策安排，从而减少外部性的不利影响，将科学、技术、创新注入经济体系之中。

第一节　相关基本概念解说

为了便于读者了解本章内容，这里先对本章引用的若干基本概念进行说明。

1. 人力资本

人力资本是体现在劳动者身上的一种资本，具体表现为劳动者的数量和质量，即其知识水平、技术水平、技能与工作能力、纪律及健康状况等方面价值的总和。人力资本是由投资形成的，包括营养与医疗保健费用，学校教育、在职人员培训、个人和家庭为适应就业机会变化而进行的迁移活动等涉及的费用。需要明确的是人力资本本身不是劳动者。按照现代社会文明的发展程度，劳动者不能也不允许成为可交易的生产要素。人力资本也可以理解为体现在劳动者身上的经济价值。为什么称为人力资本？这是因为人力资本是由投资形成的，体现在劳动者身上；在参与经济体系运行的过程中，它表现出了资本的明显特征；但它又不是一般意义上所说的有形资本，所以就被称为人力资本。首次系统论述人力资本理论的是美国经济学家舒尔茨。

关于舒尔茨的人力资本理论

美国经济学家舒尔茨提出了系统的人力资本理论，阐述了人力资本的经济学原理，并对 1929—1957 年美国教育投资与经济增长的关系进行了定量研究。结论是，各级教育投资平均收益率为 17%，教育投资增长的收益占劳动收入增长的比重为 70%，教育投资增长的收益占国民收入增长的比重为 33%。舒尔茨的观点如下。

- 现代经济发展已不能单靠自然资源和人的体力劳动。

- 教育是使个人收入的社会分配趋于平等的因素。

- 人力资本投资增加，可使物力资本投资和依靠财产获得的收入趋于下降；在国民收入中，依靠财产获得的收入比重已相对下降，依靠劳动获得的收入比重相对增加。

舒尔茨的人力资本理论是经济学的重大发现，因为这个理论，舒尔茨在1979年获得了诺贝尔经济学奖。这个理论的重大意义在于提出了人力资本是经济增长的一个重要源泉。

这个理论对促使人们认识教育的作用无疑是十分有益的。发展教育，政府和家庭都要花费很多。但舒尔茨告诉人们，这是一种高回报的投资，是一种资本投资，个人、家庭、国民经济都可以因此获得高额回报。由此，人们认识到教育的独特作用——不仅可以生产知识、培养技能劳动者、培育各类人才，还可以形成具有重要经济意义的人力资本。

中国经济已经进入了高质量发展阶段，单靠人口红利的时代结束了；产业转型升级及新产业的培育是实现高质量发展的关键，人力资本不仅更加重要，而且作用更加突出。由此也可以理解，科教资源比较密集的地区及沿海一些开放比较早的地区比较发达，发展比较快，人力资本富集是重要原因；而中西部、东北地区发展相对缓慢，其重要原因要么是人力资本相对匮乏，要么是人力资本不断流出。尤其是近10年来，东北地区的人口大量外移，特别是受过良好教育的年轻人外流比较严重，实际上这相当于资本外流。这对东北地区的发展是非常不利的。

2．科技企业、科技产业

什么是科技企业？主要是指研发投入强度高、科研投入大、科技人员比重高、产品与服务科技含量高的一类企业。产品的生产过程大量地使用了高新技术、知识产权。科技企业的资本科技含量高主要表现在其生产设备上，使用的设施、仪器往往也含有大量的高新技术、专有技术、技术诀窍。

科技企业广受各界关注，也是世界经济的热点。在股市，科技股是有影响力的股票板块，备受关注。中美都是世界经济大国，在科技企业领域的竞争十分激烈。近年来，美国采取了一系列措施，意图限制中国重要科技企业的发展。

关于企业的研发密度或研发投入强度，可以从统计学的角度来研究。在一个经济体中，客观存在研发投入强度为低、中、高三种水平的企业。这种分类对制定科技企业政策非常有用，如果想扶持高研发投入强度的企业发展，就可以针对这类企业制定专门的政策。具体来看，什么样的企业属于科技企业，不同国家可能有不同的分类标准。有的按照研发投入强度来确定，有的按照就业者中每千人拥有的专利数量来确定，也有的按照技术领域来确定，还有的按照高技能人员占就业人员的比例来确定。

科技产业，是对围绕主导科技产品生产经营的经济活动的总称，也可以理解为围绕主导科技产品生产经营的相关企业的集合体。整体来看，由于科技产业围绕着科技产品的生产与经营，所以其研发投入与研发投入强度一般比较高。我们所说的高新技术产业就属于科技产业。狭义上理解，科技产业，其组成的基本单元一般是科技企业，但是也可能包括若干普通企业；广义上理解，与科技企业紧密联系的大学、科研机构，也属于科技产业的组成部分。

什么是新兴产业及战略性新兴产业？新兴产业包括战略性新兴产业，其概念侧重新兴起的产业，但不一定是科技产业。当然，严格来说，战略性新兴产业也不一定是科技产业。有的新兴产业，可能纯粹是商业模式的创新，可能是与科技产业配套的普通产业，也可能是针对人们消费偏好推出的新型服务业，本身并没有什么重要的科技突破，更谈不上有什么硬科技。比较中国与美国的科技企业的发展状况，可以看出：中国的科技企业借助庞大市场规模，可以较快地做大企业规模；但往往商业模式的创新多一些，拥有硬科技的企业比较少，还有不少关键核心技术受制于人的状况。商业模式创新企业是不是科技企业，是否应当享受科技企业的优惠政策值得讨论，但至少这类企业不属于硬科技企业。

为什么要把科技企业和科技产业的概念提出来？观察发达国家的发展经验，按照创新发展原理和周期规律，科技企业、科技产业不仅体现着科技创新发展的前沿，体现着产业与经济发展的趋势，而且也是衡量实体经济发展质量水平的一个重要标志。中国经济已进入高质量发展阶段，科技企业和科技产业的地位与作用变得更加重要。欧美主要发达经济体的经济发展过程表明，决定一个经济体发展方向的，或者说能够代表其经济发展质量的，往往是其科技企业的发展状况、发展规模和竞争力。国际金融危机后，中国成为世界第二大经济体，中美之间经济与科技竞争加剧，美国采取了很多强化和巩固自身科技与经济优势、限制中国科技与经济发展的措施，其中科技企业、科技产业就是焦点、重点。像华为、中兴、海康威视、科大讯飞等人们熟悉的科技企业，很受影响。这些科技企业都是中国本土培育出来的，并成功地走向国际化，而且均是科研投入大、研发投入强度高、科技人员密集、发展潜力大的国际化科技企业。这些科技企业一般都成长于中国的高新区，壮大于中国的高新区，在一个开放的体系之中发展，形成了重要的国际影响力，具有重要的国际竞争力。实现经济的高质量发展，关键是培育和发展科技企业、科技产业。

对于科技企业和科技产业具体的统计和分类，不同国家的政策和标准、规范有所不同。例如，有的国家侧重按照从事科技开发的人力资源进行统计分类，有的国家按照技术领域，比如生物技术、新材料技术、新能源技术等，进行统计分类。

中国的科技企业

中国的科技企业主要包括两类，即高新技术企业和科技型中小企业。

高新技术企业。 为了培育高新技术企业，发展高新技术产业，中国于 1991 年发布了《国家高新技术产业开发区高新技术企业认定条件和办法》，授权国务院有关部门开展国家高新技术产业开发区（高新区）内高新技术企业认定，并配套制定了税收、金融、贸易等一系列优惠政策。1996 年，高新技术企业认定范围扩展到国家高新区外。2016 年，新修订的《高新技术企业认定管理办法》中给出了高新技术企业认定申请条件。

（一）企业申请认定时须注册成立一年以上。

（二）企业通过自主研发、受让、受赠、并购等方式，获得对其主要产品（服务）在技术上发挥核心支持作用的知识产权的所有权。

（三）对企业主要产品（服务）发挥核心支持作用的技术属于《国家重点支持的高新技术领域》规定的范围。

（四）企业从事研发和相关技术创新活动的科技人员占企业当年职工总数的比例不低于 10%。

（五）企业近三个会计年度（实际经营期不满三年的按实际经营时间计算，下同）的研究开发费用总额占同期销售收入总额的比例符合如下要求：

1. 最近一年销售收入小于 5000 万元（含）的企业，比例不低于 5%；

2. 最近一年销售收入在 5000 万元至 2 亿元（含）的企业，比例不低于 4%；

3.最近一年销售收入在 2 亿元以上的企业，比例不低于 3%。

其中，企业在中国境内发生的研究开发费用总额占全部研究开发费用总额的比例不低于 60%。

（六）近一年高新技术产品（服务）收入占企业同期总收入的比例不低于 60%。

（七）企业创新能力评价应达到相应要求。

（八）企业申请认定前一年内未发生重大安全、重大质量事故或严重环境违法行为。

截至 2021 年底，中国高新技术企业已达 33 万家，约占全国企业总数的 0.7%；提供的就业岗位超过 4200 万个；高新技术企业的研发投入占全国企业研发投入的比例约 70%。

科技型中小企业。科技型中小企业是指以科技人员为主体，由科技人员领办或创办，主要以从事高新技术产品的科学研究、创制、生产、销售为主要业务的知识密集型经济实体。《科技型中小企业评价办法》中给出了科技型中小企业须同时满足的条件，这里列举部分重要条件。

（一）在中国境内（不包括港、澳、台地区）注册的居民企业。

（二）职工总数不超过 500 人、年销售收入不超过 2 亿元、资产总额不超过 2 亿元。

（三）企业提供的产品和服务不属于国家规定的禁止、限制和淘汰类。

（四）企业在填报上一年及当年内未发生重大安全、重大质量事故和严重环境违法、科研严重失信行为，且企业未列入经营异常名录和严重违法失信企业名单。

截至 2021 年底，中国的科技型中小企业达到 32.8 万家。

3．科技创新创业

科技创新创业是创新创业中的一类，具体指的是：基于科学知识、技术特别是高新技术，开发具有高科技含量的科技产品，并组建科技企业进行商业化生产的过程。这些企业中科技人员比较密集，研发投入强度比较高。

科技创新创业的直接目的是孵化培育科技企业，通过科技企业主体，把开发的科技成果、科技产品转化为商业价值，并推向市场。科技创新创业的过程是一个多元主体参与的过程，传统上属于公益机构、非营利机构的大学发挥着重要作用。现代大学参与科技创新创业是一个普遍现象。那么，大学在科技创新创业、孵化培育科技企业方面，或者说在服务经济与产业发展方面，发挥了什么作用？如何发挥作用？这是值得认真研究的。

投资业尤其是风险投资业通常会把成立时间不超过 10 年、估值超过 10 亿美元的未上市创业企业，称为独角兽企业。全球对科技创新创业关注的一个热点就是独角兽企业。独角兽企业的资产估值较高，加之成长比较快、接近上市，其自然受到资本市场的关注。更重要的是，独角兽往往掌握着先进科技尤其是高科技，或者拥有颠覆性的商业模式，发展潜力大。独角兽企业的数量和质量，在一定程度上反映了一个国家科技创新创业的效果。

进入 21 世纪，科技创新创业受到了更多的关注，表现为在主要的创新型国家，科技创新创业已经成为国家创新发展的战略举措。

4. 科技创业投资

科技创业投资属于经济领域投资,指的是服务于科技创新创业的一类投资,也叫风险投资或创业投资。创业投资运营的重要特点就是,它以上市前的科技企业为投资对象,投资方式主要是股权投资;但并不是简单地提供创业投资,而是要参与创业企业的经营管理,帮助创业企业成长。

科技创新创业的整个过程为:从基于科学知识的技术开发、产品开发起步,到组建生产产品的企业,最终形成商业化的产品销售模式。所以,科技创新创业是有周期的。一般把科技创新创业的周期分成种子期、起步期、扩张期和成熟期。在创业周期的不同阶段,创业企业的发展目标、对投资的需要、经营管理要解决的问题是不同的,而且在每一个阶段,创业企业所面临的风险、挑战也是不一样的。所以,针对不同阶段的创业企业的发展,创业投资往往也被细分成针对不同创业阶段的专业化创业投资。

种子期这一阶段的创业企业风险非常高,不确定性非常强,这是把知识产权或技术、创意形成可以验证的样机或者原型机的阶段。这个阶段谈不上什么市场销售,甚至谈不上具体的商业化产品。对于这个阶段,天使投资更加重要。在这个阶段,讨论企业的价值、评估企业的资产价值是比较困难的。天使投资者要有一种独特的情怀,抱着投资可能血本无归的态度,不仅要提供创业投资,还要参与创业企业运营,帮助企业成长。所以,天使投资者不仅要有一定的资金实力,最好还应当有创业或经营企业的经验。

起步期,也就是商品的试生产阶段。在这个阶段,要根据试用用户的意见完善产品设计、生产技术,提高产品市场影响力。这个阶段属于创业企业的初创阶段,如果能形成小批量的商业化产品或服务模式,就算成功了。在这一阶段,创业企业还没有成形,生存与发展风险也很高,但已经能看见商业化的产品,早期的风险投资可以介入。

过了起步期，创业企业就进入了高成长阶段，即扩张期，这个阶段是创业企业进入规模化生产的阶段，企业估值会快速增加。在这个阶段，企业发展前景比较明朗，确定性明显增强，愿意进入的资金往往会比较多。但企业还没有完全成熟，创业风险依然存在，仍然需要风险投资。

过了高成长阶段，创业企业就发展稳定，进入成熟期，可以上市了。当然，在扩张期，创业企业也可以上市。

总的来看，科技创新创业的过程，从种子期到起步期，再从起步期到扩张期，这期间存在创业企业容易失败的两个关键节点，也有人将其称为"死亡谷"。要越过"死亡谷"，需要创业者的坚持，更重要的是风险投资要发挥关键的作用。

从某个重要的观察视角来看，一个国家科技创新创业发展的质量与水平，就是这个国家创业投资或风险投资发展的质量与水平。

5. 科技财富与科技企业家

这里提出的科技财富有三重含义：第一，科学、技术可以通过创新变成有商业价值的科技产品、服务，最终变成财富，体现潜在的经济价值；第二，通过获得知识产权，将科学、技术变成有经济意义的财产，体现产权价值和利益，这也意味着可以通过产权化，实现科学、技术与经济财富的相互转化；第三，从事科学、技术、创新活动的劳动者，其工作属于高质量就业，收入一般比较高。从实证角度考察，创新资本、人力资本，都属于科技财富。

美国的硅谷、中国的高新区，其发展的核心议题就是实现科技财富的创造、分配以及增长。它们演绎的是动人的科技财富故事。那些"身无分文"，但掌握知识、掌握科技的创业者，借助于硅谷、高新区提供的创新创业条件和环境，通过成功的科技创新创业，获得了巨大的科技财富，成为科技富翁。

他们的财富不是来自房地产，不是来自煤矿等自然矿产资源，也不是来自资产投机炒作，而是凭借科学技术，通过高风险的科技创新创业获得的。

1987 年，任正非以 2 万元注册资本带领一个团队在深圳创业，成立了华为公司。华为现在变成了科技巨头，它的成长历程很有代表性，这是一个将知识、技术、科技产品转化为科技财富的故事。特别是在进入 21 世纪这 20 多年里，中国有很多这样的科技财富的转化案例。这证明科技财富既有理论内涵，也得到了实践支撑。

与科技财富相联系的，进行科技企业创业与运营的企业家，就是科技企业家。所以，科技企业家属于企业家队伍中一类特殊的企业家，他们既懂企业运营，也懂科学和技术，并且有鲜明的创新精神、冒险精神。创新是企业家精神的灵魂，如果没有创新，企业家精神就不存在。科技企业家从事科技创新创业、科技企业运营，他们创造了促进经济持久增长的科技企业、科技产业。

6．外部性

经济学上，外部性指的是市场的溢出效应，即企业或个人向市场之外的其他人所强加的成本或收益，或者说有助于或有损于他人的利益，或者是存在根本不发生支付的经济交易。如果经济体系中的企业或个人可以不通过交易来获得利益，不通过付出成本就可以完成交易，这就等同于交易活动不受经济机制的制约。外部性对经济活动将产生直接影响，这种影响可能是正向的，也可能是负向的。比如，科学发现、技术发明可能会创造出新的产业，发现者或发明者可能花费了巨大的代价，但是其他企业或个人可能不用花钱就可以享用这样的发现或发明，从而获得经济利益。比如，牛顿力学、爱因斯坦的相对论使整个世界受益匪浅。这种外部性是正向的。如果说科学发现对经济利益的产生起到比较间接的作用，那么技术发明的作用则比较直接。如果他人可以免费使用某项技术发明并获得商业利益，那么，这对投入了巨大的精力和投资的发明者来说，就非常不公平。这种外部性就是负向的。

外部性是经济学中一个非常重要的概念，它对于认识市场经济失灵非常有用。当创新发展成为经济发展的重要方式，外部性的概念对于研究分析科学、技术、创新的经济属性，对于政府制定政策促进创新发展，将非常有用。

7．公共产品

所谓公共产品，是指产品的效用扩展于他人的成本为零的产品，这样的产品难以排除他人共享。公共产品与外部性是紧密联系的，是正向外部性的一种极端情况。公共产品是服务于普通用户的，增加一个用户的使用，公共产品的使用成本基本不变。比较典型的例子就是城市道路的红绿灯。只要将红绿灯设施建设起来了，从这个地方通过的车辆，不论是增加还是减少，红绿灯设施的成本是不变的，使用成本也是一样的。这样的例子还有很多。

公共产品的属性也决定了很难限制别人使用它，甚至计费都比较困难。所以，私人部门往往是很难运营公共产品的。从投资角度看，如果没有强制力量，对于公共产品，是不容易实现投资回报的。但是，如果动用政府力量强制收费，这不符合公共产品属性，也不符合市场经济规则。

公共产品对创新发展有非常重要的意义。科技创新创业是一类高风险的经济活动，就创业者整体分析，科技创新创业必需的大型基础设施、仪器设备、测试与评价设施、质量检测设施等科技基础设施等，就有显著的公共产品属性。如果政府能将这些科技基础设施作为公共产品提供，会非常有利于科技创新创业的发展，从而提高科技创新创业的效率。如果每一个创业者都要自己拥有这些完全可以共享的科技基础设施，就会极大地提高创新创业的门槛。因为早期的创业者一般没有能力独立拥有这样的科技基础设施，即使有能力单独拥有，其使用效率也会比较低，非常不经济。

2009年，美国发布了《美国创新战略》，其中很重要的一个内容就是要夯实美国的创新基础设施，其中提到的物质基础设施，包括新一代网络、数据共享、教育与培训、加强基础研究等，是为所有的创新创业者提供公共服务的公共产品。这是《美国创新战略》的一大特色，也是一项改善美国创新创业生态的关键举措。这样一些服务于高风险科技创新创业的产品，如果交给私人部门就不一定可行，收费高了，会形成较高的科技创新创业体系结构成本，不但不利于创新创业，还会降低效率；收费低了，私人部门就不容易有经济回报，从而影响产品服务供给。

所以，这里引出一个十分重要的概念——科技创新创业体系结构成本，指的是进入科技创新创业体系的所有创业者都应当无差别交付的成本。评价一个经济体科技创新创业的效率，一个重要的指标就是科技创新创业体系结构成本的高低。

第二节　科学、技术、创新促进经济增长的原理

理解科学、技术、创新促进经济增长的原理，首先需要认识科学、技术和创新的属性。科学、技术、创新拥有不同的属性，其相关的活动属于不同的社会部门。科学活动是典型的属于学术部门的活动，有自己的领域范式，活动方式主要是开展科学研究，包括研究自然、生命的规律，解释自然与生命现象，创造科学知识。科学活动产出的成果形式是可检验、可预测的学术理论、体系化知识，这也是科学属性的基本标志。科学不属于经济领域，是独立于经济部门的一个社会部门。

总的来看，技术有科学和经济双重属性。技术，不像土地、劳动、资本那样是经济增长的内生要素。它可以归于一个独立的科技部门，也可以从属于经济领域。技术活动表现为一种有经济目标的研究开发活动，它的成果是方法，不是有形的产品。所以，可以把技术归为科技领域。但是在法律赋权制度建立后，技术成果就可以拥有法律赋予的经济资产属性，这是技术拥有经济属性的依据。

创新活动是典型的经济活动，但是又有相对独立性。创新活动与一般的投资、生产、交易、消费等经济活动相比，有特殊性，例如，创新的风险较高、不确定性强、发展过程特殊、投入产出周期长等。

科学、技术、创新促进经济增长的原理在于，它们要注入经济体系，变成生产要素，才能实现经济产出增加、效率提升、就业机会增多，人们才能获得更高的收入。

1. 关于科学

（1）科学是创新之源

现代文明发展的基石之一就是科学精神，这是一种可贵的，用数理逻辑分析、解释、预测事物的探索发现精神。科学的兴起与发展奠定了产业革命与现代产业发展的知识基础。那些改变人类生产与生活方式的技术、产品、服务，无一不是源自基于科学的创新。

现代大学有三个重要功能。第一个功能是教书育人，培养人才，向社会输送各种各样的专业化人才，做多做强社会的人力资本。第二个功能是进行基础研究、创造科学知识，并向社会提供科学知识。从许多科技强国的发展实践来看，现代大学是进行基础研究最适宜的组织。第三个功能是为服务社会与经济发展提供重要力量。

尽管大学不属于经济机构，但是从其功能上看，大学里进行的科学研究、创造的科学知识，对技术开发与创新、促进经济增长发挥着基础支撑作用。

（2）科学知识改变了国民认知与知识结构

科学知识的创造与不断积累，可以有效改变国民认知与知识结构，培育国民的科学知识结构。应用科学知识的前提是让国民先了解和掌握科学知识。人们掌握的科学知识，本身就是社会人力资本的重要组成部分。现代研究型大学的一大贡献，就是实现了大学由知识传承到知识创造的功能性转变，知识创造的专业化催生了支持社会和经济发展的诸多学科，特别是 STEM 教育，对产业发展非常重要。大学不仅培养教育了掌握科学知识的劳动者，而且，大学创造的科学知识向社会普及扩散，可以丰富国民科学知识，从而直接加快一个国家的人力资本积累。科学知识的普及扩散可以改变国民的知识结构，丰富国民的科学知识，这相当于优化了直接影响经济发展的社会资源，增加了社会的人力资本。

（3）科学知识推动树立国民科学精神及社会科学精神

科学知识通过影响人们的思维方式，推动树立国民科学精神及社会科学精神，使社会更容易接受新的科技产品，从而加快形成新的市场。科学精神使人们可以接纳而不是排斥新生事物。产业革命以来，世界经济社会发展的实践表明，科学使人们拥有了战胜迷信的工具，可以正确认识大自然中的各种现象以及物质运动规律，这极大地拓宽了人类认知的视野，拓展了人类智慧的边界，正是因为有了这样永远向前的科学精神，人类才更容易接受新产品、新事物。

一个充满争议的例证就是转基因农产品。不同国家对转基因农产品的包容性与接受度是不同的，有的持乐观包容的态度；有的持怀疑、拒绝，甚至完全反对的态度。其中一个重要的原因就是国民科学精神。有许多持怀疑、反对意见的人，其怀疑、反对的理由，往往来自非理性的、没有客观事实依据的道听途说。

科学知识对经济增长的作用，是基础性的、全面的，不仅影响到技术开发和生产，而且影响到社会和国民，国民科学精神也影响到社会、市场的发展。从这个意义上可以得出一个结论，科学是经济增长的基础。

可以预期的是，在新一轮的科技革命和产业变革中，科学的经济属性会进一步突出，科学对产业与经济发展的促进作用会进一步提高。

2. 关于技术与创新

技术是方法、工艺、技巧的统称。如果将技术应用于经济发展，它对经济增长的作用是直接的，主要体现在以下四个方面。

第一，提高效率。技术的应用，包括方法和工艺的改进或新方法的使用，可以实现用更少的单位投入获得更高的单位产出。这对提高生产率、提高投入产出效率，发挥着直接作用。

第二，形成新产品。技术开发，特别是技术发明，可以形成新产品。

第三，新技术开发、新产品创制。这是有实际经济意义的创新，新产品的商业化生产，才能支撑形成新企业、新产业，创造新就业。这就是人们说创新是经济增长的源泉的依据。

一个重要的趋势是技术的工程化、设备化的不断发展与深化，即一系列技术集约，将技术物化为生产设施、生产线、基础设施、复杂装备。这一点在现代产业尤其是现代科技产业中的表现尤为突出。比较典型的例子是集成电路产业中的光刻机、先进制造业中的智能生产线（设施）。

另一个趋势就是技术的软件化、数字化，即把一系列技术转化为有高科技含量和经济价值的软件与数字资产。比较典型的例子就是 EDA 等专业化产品设计工具软件。

可以预期的是，随着 AI 的兴起及数字化技术的发展，技术的工程化、设备化，以及软件化、数字化两大趋势会加快经济深化发展。科学、技术对经济社会发展的作用将发生结构性的重要变化。

第四，创新带来新的投资机会。由于新技术和新产品创新可以形成新企业和新产业，因此会涌现新的投资机会，增加经济产出和社会财富。有投资才能形成新的企业，仅靠新技术并不能形成企业，新技术与投资、劳动相结合，才能孵化新企业，培育新产业，为社会提供新商品或服务，从而创造新的就业机会。

对技术与创新投资，就会增加社会资本。由于科技企业、科技产业是创新投资的主要受体，因此，这种资本的增加不仅表现在企业资本的数量上，而且表现在资本的科技含量与质量上。总的来说，对技术与创新投资将带动整个社会资本质量的提升。从发展实证看，科技企业、科技产业创造的就业机会中占比较高的是高质量就业机会，这对提高劳动者收入是有益的。另外，科技企业、科技产业发展带来的新的投资机会，对金融的发展也很重要。

可以从产品开发、企业培育、产业发展、投资机会的创造与现代金融发展等角度来分析技术促进经济增长的原理。创新，一般理解为技术的商业化过程，所以创新与技术在促进经济增长方面是紧密联系的。

3. 科学、技术、创新的外部性

外部性，对于从经济的角度认识科学、技术与创新非常有用。对于将科学、技术注入经济体系，如果外部性的问题解决不好，就会成为一个巨大的障碍。

人才培养是创新发展的重要因素，也存在外部性。例如，许多西部地区的大学培养的人才借助人才的流动政策，往往会选择发展机会更多、生活环境更好、收入更高的沿海城市。对西部地区而言，它们用在人才培养方面的花费不少，而沿海地区很可能没有投入人力资本，却免费享用了西部地区提供的高质量人力资本。这样做的好处是有利于发挥人才的作用，对宏观经济也是有利的，但对西部地区的发展会带来负面影响。

（1）科学具有完全的外部性

按照世界科学发展的范式，科学具有完全的外部性，也就是说科学提供的产出是知识，知识是一个共享的成果，人人可以共享，甚至是超越国界的共享。多一个人参与，并不增加知识创造的成本，使用知识一般并不付费。在大学的图书馆里，你可以阅读科学经典著作、教科书，学习其中的科学理论、科学原理、数学模型，大家可以分享科学大师的知识成果。科学知识的这个特点有点像空气，非常重要，不可或缺，却无须付费。这就带来一个问题，谁为基础研究、知识创造付费？

这就引出了一个很重要的政策制定的原理，对于科学这样的具有完全外部性的活动，最好由政府投资。所以，对于基础研究，通行的做法是：政府发挥重要作用，享受税收优惠的慈善机构可以资助基础研究，少数富有的企业也可以支持基础研究，但基础研究不会带来直接的经济效益。因此，对加强基础研究、发展科学来说，通过私人部门采用市场方式是很难取得预期成果的。

（2）技术具有明显的外部性

技术具有明显的外部性，主要表现在三个方面。第一，技术发明如果不加以保护，别人就可以不付费利用。历经千辛万苦的发明者在技术研发的过程中，耗费了大量的时间、精力和金钱，却得不到应得的高额回报。从理论上讲，如果技术发明可以独享，那么发明者就可以获得超额回报。人们常说发明不过是一张纸，让这张纸的内容外溢是非常容易的。如果不能有效保护技术发明，别人不付费就可以利用，这不仅对发明者是不公平的，也有损社会上其他技术开发者的利益，会助长免费享用技术发明的行为。

第二，企业为了获得技术发明，并且希望通过技术发明、开发新的产品而获得超额利润，便会想方设法保护自己的技术发明。但是这很难防止别人以低成本获取、模仿甚至窃取这些技术。因为，技术发明者很难对他人免费使用其技术发明的行为及其造成的伤害或损失，采取有效的行动。

从技术发明者难以自我保护其技术发明的这一点，引出了一个重要的政策制定依据：如果没有国家力量对技术发明进行有效保护，特别是有效的法律与政策保护，就会挫伤技术发明者从事技术发明的积极性，进而挫伤社会致力于技术发明的积极性。如果没有国家力量的介入，那些违法获取他人技术的人，就很难受到合法惩处，也很难通过法律手段令发明者得到必要的赔偿以弥补他们的损失。

第三，技术开发沉没成本高。外界难以亲身体会技术开发过程中时间较长的、看不见的巨大投入与辛苦劳作，加上技术开发的高风险与专业要求，如果没有超额激励，许多人对技术开发会望而却步。技术开发的这种特性，在相当程度上强化了技术的外部性。

需要讨论的是，技术具有明显的外部性，但并非完全外部性。例如，企业自己进行技术研发，这属于市场交易之内的经济活动，尽管可能被他人分享，减少了技术发明可能带来的经济回报，但是企业通过加强技术发明保护或加强保密的手段，还是能够从技术研发中获益的。

（3）创新表现出一定程度的外部性

创新有外部性，这是由创新的自身特点决定的。创新活动是经济活动，但创新过程具有周期长、不确定性强、风险高等特点。创新过程包括技术研发、产品创制、试生产、拓展市场、相关审批、规模化生产等若干环节，即创新过程中包括大量的科学知识应用和技术研发活动。美国有个说法，高科技领域的创业周期至少是 10 年。我也分析过中国的科技创新创业过程，一般由创业开始到上市，大约需要 16 年甚至更长时间，模式性的创业过程会短一些。例如，中国著名的电子商务企业阿里巴巴，初创于 1999 年，2007 年在港交所主板上市，2014 年在纽交所上市。另一家电子商务企业京东，成立于 1998 年，2014 年在美国纳斯达克上市。这两家企业均依托中国庞大的市场规模，以电子商务模式创新为特色。如果从创业投资的角度规划，一般应当按 10 年的创业周期计算。在创新创业的过程中，新技术、新商业模式、新产品等很容易被别人模仿，相应的技术甚至会被别人无偿获取，这个可能性也是客观存在的。所以说，与科学、技术相比，创新表现出一定程度的外部性。

（4）科学、技术、创新的外部性是正向的

为什么科学、技术、创新的外部性都是正向的？因为科学发展带来了知识创造，技术开发及创新过程带来了技术发明，如果他人可以无支付获得这些知识、技术，并投入转化应用，也可以带来经济利益。这种经济利益整体上是正向的。如果一个经济体在科学研究、技术开发、创新创业的过程中，因为外部性的原因，研究开发及创新创业领域以外的人由此受益，整体上对这个经济体也是有利的。放在全球化的角度，如果一个经济体无支付地获得他国的知识、技术，借鉴他国的创新，是可以获得经济利益的，总体上会增加经济财富。但各国均强调知识产权、技术秘密保护，目的在于保护技术开发与创新者的利益，从而激励技术开发，激励创新。

由于科学具有完全的外部性，各国可以无偿分享某国创造的科学知识并获益。牛顿力学是牛顿创立的，英国从中受益，全世界从中受益，他国并不需要付费。这就是科学的外部性。目前，并没有哪个国家对科学知识采取类似知识产权的保护措施。所以，总的来看，科学研究主要是由政府出资进行的，科学研究的成果基本都是公开的。在科学、技术活动中，比如对科学来说，如果政府来组织科学活动并投资，一方面可以解决私人部门难以解决的公益性问题，另一方面，科学的正向外部性很有可能使社会各方面受益，有利于社会的经济发展和文明进步。

为什么对外开放有利于经济增长？对外开放的一个好处是，可以从科学、技术和创新的外部性中获利。尤其是后发国家，可以学习他国的科学知识、技术、创新经验；还可以通过协议安排，派遣学生出国留学。

由于科学、技术、创新的外部性，政府向社会推广与普及科学知识可以获得正向的外部性收益，而且可以使全社会受益。对于技术，实施有效的知识产权保护制度与政策是必要的，也是令一个经济体保持创新活力不可缺少的保障。但是，对于公益性强的产业或事业，政府通过开展技术研发、技术推广，可以更好地发挥技术的外部性，促进相关产业的发展。这也是各国普遍采取的做法。

第三节　科学、技术注入经济体系的途径

1. 为什么说"注入"

本节的研究论述对于理解创新发展至关重要，因为只有明确了科学、技术注入经济体系的途径，才能明确将科学、技术转化为现实财富的关键。在本章的开始我们就提出了"科学、技术、创新注入经济体系"的说法，为什么用"注入"这个词？第一，由于科学、技术和创新的极端重要性，其对经济持久增长，包括应对商业周期有重要作用；对创造就业机会、提高生活水平极其重要。所以，必须发展科学、发展技术、推进创新，并充分发挥其在经济增长中的重要作用。第二，既然科学、技术和创新均有外

部性的特点，这就意味着市场经济体系本身不能有效地解决科学研究、技术开发和创新的外部性问题。外部性会使企业感到开展科学研究、技术开发并不合算或存在风险。至少，传统的经济方法难以解决这些外部性问题。因此，必须采取一定的措施，才能使对经济增长至关重要的科学、技术更好地注入经济体系。第三，科学、技术通常存在于一些独立于经济体系的部门，多数企业和部门针对科学、技术的研究开发比较少。所以，科学、技术注入经济体系具有跨部门的特点。需要采取必要的措施，把那些不属于经济部门的知识、技术导出这些部门，并顺畅地导入经济部门之中。第四，从经济的角度看，与一般的经济活动相比，所有的科学研究、技术开发、创新创业都有高沉没成本、长周期、高风险的特点。因此，成功的科学研究、技术开发、创新创业并非易事。如果不施加外部压力，科学、技术很难顺畅地成为经济体系的内在要素活动。

2. 关于科学、技术注入经济体系的若干观点

探讨如何将科学、技术注入经济体系，使经济体系产生内在动力，从而开展研究开发，应用科技成果，实现经济增长，是一个有趣的话题。总结若干观点，主要有以下 6 个方面，可以将科学、技术注入经济体系。

（1）知识传播

通过面向社会的科普，发展现代教育包括职业教育，开展培训活动包括劳动者在职学习等，广泛传播科学知识。这样可以让社会机构、组织、企业和更多的国民掌握科学知识，并在实际中应用。这样做也有助于增加人力资本，达到促进经济发展的目的。

（2）技术推广

通过政府和公益部门向社会相关部门、相关社会成员推广技术。例如公益性较强的农业、林业部门等经济部门，以及公共卫生、环保等公益性

社会发展领域，在这些领域进行免费的技术推广还是比较普遍的。政府往往是相关研究开发的投资主体，政府部门或非营利机构（如大学）拥有科学知识和科技成果。另外，这些部门或领域自身投入少、研发能力弱，技术推广是促进这些部门或领域科技进步的有效方式。中国有比较健全的、覆盖全国乡村的农业技术推广体系，政府出资维持这个推广体系的运行，也出资支持这个推广体系开展技术推广活动。实践结果证明，这是一个比较有效的办法。如果没有政府支持农业技术推广，中国农业的技术进步贡献率就不会有现在这么高。

（3）政府主导的技术转移

在中国的国家标准中对技术转移的定义是，制造某种产品、应用某种工艺或提供某种服务的系统知识，通过各种途径从技术供给方向技术需求方转移的过程。技术转移的内容包括科学知识、技术成果、科技信息和科技能力等。这是科技意义上的定义。从经济学的角度看，技术转移是技术价值或技术资产的转移，可能是技术资产及收益的完全转移，也可能是部分转移。例如保留所有权转让使用权就是部分权益转移。市场内部的技术转移是企业间的，遵循市场机制进行。值得关注的是政府出资形成的技术成果的转移。这类技术转移指的是，把政府资助的大学、科研机构和其他非营利机构通过开展科学研究、技术开发形成的科学知识、技术发明和技术成果，转移到企业或社会服务领域，使其变成现实的商业价值。这类技术转移可以称为政府主导的技术转移。

知识传播、技术推广、政府主导的技术转移，这三类方式的共同特点是：第一，最终目标都是实现经济发展，方法是把科学技术由科技部门转移到经济部门，转化为经济价值；第二，一般是政府主导或者由政府推动，带有明显的公益性。如果政府不发挥作用，这三类方式的自我运行就会大受影响。

（4）转化与产业化

转化有两层含义，一层是把不成熟的技术通过中试、工程化，变成成熟的技术；另一层是指企业在生产中应用科学知识，进行技术开发并应用技术成果，开发产品并进行生产，把科学技术变成现实的生产力、商业价值和产业。

产业化的本义是产业的产生、发展、成熟的过程。从科技产业的商务发展过程来看，科技产业化的过程也是技术开发、成熟的过程。所以转化与产业化在实际的经济活动中是密切关联的，本质上反映了科学技术变成商业价值的过程。

（5）科技创新创业

科技创新创业泛指科技型的创新创业，是创新创业活动的一类，其特点是有较多的科技人员参与　是转化科学技术特别是新技术、开发生产科技产品、培育科技企业的经济活动。孵化科技企业、培育科技产业是科技创新创业的显著特点。科技创新创业对一个经济体的产业持续发展、技术进步与效率提升至关重要。

（6）内生增长

内生增长是一种经济增长的方式，指的是通过制度与政策创新，把科学知识、技术开发、新产品创制、人力资本提升，变成经济增长的内生要素，并实现促进经济增长的目标。在促进内生增长的制度与政策下，经济体系可以形成内在机制，实现企业自主研发、转化科技成果、开发生产新产品。内生增长既是一个微观现象，也是一个宏观现象。

内生增长理论是十分重要的经济学发现，其从理论和实证上说明科学、技术可以成为经济增长的内生要素，并发挥重要作用。2018年，美国两位经济学家诺德豪斯与罗默，因把气候变化和科技创新融入长期宏观经济分析而获得了诺贝尔经济学奖。这个理论发现与舒尔茨的人力资本理论具有同样重要的意义。这两个理论为人们认识如何实现经济增长这一问题开阔了视野。

3. 两条有效途径

在这里，我们提出科学和技术注入经济体系两条最有效的途径：一条是企业创新发展，另一条是科技创新创业。这两条途径的特点是，通过制度与政策创新，克服科学、技术、创新的外部性，使其成为经济增长的内生要素，最终实现价格导向的市场交易机制，引导科学知识与技术成果的商业化转化与应用，而不再施加额外的非市场机制的干预。

第一条途径：关于企业创新发展。

企业创新发展，主要包括两方面，一是大企业的创新发展，二是中小企业的创新发展。企业规模不同，企业的创新发展条件和能力是大不相同的，企业对创新发展的态度、采取的方式也是不同的。

（1）大企业的创新发展

大企业具备独立开展科技研发、转化、产业化的能力与条件。从经济学的角度分析，企业是生产经营的主体，是组合要素并进行专业化生产经营的最有效的组织。只有可以独立自主的企业，才可以大规模筹措资金和其他生产要素，利用规模经济规律进行有效率的生产经营。

大企业的特点包括以下几个方面。

第一，有成熟稳定的技术、产品，生产规模大，营收高，市场影响广泛。因此，如果大企业重视创新发展，它完全可以自己进行科技研发和创新创业。但是，由于大企业的技术和产品备受瞩目、溢出效应大，其容易被模仿。在开放竞争中，现有产品与技术优势会因竞争而趋于递减，影响产品利润率。大企业进行重要调整不像中小企业那样容易，保持自身优势的有效方法是有系统、有计划地进行研发。想要抢占先机，就有必要开展基础研究、应用研究与技术开发。这是大企业生存发展并保持优势的需要。

第二，大企业内部组织比较健全，专业化治理水平比较高，人才丰富。因此，大企业有条件建立自己独立的研发体系。稳定的经营收入有助于大企业组织开展较长周期的研发活动。

第三，大企业有自己的产业链、供应链，相当于有自己可以主导的产业生态。因此，大企业有条件构建自己的创新链，围绕自身创新部署，形成由自身研发机构、相关大学、社会研发机构、中小企业参与的创新网络。大企业经济实力强，具有自主科技创新创业的优势，良好的产业生态有助于新技术、新产品的商业化，并将其推向市场。

美国企业的研发

美国企业有重视研发的传统，与德国一样，属于企业进行科技研发比较早的国家。在 1900 年以前，个人发明家和小企业发挥着主要作用，20 世纪初，美国科技研发的重心转入大企业及其实验室。二战期间，美国企业实验室发展到了顶峰，一直持续到 20 世纪 80 年代。1980 年以后，科技研发的重心逐步转入研究型大学和小企业。大企业则通过并购或联合研究，获得基础研究成果和技术成果。世界上第一个工业实验室在德国诞生。1876 年，正是电器产业兴起的时候，美国发明家爱迪生建立了美国第一个工业实验室。后来，美国很多大企业，例如杜邦公司、通用汽车公司，都建立了工业实验室。这些大企业的工业实验室高度重视有经济价值的技术与产品开发，也开展基础研究，聚集了一大批顶尖科技人才，有过非常耀眼的成就。例如，杜邦工业实验室在 1935 年发明了尼龙，开启了化学纤维时代；贝尔实验室获得过 8 项诺贝尔奖（7 项物理学奖、1 项化学奖）。

这些例证可以说明，大企业有条件建立比较系统的研发体系，包括建立从事基础研究的实验室，并将优秀科技人才招揽到企业。大企业既可以开展市场导向的应用研究、技术与产品开发，也可以开展创造科学知识的基础研究，从而取得重大科学发现与技术发明。

进入 20 世纪 80 年代，总的来看，传统的美国大企业的工业实验室发展呈现衰落趋势。这个时期，由于美国经济与科技政策的调整，传统上得到政府的大量研究经费资助、开展基础研究与应用基础研究的大学，被要求义务开展技术转移，服务企业特别是小企业发展，这也为企业从大学获得科学知识、技术成果提供了便利。在美国政府的帮助支持下，小企业的技术创新研究快速发展，在技术创新方面变得更加有竞争力，创新产出更加经济。所以，有很多大企业采取并购或直接购买技术的方法来获得新技术、新产品，有的企业通过与大学开展联合研究，获得科学知识。

当然，严格来说，不能说美国大企业的科学研究衰落了，实际状况是，美国大企业开展科学研究的方式发生了调整，突出表现在大企业与大学、小企业的创新合作加深了。据统计，1981—1997 年，美国企业特别是垄断性企业的基础研究投入占美国基础研究总投入的比重由 16.6% 提升到 28.3%。进入 21 世纪，2003—2018 年，美国企业基础研究投入保持了快速增长的趋势，在生物技术、计算机、互联网领域的科技领军企业尤其如此。这反映了美国大型科技企业力图在科技前沿占据优势。这是值得关注的。

（2）中小企业的创新发展

现代经济体系的一个突出特点是，在所有企业中，中小企业数量占压倒性多数。例如，截至 2021 年底，中国有市场主体 1.54 亿户，企业法人主体达 4842 万户，其中中小企业占比超过 99%；中小企业提供的就业量占企业总就业量的 80%。美国的情况大致如此。所以，各国政府均十分重视的就业问题，主要靠中小企业来解决。稳经济、保市场主体、保就业，重中之重的举措是保中小企业的生存与发展。中小企业保住了，绝大部分的就业就保住了，众多家庭的生计就保住了。

此外，从现代产业的组织结构来看，大企业与众多的中小企业形成了分工协作、协同发展的共生关系。大企业的发展离不开中小企业的供应支撑。

中小企业如此重要，那么，中小企业如何才能实现创新发展，这是经济发展与社会发展的重要命题。从经济的维度看，中小企业受自身经济实力、人才资源、研发设施等多方面条件的制约，独立开展科学研究、技术开发和科技创新的经济可行性并不高；加上科技创新的高风险、长周期、高沉没成本等特点，研发经费筹集也是中小企业开展科学研究、技术开发面临的难题。

从市场经济中的竞争与成长机制分析，在竞争激烈的、优胜劣汰的市场中，中小企业有生存与加快成长的强烈愿望。从创新发展的角度看，尽管受自身条件和经济实力的制约，但中小企业一般都有更高的科技创新积极性。因此，主要经济体一般都有政府扶持中小企业创新发展的专门的制度与政策安排。德国、日本、美国和以色列都是比较典型的例子，尤其是美国在扶持小企业发展、加强科技创新方面的做法，其取得的效果显著，是值得借鉴的。中国的中小企业可类比美国的小企业。

美国支持小企业的两个重要做法：政府支持与资本市场

关于政府支持小企业创新发展的政策。美国形成针对小企业发展的科学政策，是在二战结束后。美国在形成国家科学政策的同时，出于促进经济增长、保障就业的考虑，开始酝酿政府支持小企业发展的对策。1953 年，美国联邦政府专门成立了小企业管理局，尽管名字叫"小企业管理局"，实际上其服务对象相当于中国的中小企业。小企业管理局负责支持小企业发展政策的研究，制定扶持和发展小企业的政策，并推进政策实施。1958 年，美国颁布了《小企业投资法案》。同年，在《小企业投资法案》框架之下，美国政府启动了小企业投资公司计划。按照这个计划，政府可以向私人投资公司发放牌照，授权这样的私人投资公司向小企业投资，帮助小企业扩大资本、推进小企业业务现代化。这实际上是一种政府与市场合作扶持小企业发展的做法，但本质上还是遵循市场机制。政府并不直接干预小企业生产经营，而是出台优惠的政策，例如通过向私人投资公司提供优惠贷款，允许私人投资公司发行专门的债券，由这些投资公司向小企业投资，以支持小企业扩大资本、做大业务。这样做的好处就是可以避免政府不当干预造成的市场机制扭曲和效率降低。

1980 年，美国国会通过了《拜杜法案》。该法案的意义在于：授权承担联邦政府赞助科研项目的大学、科研机构享有专利申请权和专利权，鼓励大学和科研机构积极转移专利技术，促进小企业发展，推动产业创新。一方面，企业可以享用联邦政府资助的科研成果，另一方面，也相当于政府采取间接方式支持小企业创新发展。

1982 年，美国国会通过了《小企业创新发展法案》。同年，美国基于这个法案，在前期美国国家科学基金会试点基础上，正式在全国启动了"小企业创新研究计划"，旨在推动那些准备将实验室的研究成果转化为可在市场上进行销售的现实产品的政府科技计划的实施。资助范围限定于竞争前研发，不违反国际贸易规则。该项计划取得了显著成效，美国小企业成为美国技术创新的主体得益于该计划的实施，小企业创新活力的提升为美国经济转型发挥了关键作用。美国推动小企业创新发展的做法，成为许多国家研究借鉴的典型案例。

关于资本市场。 1971 年，美国启动了纳斯达克（NASDAQ）证券交易所，该交易所现已成为全球第二大证券交易市场，也是全球主要的股票市场中成长速度最快的市场。NASDAQ 即美国全国证券交易商协会自动报价系统，是美国全国证券交易商协会为了规范混乱的场外交易以及为小企业提供融资平台而创建的，是全球第一个采用电子交易并面向全球的股市。它的作用是收集和发布场外交易非上市股票的证券交易商报价，是典型的服务于小企业的资本市场，它的上市条件、运营管理有利于小企业上市融资，实现发展。纳斯达克的上市公司几乎涵盖了所有高新技术行业。如今在国际上发挥着领军作用的大型美国科技企业，几乎都得益于纳斯达克资本市场，在纳斯达克资本市场获得了巨额融资，实现了快速发展。

1953—1982 年期间，美国形成了体系化的支持小企业发展，尤其是支持小企业技术创新的政策体系，包括提供优惠贷款、税收优惠、资助竞争前研发、推动产学研合作等一系列政策工具，不仅对小企业的发展发挥了非常重要的作用，也有力增强了美国经济的创新发展活力。

这里分为大企业、中小企业两种情况来简述企业创新发展。需要强调的是：制度与政策是重要的。在适宜的制度与政策之下，大企业会自主、积极地开展科学研究、技术开发活动；中小企业是现代经济体系中最活跃的创新主体，大部分的创新活动与业绩是由中小企业完成的，政府扶持中小企业创新发展是必要的。总的来看，政府通过税收优惠和优惠贷款政策扶持中小企业发展，通过财政政策资助中小企业开展创新研究，是各国特别是发达国家的普遍做法，并收到了实效。

企业是市场主体，企业创新能力和创新活力的提升，将促进直接把科学、技术转变为企业发展的内生要素，把科学、技术转化为现实商业价值。这将会促进整个经济体实现创新发展。

第二条途径：关于科技创新创业。

科技创新创业是科学和技术注入经济体系最直接有效的另一条途径。科技创新创业的显著特点与过程是：由科技人员作为创业者，应用科学知识，转化新技术成果特别是高新技术成果，孵化培育科技企业，开发生产商业化科技产品的过程。

本章在说明科技创业投资的概念时，已经对科技创新创业的四个阶段做了说明。让我们从具体的转化过程再来观察一下这四个阶段。第一，创业的种子期实际就是把科学知识、科学原理转化为有应用目标的创意，构思出概念样机并进行试验验证的阶段。这要求创业者既要掌握科学知识，更为重要的是，也要有构思设计有商业价值的产品创意。这是把知识与现实经济联系起来的关键。知道科学原理的人可能很多，从科学原理出发构思出商业创意的人就十分难得。第二，起步期实际就是商业化产品样机的开发、测试和改进的阶段，也是开展小批量生产、试用、展示、市场推介的阶段，这个阶段是企业商业化生产经营的起点。商业化的产品、体系化的生产技术与工艺、供应链的初步构建、市场销售、企业的创建，都会在这个阶段完成。就加快企业成长而言，这一阶段的目标是形成推向市场的、经过验证的产品，并形成可以规模化的、经过小批量实际测试的工程化生产技术。第三，扩张期实际就是规模化生产能力形成和产品量产阶段，规模化地在市场进行产品销售。处于这个阶段的企业正加快自身发展扩张，加快建立内部组织以及运行机制，逐步建立企业文化。科学技术在这个阶段实现了工程化。第四，成熟期实际就是创新创业完成、企业成熟稳定运营的阶段。在全球化时代，这个阶段也是开拓国际市场、市场竞争加剧的阶段。若干科技企业到了扩张期后，就开始由亏损转向盈利，可以加快上市。

可以看出，科技创新创业就是将科学知识、技术成果转化为商业价值的过程。更重要的是，科技创新创业会直接孵化培育科技型的市场主体，形成持久的生产能力，持续生产销售新产品，并创造就业机会，特别是科技型的高质量就业机会。因此，科技创新创业与在企业中从事科技创新创业一样，都是直接、有效地转化科学知识和技术成果的方式。

不可否认的是科技创新创业具有高风险、高不确定性，从创业投资的运营实践观察，真正成功的科技创业企业只是少数。例如，按 5 年创业历程计算，硅谷创业的成功率是 3% ～ 5%；如果按 10 年计算，成功率更低。所以，科技创新创业非常重要，但是并非易事。

现在，中国已是科技创新创业大国。中国科技创新创业的第一人是中国科学院物理研究所研究员陈春先。他从 1978 年开始，就在国内介绍推广硅谷和波士顿创新创业的做法，宣传创业精神，倡导通过技术兴办产业。1986 年，他还自己兴办了一家民营科技企业，开始科技创新创业实践。不过，很遗憾的是，他办的这家企业并没有成功。但在中国科技创新创业史上，人们把陈春先称为"中关村第一人"，作为中国科技创新创业的先驱，他的创业奋斗对中国科技创新创业事业的发展，发挥了开拓者的示范作用。

1987 年，中国第一家科技企业孵化器诞生于湖北东湖。1985 年，中国科学院在中国改革开放的前沿城市深圳建立了中国第一家科技园区，目的是转化科技成果、培育科技企业、发展科技产业。1988 年，国务院批准在科教资源密集的北京中关村建设中国第一个国家高新区——中关村科技园。1994 年，国务院有关部门启动了建设大学科技园的工作。实际上就是依托有条件的大学，以科技园方式建设创业孵化载体，把大学的科学知识、技术成果转化为产品、企业、产业。2015 年，国务院决定启动"大众创业，万众创新"活动；同年，中国启动了"众创空间"建设。截至 2021 年底，国家高新区已经发展到 169 家（这 169 家高新区的生产总值占 GDP 的 13.4%），众创空间发展到 9026 家，科技企业孵化器发展到 6227 家，加湿器企业超过 800 家，大学科技园达到 115 家，形成了一个比较健全的科技创新创业支撑服务体系。自 1978 年以来，经过 40 多年的发展，中国已经成为科技创新创业大国。

科技创新创业直接转化科学知识、技术成果，有力促进了中国科技企业的发展。截至 2021 年底，中国的高新技术企业达到了 33 万家，科技型中小企业达到了 32.8 万家。这 33 万家高新技术企业的研发投入占全国企业研发投入的比重约为 70%，这是高新技术企业重视科学研究、技术开发、科技产品创制与生产的实证。如果没有科技创新创业，就很难涌现这样一批科技创新能力比较强、创新产出比较多、科技产品多样、有国际竞争力的科技企业。科技企业已经成为中国经济高质量发展的骨干力量。

美国创业型大学简介

谈到科技创新创业，人们一般不会忽视美国的科技创新创业。因为美国是科技创新创业成效最显著的国家，起步也比较早，并且形成了体系化的制度、政策，以及浓郁的创新创业文化。值得关注的是美国创业型大学的创业活动。在美国众多的大学中，有一类属于创业型大学，也有人称之为创新型大学，比较典型的就是 MIT 和斯坦福大学。这类大学的特点是：基础研究、应用开发与创业实践一体化发展；有体系化的创业科学体系、创业课程、创业教师、创业教材，可以提供创业普通知识教育、专业知识教育；有鼓励、支持教师与学生从事创业活动的政策和资源安排，并提供创业服务；有多元化的创业活动，可以培养和提高创业技能，提供实习机会，获得创业实战的体验；有浓郁的创新创业文化。

MIT 的创新创业包括 7 个阶段：创意、技术开发、商业化计划、企业计划、形成企业、早期成长、高速增长。这 7 个创业阶段是对前面所说的科技创新创业的四个阶段的进一步细分。不过可以看出，MIT 的创新创业阶段更好地体现了专业化的教学特点，并且与实际的创业过程完全一致。如果能完成 MIT 的创业教育，应当就具备了良好的开展实际创新创业的知识、技能与实习体验。

教师参与创业活动，可以通过转移技术、提供咨询、合同研发等方式服务创业，不一定非要自己变成企业家。当然也可以转行直接从事创业活动或运营创业企业。大学支持服务或直接参与科技创新创业，改变了传统上培养学生、创造科学知识的大学功能。创业型大学不仅可以向社会提供人才、培育积累人力资本，而且可以提供知识、知识产权，甚至可以以直接介入创新创业的方式，参与到产业与经济发展之中。所以从这个意义上说，有人也把创业型大学称作经济创新发展的引擎。

波士顿是美国一个重要的科技创新创业高地，主要体现在 MIT

周围的 128 号公路沿线形成的各种各样的科技企业群体。如果没有 MIT 科技创新创业的贡献，很难有这样一个科技创新创业的走廊，引领产业与经济发展。硅谷与斯坦福大学也是相互促进的共生关系。与 MIT 一样，斯坦福大学也是一所典型的创业型大学。值得注意的是这两所大学不仅科技创新创业能力强、业绩突出，而且基础研究也很强，知识创造的业绩也非常突出。通过开展基础研究，它们不断开辟新的前沿科技，支撑它们的技术创新也走在前沿；它们通过知识、技术、人才，支持创业，实现了持续的科学知识与技术成果的商业化转化。

近 40 年以来，美国不断涌现具有国际竞争力的一批又一批科技企业（如苹果、微软、英特尔、SpaceX、亚马逊等），这与美国独特的创新创业生态是密不可分的。因为创新创业可以直接转化科学知识与技术成果，前沿科技必然会造就位列前沿的科技企业。

4. 科技创新创业的重要作用

科技创新创业对经济创新发展发挥着非常重要的作用，可以总结为以下几个方面。

第一，科技创新创业是在适宜的制度与政策安排中，转化科学知识、技术成果，是内生增长经济活动。这不仅能够让科学知识与技术成果实现有效率的商业化转化，而且能够形成新产品、新服务、新的商业价值，增加经济产出。

第二，科技创新创业可以直接孵化形成科技企业、科技产业，在增加经济产出的同时，创造新的就业机会，特别是高质量就业机会。新产品、新服务的入市可以提高人们的收入和生活水平。

第三，科技创新创业是金融变革的关键力量。科技创新创业形成的科技企业、科技产业，具有不同于传统企业与产业的发展成长规律，其对金融产品的需求也是独特的。科技企业、科技产业的发展拉动了风险投资业的发展，并支撑了资本市场科技创新创业板块的形成与成长。风险投资及资本市场科技创新创业板块的诞生与发展，是近 100 年来现代金融发展的里程碑，是现代金融业的重大结构调整。科技企业股票市场是全球主要经济体的重要资本市场板块，是经济创新发展与竞争力的风向标。这再一次证明了金融与产业发展存在高度伴生和协作关系。

第四，科技创新创业可以引领企业、产业创新发展，促进传统产业升级。认识科技创新创业自身发展的同时，也不能忽视科技创新创业对经济全局的影响。从科技创新创业的机理上看，创业团队、中小企业的科技创新创业活动可以承担更高的风险。一方面，自身可以形成新企业、新产业，还可以通过上市或其他途径的持续融资，使创办的企业由小变大；另一方面，也可以通过并购、协作等多种方式融入大企业，加快大企业的创新发展。尤其值得注意的是，如果创业企业开发生产的产品属于新材料、关键零部件、新型生产设备，或高价值发明专利、工具类软件等生产要素或资本类产品，那么它们一旦应用，将对传统产业的效率提升以及经济发展过程中的技术进步发挥重要作用。

第五，改进资本结构。如果科技企业生产的新产品属于资本类产品，那么这些产品的销售应用就意味着经济体系中资本科技含量提高；资本科技含量的提高，会改善一个经济体的资本结构。典型的例子就是光刻机，高性能芯片的生产依赖于高性能光刻机的开发和使用。提高资本科技含量，是新兴科技企业、科技产业向传统产业赋能的重要方式。

科技创新创业的重要作用带给我们的启示是：科技创新创业对增加经济产出、提高产出质量、创造新的就业机会有重要意义。另外，由于新兴科技产业发展周期的持续性，科技创新创业对经济长周期的发展，对现代金融发展有重大促进作用。所以，科技创新创业可以作为实现经济长周期强劲增长的战略举措，也是使一个经济体保持创新活力、实现持久发展，不断提高国家竞争力的关键。

5. 关于大学在经济发展中作用的争论

自 1088 年世界第一所大学在意大利诞生以来，在近千年的时间里，大学对人类社会发展做出了重大贡献。所以，有人说"大学是第二个千年中意义最为重大的创造"。早期的大学以文化与知识的传承为主要功能，重点在人文与社会领域，是典型的社会教育机构。1810 年德国建立的柏林洪堡大学是现代大学的起源，改变了传统的大学发展的模式，大学具有了知识传承与创造、技能培养、品德教育等多种功能。19 世纪最后 30 年，美国形成了具有自己特色的大学模式，以康奈尔大学为代表，研究型大学开始成长；19 世纪末，以 MIT 为代表，创业型大学开始发展。现在，大学的作用体现在科学与教育、经济与社会发展、国防安全等方方面面，特别地，大学的作用已经深入到经济发展领域。科技创新创业本质上是一类经济活动，大学的深度参与彻底突破了传统认知——大学仅仅是教育与学术组织的边界。有人质疑，大学到底是什么组织？

从科技角度看，大学的优势是基础研究，就是通过基础研究，探索自然规律，解释自然现象，创造科学知识。这与科研机构的功能分工不同，科研机构往往从事有经济目的或行业应用需求的应用研究。现在，许多科研机构已经成为经济实体，主要从事商业性的技术创新活动。但是，大学深入到创新创业领域是近百年才出现的。离开大学的知识创造、原始创新、前沿科学与技术研究，科技创新创业就失去了源泉。没有科技创新创业，经济的创新发展也就失去动力。大学是什么组织？应当是什么组织？大学的功能及其在社会中的分工依然处于发展之中，人们的争论也会依然存在。这些争论不仅影响大学发展，也影响政府制定关于大学教育的政策。

第四节　外部性与市场失灵治理

外部性与市场失灵治理对建立市场机制中的创新发展体制机制至关重要。市场本身难以有效治理外部性，这叫市场失灵。前文分析了科学、技术、创新的外部性特点。作为宏观上的制度与政策安排，要实现科技创新创业的内生增长，把科学、技术转化为企业或经济增长的内生要素，尤其是有效激励企业创新、支持中小企业创新、促进大学与科研机构为创新创业服务，就要针对科学、技术和创新外部性的特点，做出相应的制度与政策安排，对冲或减少因外部性市场失灵可能对创新发展造成的负面影响。外部性的负面影响治理好了，就能够把科学、技术平顺地注入经济体系之中。本节提出了外部性与市场失灵治理的 7 个基本途径。需要说明的是，治理外部性是为了实现把科学、技术变为内生要素，而不是消除经济的外部性。

1. 关键的外部性属性

针对科学、技术、创新存在的外部性的特点，应当重点对冲治理的外部性事项，包括以下几个方面。

（1）长周期

基础研究、技术开发与产业化的发展周期较长。当然这三者的具体发展周期并不相同，从实践来观察，周期最长的是基础研究。

（2）沉没成本高

存在比较多的竞争前投入成本，包括资金、人力、设施、物质等投入。总体上看，基础研究的门槛在提高，表现为在前沿探索上，需要大型、复杂的设施与设备，高强度的、持续的资金投入，杰出科学家及其团队。在技术开发领域，原始性、前沿性、颠覆性技术创新的门槛也在提高。

（3）高风险

要想实现稳定的生产经营，科学知识、技术转化，开发产品市场，形成新产品市场，以及对新产品、新服务的政府监管，均存在比较大的风险。技术越来越多地受到地缘政治的影响，在二战结束后，为了保护自身技术优势、维护国家安全，许多国家制定了严格的技术保密与出口管制制度。冷战结束后，国际科技合作与国际技术贸易得到加强并快速发展。但是自21世纪的国际金融危机后，特别是受新冠疫情、俄乌战争的影响，各国对国际科技合作与国际技术贸易的管控进一步加强。

（4）他人的无偿使用

在科学技术形成商业价值的过程中，以及知识产权保护期内，他人无偿获取相关技术与职业技能会造成不符合市场经济交易原则的经济效益外部溢出。

一个值得讨论的问题是科技人才的流动问题。从经济效率的角度看，人才自由流动的作用是正向的，人才的自由流动也有利于充分发挥人才作用。但是从人力资本的角度看，人才的流出相当于资本的流出，这对流出方是一种损失。从跨国流动的角度看，由于科技人才尤其是顶尖科技人才掌握着丰富的科学知识、前沿科学技术，他们对科技企业与科技产业发展至关重要，也可能直接关系国家安全，因此，各国纷纷加强了对科技人才尤其是顶尖科技人才流动的管理，至少普遍都有吸引并留住科技人才的制度与政策安排。

2. 外部性与市场失灵治理的基本途径

这里讨论的外部性与市场失灵治理，是指围绕创新发展展开的讨论，并不是普通经济学意义上的外部性与市场失灵治理。

（1）知识产权保护

知识产权保护的本质是在一定时间内，赋予知识产权所有者对知识产权权益的垄断权，以国家力量保护知识产权交易和知识产权权益。同时，对侵害知识产权权益的行为，利用国家力量进行处罚，对造成的损失进行赔偿。知识产权保护是人类社会法律对知识产出赋权并进行保护的重要发明，它改变了人类社会产权的组成与结构。这是激励与保护科学研究、技术创新的有效方法。

建立并实施好知识产权保护制度并非易事。第一，要有尊重与保护他人知识产权的社会文化与价值观，这需要社会培育人们对知识产出这样的无形资产的契约精神。在当今社会，保护知识产权的难度是比较大的。第二，知识产权执法是专业化的职责，司法人员与执法人员既要掌握专业的法律知识，又要掌握专业的科学技术知识，并需要专家队伍的支撑。在此基础上，需要严格执法。实践证明，轻微的侵权处罚不利于知识产权保护。

（2）重视研发与能力建设

重视研发与能力建设，政府肩负重要职责。第一，政府对基础研究、应用研究、技术开发要采取差异化的支持方式。对于基础研究，因为其具有完全的外部性，政府应承担主要责任，既要注重科学家培养、基础研究设施建设，又要为基础研究提供持续稳定的经费支撑。第二，激励企业科技创新。对于有经济目的的应用研究、技术开发、产品开发，政府应当通过财税政策，激励企业进行科技创新；对于中小企业，政府可以直接支持中小企业竞争前研发。在制度与政策可以发挥作用的环境下，应当由市场组织进行创新创业活动，政府不宜大包大揽，否则会降低创新效率，并扭曲市场作用。例如，政府把支持应用研究、技术开发、产品开发的经费过多地拨付给大学或科研机构的做法，值得讨论。第三，激励大学与科研机构开展技术转移，服务社会经济发展。传统上，大学与科研机构属于科技教育部门，不属于经济部门。创新发展需要大学与科研机构更多地参与科技创新创业活动。激励大学与科研机构主动开展科技创新创业活动的有效措施是，政府要通过制度与政策安排，一方面要赋予大学与科研机构科技创新创业的义务；另一方面要赋予大学与科研机构从科技创新创业中获得权益的权利。当然，对于大学与科研机构获得的科技创新创业权益，不能将其按照商业利益处置，这些权益应当服务于大学与科研机构的科研和创新业务。

对于科技创新能力建设，政府不仅有责任支持大学加强基础研究设施与能力建设，也应当支持实验室、数据共享平台、测试设施等公共科技创新设施与平台建设，并开放使用。这样可以提高公共科技创新设施的使用效率，减少社会的科技创新创业成本。这对外部性与市场失灵治理是有益的。

（3）发展风险投资

支持科技创新创业的有效金融工具是风险投资。风险投资也可以称作创业投资，是专门用于支持科技企业孵化、成长的高风险投资工具，一般用于支持上市前的科技企业。考虑到科技企业孵化、成长的特点，一般的银行贷款难以满足其需要。积极发展创业投资，需要政府针对创业投资的业务特点，做出相应的制度与政策安排，支持风险投资募资、投资、管理与退出，保护风险投资者的权益。就经济的创新发展而言，与传统银行贷款相比，风险投资具有特殊的重要性。

（4）调整分配方式

调整分配方式的经济学原理，就是风险与收益对应原则。要考虑到从事科技创新创业的人，承担着孵化发展科技企业的使命，承担着更大的经营压力和风险。在创业成功前，创业者需要付出长时间的努力。要有制度与政策安排，允许创业者在创新创业中实现高额利益分配，即，使这些从事高风险、长周期创新创业活动的人，从创业中、市场中获得高额回报。这样，社会上就会有更多的人投身于科技创新创业，甘冒风险，敢为天下先。这就是"重赏之下必有勇夫"。

对于科技创业投资者，也应当有类似的专业性制度与政策安排，以鼓励他们从事科技创业投资，保护他们的投资权益，允许他们获得高额回报，这是有效的激励方式。

调整分配方式对外部性与市场失灵治理是有用的。在总结分析硅谷成功经验时，容易忽视的一条成功经验就是硅谷独特的分配方式：基于知识资产的高额分配。

（5）建设创新资本市场

建设创新资本市场，关键是建设服务于科技企业发展融资和证券买卖的交易所创新资本市场，例如美国的纳斯达克资本市场、中国上海证券交易所科创板资本市场。建设创新资本市场的好处，一方面是可以实现科技企业发展的专业化、规范化融资，促进科技企业的规范管理；另一方面是可以通过市场机制形成创新资本的市场价值和创业企业的价值，还可以让高风险的创业投资有获得高额回报的退出渠道。

（6）适度监管

为促进科技创新创业顺利发展，适度监管是必要的。科技创新创业推出的新技术、新产品、新服务，在发展初期不一定为社会、市场所接受，甚至与现行的制度规定与政策体系也不一定完全相符。比较积极的措施就是，政府采取包容性、鼓励性的监管，提供一个相对宽松的环境，减少科技创新创业的风险与不确定性，为它们的产品市场培育提供帮助。

（7）有为的政府非常重要

对冲外部性的负面影响，治理市场失灵，政府发挥着重要作用。其中涉及的制度建设、政策制定、知识产权保护、立法等环境事项，涉及的人才培养、科技与教育发展、金融支持等基础保障条件，离开了政府，私人部门难以做到或者是难以做好。所以，在科学、技术注入经济体系方面，在促进科技创新创业，发展科技企业、科技产业方面，政府的作用极端重要，必不可少。有为的政府在环境与创新创业生态营造方面发力，科技企业、科技产业就可以在有效的市场机制中实现快速成长。

第四章

产业创新发展

◀◀ 引 语 ▶▶

产业革命以来，产业是如何形成的？产业发展有什么规律？科技创新与产业形成、发展、衰落之间有什么样的逻辑关系？科技创新如何支撑产业的诞生、成长与成熟？市场需求、人们对经济利益的追求是产业形成的基本原因。科技创新发挥着核心要素作用。科技创新与经济发展的过程，将伴随已有产业的升级，以及新产业的不断形成；产业种类会不断增多，产业分工会不断细化。产业可以持久存在，也可能走向衰落，持久存在的关键是其技术与产品必须升级迭代。

对产业发展至关重要的是产业科技创新。产业科技创新并非一般意义上的科技创新，它一旦停止，产业衰落是必然的，甚至会被完全淘汰。开放经济体推动产业发展，使其处于国际产业发展的前沿，将是其获得竞争优势的关键。

产业是现代经济体系的主体，在现代经济体系之中，单个企业的生存与发展是十分困难的。产业中的龙头企业在产业的形成、发展、升级以及产业科技创新中，发挥着主导作用。

现代产业业态表现在产业链、供应链上。如果没有先进的科学技术，没有弹性足够和完整的供应链，那么建立有竞争力的、安全的产业链，是比较困难的。但是，仅用产业链理论难以解释当前的国际形势。例如，美国苹果公司构建的产业链有强劲的竞争力，但是它自身并不掌握若干相关的高端技术、高端材料、高端零部件；再比如阿里巴巴这样的互联网电子商务企业，可以依靠模式创新迅速扩张，它们其实并不掌握互联网关键核心技术，对互联网设施的建设可能也没有什么直接贡献。经过深入分析会发现，企业要维护产业链的安全并不一定要掌握所有的关键技术、关键材料与零部件，这样做比较困难，也不一定经济。它们的竞争力很大程度上来自其产品（服务）的设计制造能力、市场开发与运营能力，及其业态所依赖的产业体系。在现代经济中，产业链、供应链非常重要，产业体系尤其重要。

从实践的角度看，各经济体都有产业政策。产业政策一般是核心政策。不同经济体产业政策的主要区别在于重点产业的选择不同，政策工具与执行方式不同。但是，各经济体普遍没有像产业政策一样重要的产业创新政策。要不要制定相对独立、地位至少与产业政策一样的产业创新政策？

自冷战结束后，科技产业崛起，对产业创新政策的研究和实施不断加强，有进展也有挑战。经历了 2007—2009 年的国际金融危机、新冠疫情在全球大流行，以及俄乌战争等，产业链、供应链与国家安全的议题成为全球关注讨论的新前沿课题，有必要对这些课题涉及的政策领域进行深入研究。

第一节　相关基本概念解说

为了便于读者了解本章内容，这里先对本章引用的若干基本概念进行说明。

1. 产业

产业是对围绕着某个主导产品，或者围绕着某类主导产品所开展的经济活动的总称。它具体表现为众多的企业以紧密的业务关联、围绕主导产品开展的生产经营活动。产业是一种经济协作组织，一般不具有法人资质，其基本组成单元是具有法人资质的企业。

现代产业的划分

二战后，西方国家普遍采纳按三次产业划分的经济学理论。按照这个理论，根据劳动对象的加工顺序，将国民经济部门划分为三次产业。

第一产业是指农、林、牧、渔业（不含农、林、牧、渔专业及辅助性活动）。

第二产业是指采矿业（不含开采专业及辅助性活动），制造业（不含金属制品、机械和设备修理业），电力、热力、燃气及水生产和供应业，建筑业。

第三产业即服务业，是指除第一产业、第二产业以外的其他行业。第三产业包括：批发和零售业，交通运输、仓储和邮政业，住宿和餐饮业，信息传输、软件和信息技术服务业，金融业，房地产业，租赁和商务服务业，科学研究和技术服务业，水利、环境和公共设施管理业，居民服务、修理和其他服务业，教育，卫生和社会工作，文化、体育和娱乐业，公共管理、社会保障和社会组织，国际组织，以及农、林、牧、渔业中的农、林、牧、渔专业及辅助性活动，采矿业中的开采专业及辅助性活动，制造业中的金属制品、机械和设备修理业。

各国对三次产业的具体划分不一致。中国也采用了三次产业划分的理论方法，根据《国民经济行业分类》标准，从2003年开始，对原三次产业的划分范围进行调整，将其应用于国民经济核算、统计调查，服务于国家宏观经济管理。

在本书中，广泛使用了"科技产业"这个概念，主要是因为科技产业对于经济发展日益重要。科技产业是国民经济产业中的一类产业：它是基于科学研究，进行技术开发、生产科技产品的产业。当然，科技产业须按一定的标准划分和统计。在不同的国家，可能划分的标准不一样。现在，科技产业是一个被广泛接受的概念。一大批位于科技产业前沿的巨型科技公司正在引领科技产业的发展。

中国的国民经济和社会发展统计公报里提到了制造业的一个分行业——高技术制造业。近几年来，高技术制造业增加值占规模以上工业增加值的比重约为 15%。也就是说，在庞大的制造业体系之中，有一类研发投入比较高、研发活动比较密集、科技产品富集的产业。之所以对高技术制造业单独统计核算，主要是因为高技术制造业是制造业的前沿科技产业，对发展先进制造业非常重要。

为什么我们把一些企业称作科技企业？像华为、海康威视，大家都认为它们是科技企业，它们的研发投入强度非常高，例如 2021 年华为的研发投入强度超过了 20%，其他国家的一些科技企业的研发投入强度也非常高，往往在 10% 以上。当然，不是所有企业的研发投入强度都需要这么高。许多传统企业拥有成熟的生产技术，在正常运营的情况下，没有必要保持像科技企业那样高的研发投入强度。但是，对于科技企业，如果没有较高的研发投入强度，它就很难实现持久的发展，尤其是科技领军企业，没有一定的研发投入强度，它就很难保持其国际竞争力。目前，在中国的高新技术企业认定标准中，研发投入强度是重要的指标之一。如果企业最近一年销售收入少于等于 5000 万元，研发投入强度应不低于 5%；销售收入在 5000 万元以上至 2 亿元（含），研发投入强度应不低于 4%；销售收入超过 2 亿元，研发投入强度应不低于 3%。

科技企业、科技产业的发展，已经成为经济发展的重中之重，原因如下：第一，它引领产业及经济发展，并为产业及经济赋能；第二，它成为竞争力的标志，极大地影响着产业及经济的国际竞争力；第三，它与军事及国家安全密切相关。为什么我们的一些科技企业、科技产业是美国打击的对象？因为它们极其重要。

在服务业中有一类高端服务业，即研发投入高、研发活动密集的服务业态，甚至有的高端服务业就是从事商业化研发服务的。北京是国家服务业扩大开放综合示范区，正在大力发展高端服务业。从科技产业的角度分析，我们所说的许多互联网平台企业不是真正的科技企业。它们更多体现的是基于互联网的商务服务，其研发投入强度远远够不上科技企业要求的水平。如果这样一些企业在科创板上市，对科创板的信誉会带来负面影响。

强调科技企业、科技产业的概念有助于我们深入认识，在任何经济体的产业体系之中，都有一类研发投入比较高、研发活动比较密集、生产科技产品或服务的企业和产业。这对我们制定专业化的产业创新发展政策非常重要。

2. 产业链

产业链是对以产品为核心的研发设计、原材料与零部件的生产与获取、终端产品的制造、仓储物流、产品营销、售后服务等若干环节经济活动的统称。可以从以下 3 个要点出发，理解产业链的概念。第一，产业链是对某种或某类主导产品所关联的一系列生产经营活动的统称，表现为生产制造的专业化分工协作。第二，产业链一般是由有独立法人资格的大中小企业组成的经济协作组织，大企业发挥主导协调的龙头作用，与相关企业分工协作完成产品生产和销售，并开展售后服务。第三，产业链是一个分类概念，可以以终端消费、使用的产品来划分确定产业链，也可以以中间产品来划分确定产业链。需要说明的是，这种划分是市场意义上的，体现的是一种企业间的经济协作关系，而不是行政划分。

现代经济的主流产业业态均表现为产业链模式。尤其人类社会进入互联网时代以后，产业链得到深入发展，呈现出新的特点。在后文中，我们将进一步分析。

3．供应链

经济学上的供应链是指围绕核心企业，从配套零件开始，制成中间产品及成品，最后由销售网络把成品送到消费者手中，将供应商、制造商、分销商直到最终用户连成一个整体的功能网链结构。供应链管理的经营理念是从消费者的角度，通过企业间的协作，谋求供应链整体最佳化。成功的供应链管理能够协调并整合供应链中所有的活动，最终成为无缝连接的一体化过程。一种易于理解的供应链的定义是：供应链是执行采购原材料，将它们转换为中间产品及成品，并且将成品销售给消费者功能的网链。所以供应链包括计划、获得、存储、分销、服务等一系列经济活动功能，在消费者和供应商之间形成有效衔接，从而使企业能满足内外部消费者的需求。在这里提出供应链的概念，主要原因是：第一，自 2019 年底新冠疫情暴发以来，与产业链一样，供应链已经成为一个重要的国际热点议题，有必要从经济全球化的角度研究分析其发展趋势，以及其对经济发展、国际贸易与投资的影响；第二，供应链与科学、技术深度融合，供应链的作用已经不再体现为传统意义上的原料、零部件、设备的市场供应，其包含的关键技术、核心技术、关键材料、复杂技术设备等，对产业安全、产业竞争力，甚至国防安全，都有关键性影响。

4．价值链

价值链是观察分析企业或产业价值创造的有效工具，它表明企业从事的产品设计、生产、销售、交货和售后服务等各项经营活动，实际上形成了一个价值创造的链条。每一项经营活动都是这一价值链上的一个环节。企业要生存和发展，必须为企业的股东和其他利益集团（包括员工、消费者、供货商）以及所在地区和相关行业等创造价值。正常创造价值的过程是一个增值过程，只有生产经营的各个环节是增值的，价值链才可能长期存在。

价值链的增值活动可以分为基本增值活动和辅助性增值活动两大部分。基本增值活动，即一般意义上的"生产经营环节"，如材料供应、成品开发、生产运行、成品储运、市场营销和售后服务。辅助性增值活动包括组织建设、人事管理、技术开发和采购管理。

产业是由企业组成的，价值链既可以用于企业生产经营分析，又可以用于产业生产经营分析，当然也可以用于开放经济的贸易与投资价值分析。进行价值链分析的一个好处是可以了解不同经营环节的价值变动情况，价值在不同经营环节上的分布有高有低。

5. 产业集群

产业集群理论的创立者——美国哈佛商学院麦克尔·波特对产业集群的定义是：在一个特定区域的一个特别领域，集聚着一组相互关联的公司、供应商、产业，通过这种区域集聚形成有效的市场竞争，构建专业化生产要素优化集聚洼地，使企业共享区域公共设施、市场环境和外部经济，降低信息交流和物流成本，形成区域集聚效应、规模效应、外部效应和区域竞争力。

波特的理论得到了实践证明。例如，中国高新区存在明显的高新技术产业集群现象。产业集群发展的好处是多方面的，如有利于改善创新条件与环境，提高效率，加速企业成长；可以共享基础设施、专业化信息；可以塑造集体声誉，提高品牌效应；也有利于政府提供专业化支持与服务。

集群形成的内部竞争有利于提高企业竞争力。

6. 产业科技创新

这里提出的产业科技创新的定义是：由产业发展需求引发的科学研究、产品设计与技术开发、生产制造及销售服务协同发展的现象。按照这个定义，产业为了满足市场需求或巩固提高市场竞争优势，有明确经济目标，开展产品设计与技术开发、基础研究与应用基础研究、先进加工制造活动、改善营销与售后服务活动。

7. 硬科技

2010 年，知名学者、中国科学院西安光学精密机械研究所米磊博士提出了"硬科技"的概念。米磊博士在分析自产业革命以来科学技术对世界产业、经济、社会发展进程产生的重大变革性影响的基础上，提出了"硬科技"这一概念，即能够推动人类社会进步、改变世界进程、引领人类社会生活发生根本性变革的科技。这类科技的特点是：需要长期研发投入，在基础研究与原创研究领域持续积累，对先进制造业发展具有较强引领和基础支撑作用的关键核心技术；知识与技术密集，在多学科人才、设施装备、资金投入等方面进入门槛高；产业基础要求高、复制困难。

科技部火炬高技术产业开发中心对硬科技进行了专题深入研究，对硬科技的概念做出了进一步的概括：硬科技主要是指事关国家战略安全和综合国力的重点产业链上的关键共性技术。这类技术属于科技创新的尖端，一般可以多领域、多行业应用；不仅进入门槛高、难以复制，还具有显著的"卡脖子"属性，对先进制造业至关重要；一旦自主掌握，可以形成明显的垄断性技术优势与产业竞争优势。

第二节　产业的经济学意义

产业是任何经济体系的基本单元，发展经济的基础在于发展产业。也有人说企业是市场的主体，企业是产业组织的基本单元，因此，企业也是经济体系的基本单元。但是就现代经济体系的运行而言，由于分工的原因，由若干企业协作组成的产业，才能生产出最终使用或消费的产品。所以，把产业作为经济体系的基本单元，对认识和分析经济问题更为适用。一个经济体的规模与效率是由其产业决定的，即经济产出、就业状况、生活水平与生活质量，取决于产业发展。研究产业有必要研究产业的业态。任何产业均表现出一定的空间组织形态。在实行经济开放的国家中，产业的空间组织表现出跨国布局。自20世纪90年代初全球进入互联网时代以来，产业一直处于深刻的结构调整之中。世界经济发展已经达到这样的程度：现代主流产业的业态均呈现产业链、供应链的形态。众多的产业链构成了现代产业体系。在开放的国际经济体系之中，产业分工更加细化，协作更加紧密，国际贸易更加多样化。在现代产业体系之中，任何企业几乎都难以独立生存，基本依托是产业链和供应链。企业永远都处在一个上下游的产业关联之中，处在同一张网络之中。这是各主要经济体均十分重视产业链、供应链的原因。所以，研究产业创新发展，实际就是研究产业链的创新发展。

在经济发展的不同阶段，其产业体系是不同的。农业社会对应的是农林牧渔产业体系，工业社会对应的是工商业主导的产业体系，信息化社会对应的是信息产业主导的产业体系。实现经济现代化就要构建现代产业体系，这是关键。如何构建现代产业体系？比较有效的方式有这几种：第一，实现产业创新发展，不断提高产业效率，保持竞争优势；第二，采取混合经济体制，关键是让市场机制发挥决定性作用，并在市场失灵的环节，发挥好政府的公共服务作用；第三，实行经济开放。

在某个经济体中，财富是怎样创造出来的？经典的说法是财富是由劳动创造的，这么说也没有错。但是，在现代经济体系中，主流的观点是，个体劳动难以独立创造出有意义的财富。劳动创造财富的实现方式是通过在企业就业，参与商业化产品生产或提供服务。因此，确切地说，企业、产业是财富创造的基本单元。通常，人们只有在企业就业，通过协作、依托产业才能实现财富创造。所以，财富来自企业、产业，是企业、产业直接创造了财富，增加了社会经济产出。企业、产业通过创造就业机会，增加劳动收入，不断提高人们的生活质量和生活水平。所以，从实现宏观经济发展目标看，从增加财富、促进就业、提高生活水平的角度看，研究产业、产业链的发展是非常重要的。产业创新发展也是应对商业周期的重要举措。

从经济学的角度看，产业如何发展，产业如何运营，如何促进产业有效率、持久发展，这本身就是经济学研究的重要命题。观察创新型国家的经济发展，可以得出结论，创新发展是实现产业有效率、持久发展的基本途径。所以，突出产业创新发展，既是我们观察和分析现行经济体系运行质量的需要，也是观察分析社会财富的产出效率、分配和使用的需要，是经济学研究的需要。

从中国发展的实际看，自 2017 年起，中国进入了产业发展转型期，基本方向是提高产业创新能力，特别是力图掌握关键核心技术，增强产业链、供应链弹性和完整性，提高产业效率，增加产业附加值，建成现代产业体系。这是实现高质量发展目标的关键。产业创新发展属于经济转型升级发展的一个前沿命题，既包括产业转型升级，也包括依靠科技创新培育和发展新产业。在经济学研究中，关于产业发展的研究是比较多的，但是关于产业创新发展的研究却很少。中国实行社会主义市场经济体制，自 1978 年改革开放以来，经济发展取得巨大成就，其重要标志就是，中国成为世界产业大国、制造业大国，也是全球产业链、供应链的富集高地。长期以来，世界主要产业的发展是在资本主义国家的市场经济体制下实现的，社会主义市场经济体制下的产业发展研究是比较欠缺的。所以，对中国产业创新发展进行研究有极其重要的经济学意义。

第三节　科技创新与产业形成、发展、衰落的关系

1. 现代产业的形成、发展与衰落

这里所说的现代产业是指产业革命以来的产业。

（1）产业革命以来，产业形成、发展的新逻辑

从 1543 年《天体运行论》正式发表到产业革命爆发，人类经历了 200 多年的现代科学发展历程。其间，全世界最为重要的科学成果是牛顿物理学理论，其代表作是《自然哲学的数学原理》。18 世纪 60 年代，珍妮纺纱机被发明并实现产业化应用，开启了用机械化方法、工厂化方法进行工业化生产大规模纺织品的先河。人们把这一事件作为产业革命兴起的标志。从这个时候开始，人类产业的形成和发展方式发生了根本性的变化。

观察这 250 多年的产业发展，可以归纳出以下几个鲜明特点。

第一，依托科学知识和技术发明，开发出地球上从来没有过的、大自然不产出的产品。不管是纺纱机、蒸汽机、内燃机、电动机，或者是电报电话，以及我们现在使用的手机，这些产品都是基于科学和技术新开发的东西。新的科学知识和新技术发明，造就了新产品、新产业。

第二，依托新技术、新产品，组建现代企业。企业对于经济发展、产业发展非常重要。产业革命的一个重大成果是促进了企业这种经济组织的大发展。研究经济就必须深入认识企业。为什么在经济体系中，人们采纳

企业作为市场主体的方式？为什么不用大学来生产产品、设备？这就涉及经济学原理的问题，因为只有企业能够大规模筹措资金等生产要素，只有企业能够最有效率地组织专业化生产，只有企业能够用更高效率、专业化生产的产品来参与市场竞争，实现盈利和新的发展。这里以"星链"事件为例，卫星是科技密集型产品，在很多国家往往都是由国家的科研机构设计并制造，但是 SpaceX 公司颠覆了传统的卫星研制与生产、发射与利用模式，可以低成本批量化生产、发射卫星，可以将其大规模商业化应用。这使得大批量生产、发射卫星这样的高科技产品成为可能，从而大幅提高了效率。

第三，由企业进行产品的专业化生产，可以实现规模经济。企业的基本目标是获得利润，追求利润的动机自然会驱动企业扩大投资、扩大生产规模，直至获得规模经济。如果经济体系中的企业都能获得规模经济，那么整个经济体系的运行就是有效率的。针对企业制定的微观政策，目的就是激活企业的活力。所以，保企业，就是保护经济体系中可以最有效率创造财富的市场主体。因此，如果大力干预企业经营，强制性收费，就会严重扭曲市场，破坏经济环境，严重影响企业发展。

依托新技术兴办的企业，要实现由小到大的发展，必须解决的一个基本问题是开发适用的、可靠的规模化生产技术。这是获得规模经济的前提。从这个意义上说，依托新技术兴办的企业，其成长壮大的过程实际上是一个科技创新创业的过程。企业发展壮大的过程也是一个扩大融资、增加投资的过程，会带动相关产业的发展。

第四，通过营销和售后服务，形成市场。生产出的产品，只有被市场接受，并完成销售，才能实现产品的商业化价值。做好售后服务才能稳定产品市场，稳定客户。与历史比较悠久的传统产业相比，现代产业在起步发展的时候，推出的产品往往是过去市场上没有的，所以企业要做的不是简单的销售，而是新技术、新产品的推介，让用户接受新的产品，以培育形成新的市场。企业发展始终与市场发展同步。

归纳上述特点，基于科学知识、技术发明，开发新产品、组建专门的经济组织——企业，进行专业化、规模化的生产营销并开展售后服务，便形成了市场。这就是产业发展的逻辑。观察产业革命以来企业的形成和发展，遵循的都是这个逻辑，企业多起来了，就形成了产业。这个过程实际上是一个科技创新创业的过程。

从科技创新的维度分析，产业革命以来兴起的现代产业中最重要的就是科技产业，正是科技产业引领了全球产业的发展，改变了全球的生产方式和人们的生活。

（2）产业的稳定发展

经过科技创新创业，如果企业生产的产品能够逐步为市场接受，企业就会不断成长。新技术、新产品的优势是，在早期可以获得超额利润。因此，在新企业、新产业成长的过程中，必然引来更多投资、更多资源进入新产业。一方面会加快新产业的成长、扩大生产规模，产业技术也会不断成熟；当一个企业或者一个产业所使用的技术成熟了、稳定了，技术实现了系统化和工程化配套，能够支撑大规模生产，产品形成了稳定的市场，社会接受了这个产品，那么产业就达到了稳定发展的阶段。另一方面，随着生产企业的增多，相应的产品市场会逐步饱和，再进一步发展，新产业间的竞争会加剧。在产业竞争中，产业的集中度会进一步提高，会形成少数大企业与众多中小企业协同并存的格局，产业链、供应链也会形成稳定的格局。

从蒸汽时代的产业，到电气时代的产业，再到信息时代的产业，都呈现这样的产业发展过程。

产业成熟的时候，能高效、稳定地为社会创造财富，增加产出，为社会提供比较稳定的就业机会，并为人们生活水平的提高做出贡献。

（3）产业有兴衰

历史证明，只有永恒的需求，没有永恒的产业，各产业均表现出兴衰现象。例如蒸汽时代、电气时代的若干产业已退出了经济体系。可能有人会说农业是永恒的产业，但这是不准确的。产业革命以来，农业产业的变化是巨大的，农业生产方式发生了本质变化，生产的产品，无论是品种还是数量、质量，都与以前大不相同。最早的农业是采集业，后来的农业是人工种植，现在走向机械化，未来可能会在很多生产环节实现无人化作业。另外，食品方面也发生了巨大变化。因此，农业也在不断变化，没有市场竞争力的行业终将被淘汰。

为什么产业会有兴衰呢？总结起来有以下几个方面的原因。

第一，市场规律的作用，即竞争中的组合与淘汰。任何产业都会经历由小到大的发展过程。产业刚诞生的时候，一切都是新的，市场关注不多，通过不断完善生产技术，促进技术成熟、稳定，业务会快速成长，产业规模会快速扩大；而且越早进入市场的企业，其获得的利润也是比较高的。高盈利会产生极大的吸引力，会有更多的投资者、经营者进入这个领域。随着企业的增多，竞争加剧，利润变薄。激烈竞争的结果往往是产业内部的并购重组。在并购重组的过程中，一些企业和细分的产业会消失，产业的集中度会进一步提高。产业自身的竞争、淘汰和组合是产业调整的一个很重要的内在机理。产业发展久了，就会形成大企业（集团），其与众多中小企业协同发展，这是产业自身调整的自然结果。

现代经济体系普遍采取了知识产权保护制度，所以，依靠科技创新进入市场的企业，在相当一段时间内，可以享有知识产权保护带来的垄断性超额利润。这有利于筹措更多的生产要素，实现更快的发展。新产业的兴起会对落后的产业产生淘汰作用。

第二，经济体系的运行确实存在商业周期。造成商业周期的原因复杂多样，严重的通货膨胀可以造成商业周期，资本市场的严重投机也会造成商业周期。商业周期，分为短周期、中周期、长周期。商业周期总是表现为经济的扩张和收缩，从而形成与周期相随的产业，表现为产业的扩张和收缩，导致有些企业破产退出市场，也有新企业加入市场。世界上没有长期稳定不变的经济体系，波动是经济体系运行的基本特点。总的来看，在宏观经济学诞生以前，资本主义经济的波动是很大的，甚至发生了破坏巨大的大萧条，造成大量的企业、银行破产以及失业现象。宏观经济学诞生以后，各国普遍改变了宏观经济政策，注意加强对经济波动的干预，努力减少经济萎缩、萧条造成的破坏。自大萧条后，商业周期对经济、生活的破坏程度明显减小，但是商业周期并没有消除。在社会主义市场经济体制下，经济运行也存在波动。社会主义市场经济有其独特的治理方式，总的来看，它对稳定经济运行是比较有效的。

2020年以来，房地产业的变化是人们关注的热点，恒大等房地产企业遇上了销售困难、高债务、融资困难等一系列的棘手问题。房地产业是国民经济的支柱产业，对经济增长、就业有重要影响，而且地方财政对房地产业有比较大的依赖。房地产业是资金密集型产业，对金融业有很大影响。所以，房地产业的变化对经济的影响很大。房地产业的变化反映的是什么？我认为，反映的就是商业周期的变化。从21世纪初开始，房地产业与中国经济并行快速发展，形势一片繁荣。大约在2019年，房地产业发展达到了顶峰，现在进入了整体性的、收缩性的调整期。不仅是恒大，其他房地产企业也是一样，都要进行调整，有的企业会退出房地产业，出清以后，房地产业将实现新的平衡。可以预期的是，房地产业新一轮的发展周期，将是与新发展阶段相适应的发展周期。住宅质量、功能、宜居性将是重点的需求要素。

不仅是房地产业，基于互联网的平台企业，在经历了快速高成长之后，也在进行结构性调整，这反映的也是商业周期现象。这些平台企业以电子商务为主业，基于互联网实现快速发展。在任何经济体中，商务永远是产业链的一个组成部分，不算是一个独立产业。一个产业链中，如果电子商务业务过大，利润过多、过高，那么发展是不可持续的。尤其是这些平台企业在电子商务业务发展到一定规模以后，都开展了基于电子商务业务的金融操作，即靠业务融资、依托业务放贷。依托电子商务业务进行的融资和放贷，与传统银行的融资、放贷不一样，前者带有明显的隐蔽性，公开透明度不够，传统的金融监管难以覆盖，造成的风险难以有效控制。而且，基于互联网业务的金融操作，社会扩散快，一旦风险积累，演变成危机，会造成严重的社会问题，出现典型的以电子商务业务为外壳进行相对隐蔽的金融业务的异化现象。所以，平台经济的调整是必然的，反映的是商业周期变化。最终结果是，平台经济迎来收缩性的调整，实现再平衡。有些人将这一现象归咎于所有权。这个观点牵强附会，这与所有权并没有什么关系。

　　第三，颠覆性技术与产品的出现与替代。当出现颠覆性技术与产品，往往就意味着传统产业以及依托传统技术生产的传统产品必然走下坡路，甚至被淘汰。这样的例子很多，例如：固定电话基本退出了家庭，至少使用率已大大降低；传统的电视机、照相机、收音机与录音机，以及生产这些产品的产业，基本被淘汰出局了，新一代的数字产品及其产业取代了它们。我们可以深深地伱会到智能手机的发明、新一代网络的建设，以及新型信息终端的发明和应用，在给我们带来极大便利的同时，对传统产业也带来了巨大冲击和颠覆性影响。即使像农业这样的传统产业，例如种植业、畜牧业，在发达国家也被现代种植业、现代畜牧业所替代。为什么大家都这么重视颠覆性技术？原因在于颠覆性技术对产品、产业有巨大的影响。

技术的不断进步推动产业不断发展升级，效率与市场竞争机制使得产业要么在获得竞争优势中实现新的发展，要么在落后中被淘汰。

2. 产业的业态

产业的业态主要是指产业的空间组织形态。可以从三个维度认识产业的空间组织形态：产业链、供应链、产业集群。

（1）产业链

产业链主要指产业革命以来的产业业态。产业革命以来，工厂化、规模化的生产方式兴起，具体表现为普遍采用按工序分工的、流水线式的生产方式。这种流水线式的生产方式，空间上就是一种微观主体内部的产业链。劳动者在流水线上负责特定的工序，各种材料、零部件按序进入流水线，待加工制造完成后，制成成品下线。流水作业的好处是：第一，可以细化分工以提高效率，劳动者专门负责分工明确的工序，可以拥有高效率技能；第二，围绕产品制造实现连续作业，提高产品加工制造的整体效率；第三，有严格的、相互衔接的标准、规程，以及检测、监测，可以更好地保障产品质量。所以，产业链本质上是"分工－效率"经济学原理的空间组织实现方式。

随着企业发展、市场拓展，企业可以做出两种选择：一是扩大或增加企业自身的生产线，这相当于扩大企业内部的产业链；二是把一部分业务委托给其他企业，通过企业协作，实现产业链扩大到企业外。企业内产业链上的某类业务，如果委托其他企业生产，质量不降低，同时成本会降低，那么这项委托至少在经济上是合算的。企业的生产，体现的是一种生产要素的组合，不同的组合有不同的经济效果；产业链上不同环节的业务也可以调整组合，有些业务企业可以自己直接经营，有些业务可以委托其他企业经营或直接从市场采购。这样，在保障企业对产业链充分控制的情况下，通过调整业务组合，企业可以获得更多经济利益。

尽管产业链可以是企业协作的结果，但需要明确的是，产业链的运营主体是企业，龙头企业发挥着主导作用。产业链的规模可以很大，甚至可以跨国运营，但是，产业链运营是市场体系之内的活动，是企业的事务与职责，而不是政府的事务与职责。

1500 年以后，国际贸易逐步兴起，特别是跨大洋、跨区域的贸易兴起，打破了这个世界长期以来的地理隔离，人们逐步走向全球化贸易与文化交流的时代。国际贸易的发展，拓展了产业链的国际发展空间，企业更容易通过国际贸易，保障企业生产制造，甚至可以直接提出产品或原材料、零部件采购要求，作为企业生产制造的配套措施。所以，利用好比较优势原理，跨国布局产业链，企业可以获得更多的经济利益，这是产业链国际布局发展的依据。跨国企业，正是利用了国际比较优势，才可以在产业链国际布局与运营中获得更大的经济利益。从各国经济发展水平来看，国家之间的发展差距与不平衡是巨大的，也是十分普遍的，所以国际比较优势的利用潜力是巨大的，采取经济开放政策，总体上对各国是有利的。

产业链理论不仅对我们分析工业产业非常有用，对农业产业的创新发展分析也非常有用。传统的农业是生产农产品的产业，包括生产粮食、肉类、糖类、植物油料以及棉纤维等，传统的生产方式是以家庭为基本单元的作坊式生产。引入分工分业的工业化生产方式后，农业的组织方式逐步演变为分工分业的产业链方式。分工分业不仅提高了农业效率，而且通过分工分业，可以引入专业化的加工生产技术与资本设备，实现加工增值，延长农业产业链。现代农业的业态是典型的产业链业态，有人提出现代农业是一二三产业的融合，实际反映的就是农业产业链的发展变化。传统上，人们依靠扩大土地规模来扩大农业产业规模，现代农业的产业链发展方式则开辟了另一条发展途径，即通过细化分工，形成专业化细分业态，从而获得更大的加工增值。

（2）供应链

从本质上讲，产业链与供应链，是分别从生产和销售的维度观察产业业态的两个概念。在实际应用中，两者经常混用。

自 2019 年底，全球暴发新冠疫情，持续了三年多的时间。全球疫情叠加俄乌战争，对全球经济造成了巨大的冲击，其对产业链、供应链的影响，引起了全球广泛关注。主要经济体出于保护、稳定产业链、供应链的考虑，纷纷研究提出了相应的对策。美国与欧盟许多国家已经把产业链、供应链的稳定上升到影响国家安全的高度。西方国家突出强调的是供应链，这反映了西方国家是世界主要终端市场的现实。保障供应链安全，不仅在于保障其产业链运营，更重要的是保障市场供应，这是重要的宏观经济学议题。相关政策的焦点集中在保持供应链的可控、可靠和弹性上，既包括先进制造业的本土化和严格技术管控；也包括调整供应链国际布局，促进供应链分散部署；以及加强国际合作，以国家联盟或协议的方式，加强国际供应链关键环节的控制等。

国际供应链在很大程度上决定着国际贸易、国际投资，也对国际科技创新合作有重要影响。目前，国际供应链的调整依然在进行之中，其中，科技产业领域表现最为突出。这种调整对国际贸易和投资将产生广泛而深远的影响。虽然从短期看，这种调整是不经济的。但是，由于在科技产业尤其是高端科技产业中，科学技术的影响力更大，产品生产对传统的比较优势要素并不敏感，因此，这种调整的具体影响值得进一步观察。

无论产业链、供应链在国与国之间如何调整，都不能改变经济学原理，比较优势原理依然起作用，"分工 - 效率"原理依然存在。所以，开放经济依然会大行其道，调整的将是参与开放的门槛、范围、规则。产业链、供应链调整对所有参与开放的国家均是挑战，这些国家有必要做出适应性安排。就微观经济而言,现代经济体系的一个特点是,企业,尤其是大企业,离开了开放的产业链、供应链,其生存与发展是十分困难的,成为有竞争力的国际企业的可能性是比较低的。

（3）产业集群

1990 年,美国学者迈克尔·波特在《国家竞争优势》一书中首先提出产业集群的概念。狭义的产业集群是指龙头企业或大企业与关联的中小企业、相关服务机构组成的空间产业组织形态;或者在一个区域内,围绕一类主导产品的生产销售,若干企业、服务机构、教育培训及研发机构、展示交易设施等聚集形成的空间群体组织。产业集群的发展符合范围经济理论。范围经济有两种情况,一种情况是一个地区集中了某项产业所需的人力、相关服务业、原材料和半成品供给、销售等环节供应者,因此这一地区在发展这一产业的过程中拥有比其他地区更大的优势。人们所说的产业生态、营商环境,在产业集群所在的区域,更有利于企业发展。另一种情况是指,企业通过扩大经营范围,增加产品种类,生产两种或两种以上的产品而引起的单位成本的降低。范围经济也是企业采取多样化经营战略的理论依据。

观察改革开放后中国经济发展的过程,建设经济开发区、高新区、工业园区等做法,最大的好处就是通过营造良好的基础设施、提供丰富的公共服务、改善营商环境等,营造了良好的经济环境,有利于产业关联企业的集聚,形成良好的竞争与协作机制,获得抱团发展的优势。大量的产业集群在产业园区中发展壮大,证明了范围经济的效果。前文提到的中国高新区培育了众多的高新技术产业集群,也是发展实证。

3. 产业体系与产业结构

在经济学理论中,产业体系与产业结构的概念是一样的。一个经济体在发展的不同阶段,其产业体系是不同的。将国民经济所有的产业划分为三次产业，是分析产业结构常用的方法。产业结构的变化是产业创新发展的反映。产业革命以来，产业结构、产业组成发生了前所未有的变化。

第一是工业的迅速发展壮大。现代工厂制度的建立、现代企业制度的确立，使生产要素的大规模筹措和产品的规模化生产得以实现。工厂化生产也摆脱了受制于大自然的季节性生产方式，可以夜以继日实现周年生产，生产效率得以大幅度提升。高效率、高回报，是工业快速发展的基本动力。

第二是服务业的发展。工业化、规模化的集约生产，必然要求仓储物流、销售与售后服务、金融等生产性服务业配套发展。同时，集约化的工业生产有力促进了城市的发展，更多的人口居住、生活于城市，生活性服务业也得以发展。

工业与服务业发展以及城镇化，都是产业革命的直接结果。

第三是农业与农村的相对衰落。农业主要是生产食物和纤维的产业，不可或缺。在任何国家，农业都格外受重视。但是就经济产出而言，在发达国家，农业确实变得微不足道，农业及相关产业增加值占 GDP 的比重极低，农业的就业比重也十分有限。当然，农业的劳动生产率也有了极大提高。城镇化率不断提升，在发达国家，城镇化率甚至达到 80% ～ 90%，相较于城市，农业与农村的发展明显相对衰落。由于产业与人口规模的原因，就财富的创造（如 GDP 的贡献）而言，农业、农村难以和工商业、城市相比。

产业革命以来，各个经济体的产业结构均表现出了规律性变化，由早期的第一产业主导的产业体系，逐步发展到第二产业主导的产业体系，再到第三产业主导的产业体系。所谓主导，指的是一个产业的产业增加值比重与就业比重在三次产业中是最大的。

中国产业结构的变化大致呈现类似的变化趋势。1978 年，按国内生产总值计算，中国的三次产业结构为 27.7：47.7：24.6；按就业结构计算，中国的三次产业结构为 70.5∶17.3∶12.2。从就业看，这是典型的第一产业主导的产业体系，当年的城镇化率不超过 18%。但是按国内生产总值计算，第二产业比重却高达 47.7%，与就业比重非常不协调。这反映出新中国成立后采用计划经济体制，长期实行工业优先发展战略，但工业效率不高，同时第一产业发展缓慢的状况。按照产业发展规律，第一产业是包括劳动力在内的生产要素流出的部门，第二产业是生产要素流入的部门。

1992 年，在经过 14 年改革开放的基础上，中国决定建立社会主义市场经济体制，1992 年中国的三次产业结构为 21.3∶43.1∶35.6（按国内生产总值计算）。从这个结构可以看到，在引入有计划的商品经济体制之后，要素趋向自由流动，第二产业主导的产业体系逐步形成，工业在保持快速发展的同时，第一产业的比重趋向下降，第三产业比重开始上升。从就业看，三次产业结构为 58.5∶21.7∶19.8。与 1978 年相比，第一产业的就业比重已经大幅度下降。2001 年，中国加入 WTO，当年三次产业结构为 15.2∶51.2∶33.6（按国内生产总值计算）。2013 年是中国产业结构发生重大变化的一年，这一年中国结束了第二产业长期占主导地位的产业体系，第三产业的产出规模首次超过第二产业，成为国民经济第一大产业，当年三次产业结构为 10.0∶43.9∶46.1（按国内生产总值计算）。2019 年，中国人均 GDP 首次突破 1 万美元，当年三次产业结构为 7.1∶39.0∶53.9（按国内生产总值计算）；三次产业的就业比重演变为 25.1∶27.5∶47.4。

在新发展阶段，产业体系、产业结构还将发生比较大的变化，基本的趋势是：第三产业的主导地位会进一步突出，第一产业与第二产业的相对衰落是必然的趋势。当然，这里指的是产业增加值占国内生产总值的比重，是相对量；并不意味着第一产业和第二产业的竞争力下降或效率下降，也绝不意味着第一产业和第二产业变得不重要。世界第一大经济体美国 2021 年的三次产业结构为 1.1∶18.2∶80.7。参照美国，中国第一产业就业比重过高，第三产业发展潜力巨大。从建设现代产业体系的角度看，中国过高的第一产业就业比重，将是一个巨大挑战。按照一般的产业结构发展规律，第一产业自然将趋向相对衰落，但由于第一产业关系食品安全与国民营养健康，不可或缺，因此提高第一产业的生产率是关键。解决方法是将大部分农业劳动力转移到非农产业，转移的数量应当以实现农业劳动生产率至少不低于非农产业的平均劳动生产率为标准。

无论是发达国家还是发展中国家，产业结构变化的趋势还在继续，随着现代产业与经济的不断发展，全球的非农产业，特别是第三产业的规模还在扩大，成为人类社会财富增长的主要来源，城镇化水平还在提升。当然，发达国家的变化趋势相对缓和。

第四节　影响产业创新发展的关键因素

产业创新发展的本质就是通过制度与政策安排，使科学、技术、创新成为产业发展的内生要素，即建立内生产业科技创新机制。制度与政策安排的目标是对冲外部性，有效治理市场失灵。相关论述可以参照本书第三章的内容。影响产业创新发展的因素是多元的，有经济体系内部的，也有经济体系外部的。内部影响因素主要包括：市场机制、教育与人力资本、现代金融、基础设施等；外部影响因素主要包括：产业科技创新、开放经济、政府监管等。

1. 市场机制

市场机制是促进产业创新发展的基础。法治、企业与企业家精神、要素供给与自由流动是重要的市场机制要素。

法治就是确立一个市场体系，在这个体系内，价格是最重要的经济活动运行信号，而不是不必要的政府的行政命令；市场主体依法独立自主经营，对市场、消费者负责。最重要的法治内容包括：产权保护、交易合同保护与法律诉讼。有了严格的法律确定的经济体系，才有可能形成自由、公平的市场竞争与高效率的市场。

2. 教育与人力资本

产业创新发展，特别是科技产业的发展，要求有较高技能的劳动者。STEM 教育是支撑产业创新发展的基础，可以为产业科技创新提供各学科的人才保障。另外，由于科学技术的进步，新技术、新设备不断在产业生产中得到应用，所以，发展在职技能培训对产业创新发展是必要的。政府支持产业创新发展的一个有效方式就是帮助企业开展技能培训。

培育与发展产业链，发展产业集群，由龙头企业组织技能培训，所有的关联企业都可以从不断增加的人力资本中获益。

3. 现代金融

促进产业创新发展需要专业的金融工具。产业创新发展活动，一般风险较高、不确定性强，普通的投融资工具并不能满足需要。尽管实力较强的企业可以有能力开展研发、创新活动，但是支持、激励产业创新发展的制度与政策安排，发展风险偏好比较高且符合创新发展规律的风险投资、科技基础设施投资、低息长期优惠贷款等现代金融业务，对支持产业创新发展是有利的。

4. 基础设施

基础设施与产业体系是相互协同的关系，蒸汽时代，铁路设施是基础设施的时代标志；电气时代，高速公路、化石能源设施、航运设施等是基础设施的时代标志；信息时代，网络、数据、计算设施是基础设施的时代标志。

所以，政府发挥促进经济发展的一个重要职责，就是应产业创新发展的需要，建设基础设施，并促进基础设施换代升级。基础设施的最大益处是可以发挥服务市场经济的公共产品的作用，这对降低生产成本、提高经济效率至关重要。

工商业兴起以后，城镇化水平不断提高，良好的基础设施也有助于提高生活水平。

可以预期的是，由于 AI、数字化、清洁能源、电动汽车等一系列新兴科技产业的兴起，全球进入了产业结构、产业体系转型升级的新周期，全球范围内的现代基础设施建设将得到快速发展。这也是新一轮科技革命和产业创新发展带来的又一个投资热点和经济增长点。中国与美国在以数字化、绿色化为标志的现代基础设施建设上走在世界前列。

5. 产业科技创新

产业科技创新是一类独特的创新，发展模式属于巴斯德模式，与钱学森的技术科学思想一致。它的理论思想是，企业（产业）为了满足市场需求或巩固、提高市场竞争优势，确立明确的经济发展或产品开发目标，并围绕这个目标开展产品设计研究与技术开发；其间，如果应用开发涉及基础研究问题，应当组织开展基础研究。整体上，产业科技创新涉及的应用开发与基础研究，均是围绕产品开发进行的，目的是获得经济利益。

所以，产业科技创新模式不是传统的"基础研究—应用开发—成果转化与产业化"的模式。在分工上，也不是传统的"大学主要从事基础研究，科研机构主要负责应用基础研究和共性技术开发，企业主要负责技术创新"的模式。产业科技创新模式对政府科技政策提出了挑战，即科学研究不再单纯是大学的职责，企业既可以从事应用基础研究和技术开发，也可以从事基础研究。政府在财税政策上，应当支持企业从事基础研究，或者说支持企业主导的、关联产品应用的基础研究。

从科技产业发展的规律看，巴斯德模式至少是大型科技企业进行产业科技创新的模式。美国的科技企业尤其如此。

《基础科学与技术创新：巴斯德象限》

该书是美国普林斯顿大学司托克斯教授撰写的关于科学研究与技术创新范式的研究专著，于 1997 年出版。该书中，作者对美国二战以来关于基础研究与技术创新的关系进行了反思，提出了四象限理论模型。他依据研究出发点的不同，将科学研究分为四个象限：只受求知需求引导、不受实际应用引导的科学研究属于"波尔象限"；只由实用目的引发且不寻求对某一科学现象的全面认识的科学研究属于"爱迪生象限"；既有扩展知识边界的需求又受到实用目的影响的科学研究属于"巴斯德象限"；注重技能训练和整理经验的科学研究属于"皮特森象限"。

6. 开放经济

开放经济对产业创新发展尤为重要，因为产业创新发展更加依赖科学技术、新材料、关键元器件、软件以及科技设备。只有在开放经济中，才有可能在全球广采各国科学技术的优势，在国际竞争中获得更强的竞争力。供应链之所以重要，主要体现在通过供应链能够获得关键科学技术、零部件、新材料以及高端加工制造装备。

7. 政府监管

与产业创新发展相协同的是政府适度监管。创新产品的出现，很可能与现行的技术标准、管理规定不一致；另外，在创新产品发展的早期，市场接受程度比较低。如果采取严格监管的方式，或者因为缺乏与新产品配套的监管标准或政策而限制新产品的发展，是不利于产业创新发展的。比较积极稳妥的办法是采取审慎的包容性监管方式，如监管沙盒（Regulatory Sandbox）制度，这样可以降低创新创业的成本和不确定性。

监管沙盒制度

监管沙盒制度指的是：在可控环境内实施监管，让新产品／模式在真实市场环境中迭代验证，不断完善；让用户在受保护的前提下接触新产品，享受新模式的效率而不被风险所伤（事前约定风险补偿机制）。监管沙盒制度由英国 FCA（Financial Conduct Authority，金融行为监管局）首创实践，被视作金融科技监管模式的创新。

从英国的实践看，监管沙盒制度有以下优点。

- 减少将创新理念推向市场所需的时间和潜在成本。
- 减小监管不确定性，提高创业者对风险资本的吸引力。
- 助力更多新产品走入市场，提高市场竞争力。

FCA 提前介入，在新产品和服务中采取适当的消费者保护保障措施。

第五节　互联网时代开放经济的科技产业发展

1. 互联网时代的科技产业变动

1992 年，时任美国参议员的阿尔·戈尔提出了美国信息高速公路法案，

1993 年，美国政府宣布实施一项新的高科技计划——"国家信息基础设施"。这标志着人类社会进入了互联网时代，也是人类社会进入信息时代的标志。近 30 年，全球经历了两次大的全球化浪潮，第一次是冷战结束后迎来的一次全球化，欧洲一体化取得了历史性进展，全球贸易、投资、合作迅速扩大。第二次是中国加入 WTO，从中国的人口规模、生产规模与经济体系状况来看，中国加入 WTO 所带来的又一次全球化的影响规模和范围，远远大于上一次。这两次全球化浪潮叠加互联网时代的到来，对世界经济产生了巨大影响。最重要的成果就是产业链、供应链、金融业和科技创新的国际化、全球化，形成了前所未有的世界产业链、供应链体系。科技产业在全球化过程中既发挥了重要作用，自身也成为收益最大的产业。中国成为全球最重要的产业链、供应链枢纽国家。中国的科技产业主要在这个时期发展起来。2021 年，中国生产了全球大约三分之一的商品。全球形成了美国、中国、欧洲三大经济中心，也是三大贸易中心、三大金融中心和三大科技创新中心。美国作为最大的发达经济体，以科学技术研究、科技创新创业、金融与主要终端消费市场为特色，占据世界产业价值链的制高点；中国作为最大的发展中经济体，以加工制造、产业体系健全、人口红利、大规模出口、利用外资为特色，但总体上中国的产业活动位于世界产业价值链的中低端；欧洲作为仅次于美国的发达经济体，科技创新实力很强，有重视基础研究的传统，也以世界主要终端消费市场为特色，在许多方面占据世界产业价值链的中高端。这三大中心贡献了全球大部分的经济产出、科技产出。

产业链、供应链形成的本质是"分工－效率"与比较优势原理在发挥作用。要在全球尺度上实现分工分业、利用好比较优势，自然受到地缘政治、国际贸易、交通物流、商务沟通交流、金融服务等方面的限制。互联网的兴起，图文、音频与视频信息的无障碍流动，彻底打破了传统上商务沟通交流的限制，也使远程金融服务、产业链与供应链运营监测管理变得十分便捷。所以，互联网为产业链、供应链的全球化提供了有效的设施服务保障。

信息产业是互联网时代全球发展最快的科技产业，目前已经成为全球最大的产业集群，对生产生活、城市与乡村发展、国防安全各领域广泛渗透，信息产业的蓬勃发展方兴未艾。与其他产业相比，信息产业的显著特点是知识密集型的系统模块式生产方式，即可以用系统化的方法设计出整机，零部件、元器件、相关材料等完全可以独立地进行模块化加工制造，然后组装制造出整机。而且，信息产业是知识密集型的产业，这样的产业特性使其具备了两个天然的产业优势：第一，零部件可以独立地进行全球化布局，实现第三方加工制造，从而方便大规模标准化加工制造，更好地发挥规模经济的作用；第二，设计并掌握终端产品的龙头企业，可以依靠软件和知识产权优势，比较方便地控制全球化的产业链、供应链。

2. 互联网时代科技产业发展的新特点

（1）硬科技企业占据国际竞争制高点

从互联网时代科技产业发展的过程来看，处于产业发展前沿、占据产业竞争制高点的科技巨头，一般都是掌握硬科技的科技企业，如苹果、SpaceX、华为、三星等。它们的特点是：第一，自主掌握产品的整体设计能力，能够设计出引领市场、改变生活、改变生产的科技产品，它们对未来市场的研究、创意的形成、产品的设计能力、设计知识、设计技术是独特的、独享的；第二，自主掌握产业共性技术，特别是支撑整个产业链、供应链运行的基础技术、关键技术；第三，具有市场运营能力，即卓越的全球市场开发与运营能力。所以，硬科技企业均是研发密集型企业，它们向全球提供的是始终位于前沿的科技产品。

从微观市场主体均要靠生产要素组合以获取利润的发展规律来分析，硬科技企业正是掌握了硬科技，才能形成集聚生产要素的硬核，并在全球范围内优选高端材料、元器件，形成具有高科技含量的供应链。硬科技企业正是掌握了产品整体设计能力和市场运营能力，才能占据产业价值链高端，实现技术垄断的高盈利。

从资本形成的角度分析，硬科技企业的发展带来的一大好处就是，可以大量吸引金融投资，加快新知识与原创技术的产业化，增加硬科技产业资本和社会资本的科技含量。同时，有利于创造高质量就业机会，带动社会人力资本投资与积累，促进经济发展与技术进步。

基于互联网，通过电子商务服务创新兴起的企业有很多，像阿里巴巴、京东、腾讯等，但这些主要依靠商业模式创新实现快速发展的服务型平台企业，普遍缺乏硬科技，相比硬科技企业，其科技实力、国际竞争力明显薄弱。这些企业业务的本质是产业链上的商务环节，依靠为制造商实现产品销售、提供服务而获利。无疑，它们提供的销售与售后服务也是重要的价值创造，但它们不是硬科技企业。

（2）新的创新发展模式——产业科技创新兴起

互联网时代的开放经济中，科技产业创新发展的主流模式是产业科技创新模式。在本章中，我们对这种创新模式进行了分析。也可以说，硬科技企业的主流创新模式是产业科技创新模式，龙头企业按照产品设计和市场开发的需要，开展系统设计研究、加工制造研究、关键共性技术研究，以及针对产品开发提出的基础科学问题，开展基础研究。这是企业主导、组织的，由产品市场开发引发的基础研究、应用基础研究、产业发展的一体化。

企业可以自己进行基础研究，也可以与大学联合开展基础研究，还可以通过与中小企业合作，获得技术与零部件供应。需要关注的是，硬科技企业并非单纯依靠强大的融资能力、市场运营能力，在全球范围内建立供应链、保障产品加工制造。这是一种运营形式，如果仅仅是这样，就不能被称作硬科技企业，反而更像资本主导的投资企业。硬科技企业首先是关注原创科技的研发密集型企业、掌握硬科技的企业，这才是硬科技企业的本质。需要注意，它们不是商业企业，也不是投资企业。

（3）复合竞争

与传统产业相比，科技产业的国际竞争呈现出新的特点。第一，硬科技是竞争力的核心要素。世界优秀科技企业的门槛不断提高，呈现多学科混合交叉的趋势，在信息产业领域尤为典型，涉及能源、数据、材料、芯片、光学、机械、计算等众多学科，多学科、多行业集成度大幅度提升。现在的科技企业特别是龙头科技企业，很难称为专业的企业，而均是多学科、多专业的复杂科技企业。与此相对应，企业里的人才也趋向多专业、多学科化。科学技术日益复杂的一个结果就是，成为优秀科技企业的科技门槛提高了。第二，终端产品的设计与市场运营能力是科技企业竞争力的关键。龙头科技企业只有具备优秀的独立产品设计能力和产品市场运营能力，才能占据产业价值链的高端，实现高盈利。高盈利既是克服科技创新高风险的重要条件，也是维持高研发投入强度、高研发密度的保障。所以，硬科技不过关、不能独立掌握底层技术，是难以成为龙头科技企业的。依靠国家扶持不是长久之计。第三，国际化的产业链、供应链掌控与管理能力是基础保障。国际化的产业链、供应链有利于科技企业获得最优的材料、元器件、零部件、生产设备，以实现终端产品的加工制造；也有利于科技企业有效利用国际比较优势，降低终端产品的生产成本，提高盈利能力；还有利于产品的国际化销售。这些特点说明，科技企业、科技产业之间的竞争是多因素的复合竞争。

（4）供应链至关重要且呈现第三方独立的业态

按照互联网时代信息产业的"分工－模块式"发展模式，企业可以按照标准独立地开发生产材料、元器件，最终形成拥有独特知识经验、生产技术，且其他企业难以达到的高水平专业化生产技术体系。企业可以同时生产硬件和软件产品。

3. 互联网时代影响科技产业发展的新因素

自 20 世纪 90 年代互联网兴起到国际金融危机爆发，全球化经历了十几年的黄金发展期。国际金融危机后，全球化发展进入了实质性的调整期，表现为产业链、供应链的全球化收缩，产业链、供应链安全性和弹性增加，关键材料、零部件制造本土化，以及对先进技术出口、敏感性投资与并购的管控加强。以美国为代表，为了促使企业回归本国，其大力发展先进制造业，增加就业机会，解决了严重的贸易赤字问题，并开始采取有力的宏观经济政策，调整产业链、供应链的国际布局。欧洲国家、日本等国逐步跟进。

2019 年底全球暴发新冠疫情，重创世界经济，世界产业链、供应链受到巨大影响，国际化程度较高的产业（如信息产业、汽车产业、国际货物物流业、生物医药产业等）的正常生产经营均受到了冲击。2022 年，俄乌战争爆发，进一步加重了对世界产业链、供应链的影响。各国更加重视产业链、供应链的安全可控与弹性。

观察各国关于产业链、供应链的宏观经济政策可以发现，政策的实施正在形成新的产业链、供应链发展环境。影响科技产业发展的新因素如下。

第一，地缘政治成为最重要的影响因素之一。科技产业发展，已经不再是一个单纯的经济发展议题。西方国家普遍把重要科技产业、关键科学知识与技术纳入国家安全政策之中。意识形态、价值观，成为产业链、供应链调整布局的重要条件。所以，从国际金融危机开始，美国主导的各种国际联盟机制、协议合作机制均把日益强化的意识形态看作重要影响因素。

这种政策变化，是对传统的 WTO 框架机制、双边及多边自由贸易安排的重要冲击。总的来看，这些传统的全球化制度与政策安排均被边缘化。

第二，军事与国防安全成为关键影响因素。科技产品，尤其是尖端科技产品，一般都可以军民两用，国防部门本身是硬科技的策源地，美国、中国在国防领域的科技产品开发方面均有成功的经验。由于地缘政治的集团化趋势，特别是俄乌战争中，科技产品表现出对军队战斗力的重大影响，因此各国普遍对科技产品的军事应用加强了管控。

第三，新的国际贸易、投资与经济合作秩序正在加快形成。自国际金融危机以来，国际贸易投资秩序开始调整，目前已经形成了新的全球化发展框架，世界不再是若干专家所说的"世界是平的"，而是正在形成基于政治与安全原则的重要科技产业链与供应链，呈现本土化、区域化、集团化的特点；关键核心技术、硬科技将受到严格审查与管控；低端产品的全球化基本不受影响，但需要适应新的关税等措施。新冠疫情的暴发以及俄乌战争是全球化的分水岭，预计世界经济将在新的全球化框架中运行；那些自主掌握硬科技的科技产业才有生存与发展的竞争力。

第四，美国近年发布的两个法案对全球科技产业链、供应链有重要影响。第一个法案是 2022 年 8 月美国总统拜登签署的《芯片与科学法案》。这个法案包括芯片发展与科学发展两部分。根据该法案，2022—2026 年合计提供 527 亿美元补贴，其中 390 亿美元用于资助美国晶圆厂，110 亿美元用于资助半导体的研究和开发，20 亿美元用于资助教育、国防和创新等相关领域，5 亿美元用于与国外政府共同建设国际信息、通信技术安全、半导体供应链，2 亿美元用于增加半导体行业劳动力，并对当地半导体制造提供 25% 税收减免。该法案将会促进半导体制造回流美国，长期来看可能会缩小美国设计与制造产值占比差距，晶圆代工产能区域化趋势加速。法案的科学发展部分包括未来能源科学、国家标准与技术研究、生物经济研究与发展、国家航空航天管理授权等内容。

第二个法案是 2022 年 8 月美国总统拜登签署的《通胀削减法案》。根据该法案，美国将在 10 年内筹集近 7400 亿美元。资金主要用途是：3000 亿美元用于削减财政赤字；约 3700 亿美元用于气候变化和清洁能源投资，旨在到 2030 年将碳排放量减少 40%；640 亿美元用于平价医疗法案补贴，将老年人的自付药物费用限制在每年 2000 美元。资金的最大来源是对年利润超过 10 亿美元的公司征收 15% 的最低税，并对股票回购行为征收 1% 的消费税。从资金用途上看，这一法案名为"通胀削减"，但重点是应对气候变化和新能源投资发展。例如，如果在美国购买美国本土制造的电动汽车，那么购车者可以获得 7500 美元的补贴，如果购买的是二手车，可以获得 4000 美元的减免。该补贴适用于价格不超过 5.5 万美元的轿车和不超过 8 万美元的皮卡、货车或运动型多用途车。

这两个法案将直接影响美国信息产业、芯片产业、新能源产业，相关补贴政策会有力促进相关产业在美国本土布局。由于美国是世界最重要的终端消费市场，加上美国的科技产业均是开放经营的，因此，国内政策的外溢效果会比较显著。预计在比较长的时期内，这两个法案将对世界产业链、供应链产生较大影响。美国引入了对科技产业、科技企业的大规模补贴政策，必然会引起其他国家效仿，像美国一样出台相关政策补贴本国的科技产业、科技企业。因此，世界科技产业发展的不平衡加剧是必然的，这对发展中国家尤为不利。

4．比较优势要素的新变化

比较优势的原理是不变的，但是比较优势要素会因不同的发展阶段而发生变化。传统上，在产品质量与性能相当的情况下，一个经济体产品竞争力的高低，主要取决于产品价格。当然，产品的最终价格还受到关税、汇率以及非关税进出口管理政策的影响。就低科技含量的一般产品而言，影响产品价格的要素主要包括劳动力、自然资源、物流设施（公路、铁路、航空状况）、环保等，人口红利对普通产品生产是敏感的，对发达经济体的资方而言更为有利可图。这个传统在进入互联网时代尤其是高科技产业兴起后，发生了巨大变化。科技创新逐步成为影响比较优势的决定性要素，突出表现在科技产业、科技企业以及科技产品上。影响科技企业、科技产业的国际比较优势要素包括以下几个。

（1）产业科技创新能力

主要体现在企业产品的设计能力、硬科技创新能力，以及对高端供应商的管理能力上。

（2）现代教育与人力资本发展水平

没有卓越的工程师队伍，没有与科技产业发展相适应的 STEM 教育以及对高技能劳动力的培训能力，就难以培育世界级的科技企业、科技产业。卓越工程师队伍的建设，一靠 STEM 教育，二靠科技企业中的实际工作训练与经验积累。

（3）现代基础设施

科技产业的发展需要配套的基础设施，信息时代、信息产业的发展离不开网络。可以预期的是，以当前新一代信息技术、AI 技术、数字化技术、新能源技术、新能源汽车技术、太空开发技术及新兴科技产业的发展趋势，必然引发现代基础设施的升级建设投资。现代基础设施的建设发展与新兴产业构成了现代的一种范围经济。

（4）经济开放程度

开放经济有利于产业创新发展，充分的开放才有可能在国际范围内筛选建立供应链，更好地利用现代比较优势要素。观察互联网时代以来科技产业的发展规律，科技产品的科技含量更高、技术更复杂，重要科技产品几乎离不开国际供应链。美国是世界科技产业最发达的国家，其产业链、供应链也是严重依赖国际供应链。几乎所有重要科技产品的开发生产，均是国际合作的结果。所以，在国际产业链、供应链大变动的时期，保持高度的国际开放、遵循国际规则与惯例、遵守国际标准，对一个经济体的产业创新发展以及参与国际产业链、供应链来说，至关重要。

（5）产业体系

在宏观上，产业体系主要表现为三次产业结构关系，在产业层次、产业组成上表现为由细分配套产业组成的产业体系，也表现为产业集群。对于一个地区，完善的产业体系有助于提高产业竞争力，提高产业运营效率，也有利于政府提供公共服务、健全公共设施。因此，产业体系的发育完善，是产业链完善、供应链完善的具体表现，对于形成或增强一个经济体的竞争优势、改善营商环境是有利的。

由于科学技术不断进步，人类社会又进入了一个科学、技术、创新与产业创新发展的活跃期，叠加新冠疫情及地缘政治的巨大变化，全球化正在转型发展。人类离不开全球化，因为没有一个国家能够独立应对人类面临的诸如新能源开发利用、气候变化等重大挑战，科学研究与经济发展也会因全球范围的开放合作而更有效率。不过，当前世界各国要面对的是转型发展的新型全球化。这值得经济学界认真研究，并提出新的理论与方法来应对。

第六节　产业创新发展前沿问题讨论

1. 关于产业创新政策

（1）制定产业政策是各国普遍的做法

由于产业对经济发展具有重要作用，世界主要经济体均制定了产业政策。在发达国家，一方面政府希望各国经济是开放的，因为这有利于本国产业出口、开发利用国际市场；另一方面，又会制定支持保护本国重要产业或脆弱产业的政策，以使本国产业在开放环境的竞争中生存下来，并保障和促进就业。经济学界对各国制定支持保护本国产业的政策的这一做法一直存在争论。但各国制定产业政策已是不争的事实。

从现代经济体系普遍采用混合经济体制的现实来看，政府制定的宏观经济政策的重要政策对象就是产业发展，有效的产业政策对应对商业周期、保护幼稚产业、营造良好营商环境有重要作用。如果产业政策发挥适当的作用，同时有效发挥市场机制的作用，那么对产业发展就是有利的。但是，值得关注的是，政府不能通过产业政策的执行直接干预企业经营管理，进而取代市场机制。如果是这样，那么就会导致市场扭曲与低效。

（2）产业创新政策的制定

要不要在国家层面研究制定产业创新政策，关键要考虑以下两点。

第一，这一政策是不是关乎国家经济发展的战略问题。从现代产业的发展趋势特别是互联网时代科技产业发展的规律分析，产业创新发展已经成为经济发展的重大议题，尤其是新冠疫情暴发后，相关的产业链、供应链问题甚至成为事关国家安全的重大经济议题。在激烈的国际竞争中，国家需要发挥适当的作用，以保持产业链、供应链的安全、稳定，并为产业链、供应链发展提供良好环境。

　　第二，看现行的产业政策是不是体现了产业创新发展的内涵。一般而言，产业政策是政府为了实现一定的经济和社会目标而制定的，对产业的形成和发展进行干预的各种政策的总称，包括规划引导产业发展方向、促进产业结构升级、调整协调产业结构、保护扶持重点产业、限制高耗能高排放产业、禁止违规产业发展等方面的政策措施。产业政策的功能主要是弥补市场缺陷、有效配置资源、保护重要产业、减缓商业周期冲击、保护就业、促进产业发展。理论上，产业政策包括产业技术政策。产业政策的主要工具是投资、税收与金融政策等。产业技术政策是辅助性的，更多体现的是成熟技术的应用，例如激励企业技术改造等。

　　产业创新政策的主要目标是什么？答案是产业科技创新，即通过国家层面的制度与政策安排，激励企业增加研发投入、主导开展研究与开发，特别是硬科技研发，建立基础研究、设计研究、系统技术开发与生产制造一体化的创新发展范式。政策调控的活动，突出的是高风险、不确定性强、重试验探索的创新创业活动。政策实施的预期结果是实现科学技术的产业化，即形成新产品、新产业。

　　因此，产业创新政策与传统的产业政策相比，在政策目标、政策内容、政策工具以及政策绩效评价等方面，均存在明显区别。产业创新政策的内容尤其表现为产业培育与升级、经济发展与高质量就业、教育与科技创新等方面的交叉融合。鉴于近30年来，世界产业发展逻辑以及产业发展与科技创新之间呈现出更加密切的关系，有必要在国家层面研究出台产业创新政策。制定产业创新政策的目的是实现产业发展、经济发展，其宏观目标与传统产业政策的目标是一致的。

　　从国际经济发展的经验看，一个经济体向高收入阶段迈进时，就是其产业体系调整升级的转折点，整体上，其产业体系会由产业价值链的中低端向中高端移动。在这个转折期，如果能成功建立产业科技创新范式，就有可能建立起创新型的产业体系，那么就能实现产业分工向价值链中高端的移动。产业体系的转型升级主要靠市场，但是政府政策的激励与支持是必要的。中国目前正处在这样的发展阶段。

（3）如何制定产业创新政策

制定产业创新政策，比较有效的工具是循证决策方法，即建立基于监测数据与实证的科学决策方式。这里介绍欧盟的相关产业创新政策项目，可供产业创新政策的研究者参考。

欧盟的产业创新政策项目

欧盟于 2021 年启动了产业创新政策重大项目，即先进产业技术项目。从项目的内容看，它属于产业创新政策的范畴，其主要的监测分析内容包括以下几个方面。

第一，技术监测分析。欧盟将纳入监测的技术定义为，那些将在最近或未来实质性改变商业和社会环境的技术。按照这个定义，前沿性、颠覆性技术都包含在内。项目组织者、政策制定者及产业界、学术界的代表进行技术筛选。这就意味着不仅要看技术的先进性，还要看技术对产业的影响。按照这样的标准，总共筛选出包括先进制造技术、先进材料技术等在内的 16 项先进技术。这些技术可能现在还没有应用于产业，或者仅应用于一部分产业。

第二，领域监测分析。即从产业的维度监测分析先进技术的应用状况，包括某类产业与某种先进技术的动态、发展趋势、相关企业动态、私人投资、初创企业、技能供给与需求等。纳入监测分析的总共有 27 个产业领域。

第三，进行他国监测分析，包括进行政府政策对比分析。即，以国家为单位，对比分析不同国家针对某些先进技术出台了什么样的政策、措施；不同国家针对这些技术在相关产业中的应用，出台了什么样的政策、措施，效果如何；欧盟应该出台什么样的政策；等等。

项目的实施过程，将形成长周期，涵盖不同技术、不同产业、不同国家等广泛领域的数据库。这是典型的、欧盟层面的产业创新政策的监测分析项目，基于先进技术的筛选、技术应用的监测、政策评价，形成基于数据与实证的政策建议，为制定产业创新政策提供重要参考。

产业创新政策的研究分析，是经济发展、产业体系发展领域的前沿性问题，它属于经济发展和科技创新的交叉领域，值得重视并对其加强研究。

2. 创新范式讨论

"范式"这一概念最初由美国著名科学哲学家托马斯·库恩于 1962 年在《科学革命的结构》一书中提出，指的是常规科学所赖以运作的科学理论基础和实践规范。

库恩认为，在科学发展的某一时期，总有一种主导范式，当这种主导范式不能解释的"异常"积累到一定程度时，就无法再使用旧范式去做解释，科学共同体将寻求既能解释旧范式的论据，又能说明用旧范式无法解释的论据的更具包容性的新范式，这时候就会发生科学革命。

在范式和科学共同体的基础上，库恩又提出科学知识增长模式：前学科（没有范式）—常规科学（建立范式）—科学革命（范式动摇）—新常规科学（建立新范式）。

库恩的理论常用于科学领域。在这里，我们尝试把范式概念扩展到创新领域，用"创新范式"进行讨论，其意义是：创新所赖以运作的科学理论基础和实践规范。创新的主体是企业。

（1）若干创新范式

关于布什范式。前文多次提到的报告《科学——没有止境的前沿》于1945年完成，交给了时任美国总统杜鲁门。这份报告提出了富有远见的观点：科学进步是一种必需；科学是政府理应关心的问题；研究自由必须得到保障；与疾病做斗争需要基础研究；国家安全、就业、工业发展、公共福利需要基础研究；科学人才的发现与培养需要基础研究；组建国家研究基金会等。这份报告被美国国会和政府采纳，形成了以联邦政府资助大学开展基础研究为特色的美国科学事业发展体制与机制安排，相应的应用开发，特别是属于工业领域的应用开发，则由企业自主进行。

后来，人们把这种政府资助大学开展没有应用目标的基础研究、创造知识并向社会开放共享，由工业部门应用科学知识独立自主进行有商业目标的技术开发的创新范式，称为"布什范式"。

布什范式实际指的是科学发展范式，创新并不是其重点。美国在二战以后，科学事业迅速发展，世界顶尖科学人才荟萃，远远超过欧洲国家，实证了布什范式的有效性。但是，把布什范式当成创新范式，并无充分的依据。

美国的创新范式，有两个显著的特点。

第一，有商业目标的科技创新活动一直由企业主导，美国大企业有独立开展基础研究的传统，运行机制则是市场机制。从20世纪80年代初开始，美国联邦政府推出了支持小企业创新发展的计划，但限定于支持小企业的竞争前研究，以防止造成市场扭曲。这样做的一个好处是，所有企业都不能从联邦政府申请用于竞争后科技研发的经费资助，有助于形成公平的创新竞争环境。由于科学知识是开放共享的，企业可以无偿分享大学的科学理论成果，企业也可以自主决定是否与大学合作开展科学技术研究。有商业目标的科技创新，本质上是产业科技创新范式，最重要的特征是由企业主导、遵循市场机制。

第二，与国家重大战略密切相关的科技创新活动，由联邦政府单独资助。主要是国防工业与航空航天领域，这两个领域均是典型的硬科技创新领域。例如美国国防部主导的国防领域的研究与开发活动，美国国防部高级研究计划局主导的以颠覆性技术研发为特色的军事技术与装备研究开发。航空航天领域的研究开发，也是由联邦政府资助、美国国家航空航天局负责。这两个领域，直接关系国家安全与国防建设，具有持续的高投入需求以及风险高、周期长等特点，私人部门难以承担。尽管美国的国防工业、航空航天领域不乏私营企业参与，但是在研究开发的早期阶段，均是以政府资助为主。这种以政府为主，欢迎私人部门参与的创新范式，有助于发挥政府的职责优势和私营企业的效率优势。

关于钱学森创新范式。1957 年，钱学森在《科学通报》发表了《论技术科学》一文，其中提到：要使工程技术活动打破经验的局限，建立有科学基础的工程理论，就需要进行自然科学和工程技术的综合，建立一个新的知识部门：技术科学。技术科学以自然科学为基础，但不是自然科学本身；它是工程技术的理论升华，但也不是工程技术本身。即，技术科学是介于自然科学与工程技术之间的一门独立的学科，是为工程技术服务的学科。

技术科学思想在中国的《1956—1967 年科学技术发展远景规划》中得到了充分体现，并在中国国防武器开发（如"两弹一星"工程）中得到了应用。按照钱学森的技术科学思想，中国形成了国防工业创新范式：以重大武器装备开发生产或重大国防工程建设为导向的基础研究、设计研究、生产制造一体化的创新范式，我们称其为"钱学森创新范式"。

这种创新范式本质上是由政府资助，适应国家安全与国防武器装备或工程建设的一种创新范式，满足国家战略需求是其核心目标。

关于巴斯德象限范式。我们在本章中已经介绍了巴斯德象限理论。值得注意的是，司托克斯提出的位于四个象限中的创新范式，均独立存在于现代经济体系、产业体系的运行之中；并不存在一种范式可以取代另一种范式，或者说一种范式优于另一种范式的情况。如果说一种范式优于另一种范式，更多的是指这种范式更适合某一领域或某些领域。

（2）多范式并存是有利的

从经济体系中产业体系的发展规律看，一般的可以用市场机制发展的产业领域（如一般的工业领域），比较适合产业科技创新模式，即，由企业自主按市场需求开展创新活动。例如，司托克斯四象限理论中"爱迪生象限""皮特森象限"揭示的创新范式。

难以用市场机制有效解决的，如涉及国家重大战略需求的领域，则钱学森创新范式比较适合。

硬科技创新，既属于重大产品开发引发的基础研究、技术开发和生产制造一体化创新活动，又属于有高端科技需求、拥有高水平工程型人才队伍、投入大、周期长、进入门槛高的创新领域，巴斯德象限范式比较适合。硬科技创新的重点在于发展先进制造业，其基本目标是获得竞争优势、获得商业利益。

（3）政府与市场的不同角色

实现产业创新发展，政府与市场均可以发挥重要作用，即，采取混合经济体制是有利的。政府主要通过宏观政策发挥作用，重点是发展STEM教育与培训高技能劳动力，不断积累人力资本；政府支持科技事业，基础研究是重点；对于有国家战略需求的重要创新活动和硬科技创新及其产业发展，政府也应当着力支持。政府不能取代企业、取代市场，要着力保持公平竞争的创新发展环境。对硬科技创新而言，一旦其技术比较成熟，企业有能力通过市场机制实现自我发展，政府应当适时退出。

若干发展中国家在经济发展的早期，即处于中等偏下收入发展阶段时，由于存在比较明显的后发优势，可以低成本获得科学知识与技术，出于加快经济发展的考虑，其科技政策往往是以资助支持偏短期的应用研究开发为重点，对偏长期的基础研究往往投入较少。但是，一旦经济发展接近高收入国家门槛，尤其是在开放经济的环境中，产业体系的国际竞争与转型升级的压力就会明显加大。加强偏长期的基础研究，更多发挥市场主体在科技创新中的重要作用，就会变得更加紧迫。政府的科学、技术、创新政策调整也是自然的。例如，政府主导资助大学，特别是研究型大学从事基础研究、加强知识创造，政府要逐步退出应当由市场主导的技术开发活动，支持企业科技创新，并且限定于竞争前研发。发达经济体以及中国科技企业的发展经验证明，产业科技创新是高效率的创新。政府做出保障和支持企业创新主体地位的制度与政策安排，有利于产业创新发展。

第五章

现代金融与创新发展

金融是经济的一个古老部门，自有记载的第一家商业银行于 1580 年在威尼斯诞生以来，金融业经历了 440 多年的发展。现代金融是现代经济的关键组成部分，一般认为 1694 年英格兰银行诞生是现代银行业的开端。一方面，金融本身就是一个重要的经济部门，为国民经济贡献产出与就业。在金融业发展的早期阶段，银行就是一个货币保管机构；在第一产业主导产业体系的时代，生产率是有限的，人们的储蓄也是有限的，这就制约了金融业的扩张。另一方面，金融又是一个特殊的经济部门，特别是产业革命以后，工商业迅速崛起，城镇化快速发展；生产率的提高为社会提供了更多的储蓄，现代企业制度的建立产生了更多的融资需求，现代金融得以快速扩张。在现代社会，现代金融全面渗透到生产、生活，经济与社会发展的方方面面。与金融密切关联的货币政策是重要的宏观经济政策工具，货币政策在很大程度上决定着经济产出、就业和价格。令人惊奇的是，现代金融对创新发展至关重要。尽管科技创新对经济社会发展非常重要，但是，如果没有现代金融的支持，创新创业几乎不会取得经济实效。

创新、金融与经济增长三者之间是复杂的三角关系：创新与经济增长是正相关关系，创新可以通过生产要素的新组合，重塑企业竞争优势，促进产业发展、经济增长；经济疲弱或停滞会为创新发展带来机遇；金融可以通过资金要素促进经济增长、促进创新创业发展，其功能既是微观的，也是宏观的。创新创业是一个特性鲜明的融资、投资过程，离不开金融的参与、支持，但传统的金融工具与业务并不能适应创新创业对融资的需要。创新创业是现代金融发展的重要机遇，是现代金融结构调整、工具与业务创新的重要动力。

资本与经济增长间存在规律性的关系，可以用资本的发展积累来分析解释经济增长、生产率提高、收入水平及生活水平的变化。

什么是创新资本？创新资本与创新发展、经济增长之间是什么关系？为什么创新资本是提高资本质量的重要因素，并对创新发展、经济增长有重要作用？科技产业兴起后，资本的组成发生了巨大变化，创新资本的形成和积累是重要标志。一个经济体的创新能力在很大程度上取决于其创新资本的质量与积累。

金融是经济发展到一定程度的产物，又是经济发展的重要手段。金融体系是演进的，产业、企业、贸易、投资的变化，必然引发金融体系与工具、业务的调整。风险投资业与创新资本市场的兴起是现代金融体系变化的重要里程碑事件，改变了金融体系的结构和功能。风险投资业、创新资本市场、科技企业与科技产业，形成了现代经济体系最重要的创新发展经济板块。

需要重新认识现代金融的独特性。第一，与现代金融密切相关的货币政策是宏观经济政策工具，不仅直接影响宏观经济发展，而且直接影响创新发展，表现出鲜明的公共属性。从这个意义上说，用金融业经济效益评价现代金融的发展，并不符合现代金融的属性。第二，货币、有价证券（资本）的商业化、专业化经营，表现出市场经济主体的一般属性，实现市场盈利是其商业化运营的基本目标。创新资本的商业化、专业化经营是现代金融开辟的新的发展领域。第三，财富管理，包括管理金融资产。财富管理是现代金融的重要属性。当经济发展到一定阶段，社会性的金融资产管理需求会变得更加旺盛。

因此，适应经济发展的现代金融的基本功能包括以下几个方面。第一，宏观经济政策功能，包括促进产业创新发展和经济增长。在多数情况下，货币政策对经济发展的影响远远大于财政政策。当然，这绝不是说财政政策不重要。第二，货币经营，为储蓄者谋利并降低风险，为使用贷款者提供足够的资金。第三，资本经营，包括促进创新资本形成。第四，财富管理服务与经营，发挥财富分配的功能。

传统金融，无论在组织机构还是服务业务上均不能有效促进创新发展。为了促进创新创业，促进产业创新发展，金融体系与功能、金融机构与业务、金融工具应当做出怎样的调整？什么样的现代金融体系、制度与政策，才能有效适应创新发展？需要进一步分析。

发展现代金融，特别是通过现代金融促进创新发展，市场机制是有效的。对发展承担更高风险的风险投资业，最有效的办法是建立起高风险 – 高收益的市场机制，这是对科技创业投资最有效的激励，正所谓"重赏之下必有勇夫"。

第一节　相关基本概念解说

为了便于读者了解本章内容，这里先对本章引用的若干基本概念进行说明。

1. 增长方式

本章讨论的增长方式是——创造财富和实现财富增长的方式。与通常所说的经济增长方式有所不同，这里的增长方式既包括财富的创造，即通过商业化生产创造财富；也包括通过财富经营实现财富增长。通过发展生产可以实现财富的创造和社会财富的积累，财富经营特别是金融资产经营也可以实现社会财富增长，这使现代金融拥有了财富配置的功能。有人认为通过金融资产经营获得财富，会造成经济脱实向虚，所以应当限制。不可否认的是，金融资产经营很难消除炒作投机对金融本身和经济带来的伤害，甚至造成金融危机。但是，金融资产经营对创新创业、产业发展的健康融资和投资的重要作用也不可否认。尽管存在持续的争论，但是在现代经济体系之中，金融资产经营是普遍的客观存在。发达的金融资产经营业是经济体系现代化的重要标志。

2. 财富

亚当·斯密曾经对财富做出了经济学定义，财富就是我们所需要的必需品、便利品和奢侈品，这三类物品的总和就构成了财富。亚当·斯密侧重从消费端来定义财富。不同时代，必需品、便利品、奢侈品的具体组成是不同的。当今时代与亚当·斯密的时代相比，发生了巨大的变化。必需品、便利品和奢侈品的种类、数量、质量，也发生了巨大变化。例如计算机、冰箱、手机等耐用品，成为现代家庭必不可少的物品；在人均 GDP 为 3000 ～ 5000 美元的国家，汽车开始大规模进入家庭；互联网时代，信息网络已普遍进入家庭。再如不动产，发达国家的家庭房产是财富的重要组成部分；在中国，房产也是中国家庭财富的重要组成部分。另外，贵金属、珠宝、艺术品等奢侈品，也慢慢进入普通家庭，甚至日用品中也有了奢侈品这个品类。因此，评价人们是否过上高水平的生活，不仅要看其劳动收入，也与其积累的财富密切相关。

值得重视的是现代社会财富中的金融资产。尤其在金融业非常发达的国家，与金融业密切相关的金融资产，包括各种债券、基金、保险、股权、股票以及其他有价证券等，大量地进入普通家庭，成为他们生活的一部分。有相当比例的普通社会成员不同程度地参与了金融业。家庭或社会成员拥有房产、金融资产的现象，极大改变了社会财富的构成，极大影响了家庭或社会成员的经济收入。人们可以通过房产出租、资产价格变动、利息、持有有价证券获得投资收益，而不是只通过一般的劳动收入获得更多的财富收益。一般而言，富裕国家与贫穷国家相比，人们获得收入和财富的方式、渠道是十分不同的。金融资产交易是现代金融业的一类重要业态，在资本形成、促进经济增长方面发挥着重要作用，笼统地将金融资产经营归为虚拟经济，并予以禁止或限制是不可取的。采取公开透明的有效监管机制，是保持良好金融秩序的有效方式。

总的来看，我们对发展金融业与金融市场对社会成员、家庭财富的影响，以及金融业和金融市场的发展与宏观经济增长的关系的研究是不够的。在新发展阶段，我国金融业与金融市场实现快速发展。发达的金融业和金融市场是发达经济体的重要体现，实际上，没有发达的金融业与金融市场，一个经济体很难被称为发达经济体。

有一类财富，在现代社会经济中的地位非常独特且重要，是现代经济体系中财富的一个重要方面，那就是科技财富。对科技财富的具体定义，不同的人也许会有不同的看法。从实证角度考察，像创新资本、知识产权、专有的技能与经验，甚至所说的人力资本，都属于科技财富。

自 20 世纪 80 年代开始，特别是进入互联网时代，科技企业、科技产业兴起以后，科技财富的影响力不断增强，科技财富在经济和社会生活中发挥着越来越重要的作用，广受关注。在学习和讨论现代经济，特别是讨论财富这个概念的时候，既要认识传统财富，也要深入认识现代财富。现代财富的特点是：种类繁多、丰富多样、规模巨大，而且变得越来越重要。从发展趋势分析，随着科技革命与产业变革的不断发展，随着数字化、数字经济的发展，科技财富将会变得越来越重要。

3. 资本与创新资本

今天，资本依然是一个广受关注、被广泛讨论的重要议题。对资本的争论，大概从《国富论》面世后就开始了，一直持续到现在。预计随着智能技术的发展，对资本的讨论、争论会更加深入，也会更加激烈。因为资本利弊并存，资本确实很重要，也没有办法舍弃。

在这里，我们引用经典经济学的概念来认识资本的定义。第一，资本是生产出来的物品。土地等天然产物，由于不是生产出来的，就不属于资本。第二，资本是用来生产、创造财富的，即一种生产投入。所以，资本既是一种产出，又是一种投入。一种投入品要成为资本，它必须同时具备这两个基本条件。

经济投入有两种：生产性的和消费性的。纯粹的消费性投入就不属于资本，在金融领域也是如此。同样的一笔资金，如果是用来消费的，就是消费支出，这笔资金就不属于资本。如果这笔资金是用来经营以获得利润，这笔资金就是金融资本。前面提到的土地，因为它不是生产出来的，就不属于资本。但如果对土地进行开垦、整理，包括建设必要的基础设施，然后用来生产经营，那么就会形成"土地资本"。天然的土地本身，尽管不是资本，但仍是一种十分重要的生产要素。

前面也提到了创新资本，与资本这个概念相比，创新资本是一个比较新的概念。目前，对创新资本的认识有所不同。本书采用的创新资本的定义为：众多资本类型中的一种资本，包括企业研发投入、技术创新投入、人力资本、知识产权、软件、数据、商标、版权、技术技巧、商业技术秘密状况，以及支撑这些科技创新活动的基础设施、仪器设备等。本质上，创新资本是以实现经济目标为目的的。按照这样的认识来理解创新资本，那么，创新资本当然包括以获利为目的的无形的、知识类的资产，也包括支撑技术创新的有形资产。

创新资本是资本，它具有资本的一般属性，即，它是生产出来的，是用于生产的产出；它有其特殊性，应用于生产，其直接的产出可能是科技产品，也可能是用于生产的技术、知识、方法。当然这些知识、技术、方法甚至包括产品设计，并不是创新资本的最终产出，但最终可以直接用于生产，创造商业价值。这些特点证明创新资本与一般的资本相比，在发挥生产作用时，有明显的迂回性。

如果从经济学意义上认识创新资本，那么创新资本就是创新型经济活动必不可少的元素。从市场经济的角度分析，科技企业是创新资本的主要拥有者。从狭义上讲，企业拥有的创新资本总量就是一个经济体的社会创新资本；从广义上讲，科技、教育、非营利机构中用于创新的资产，以及用于支撑科技创新的公共资产，也属于创新资本。

所以，企业拥有的工业实验室、检测设施、科研仪器设备等固定资产，属于有形创新资本；其拥有的知识、技能、人才、知识产权、研发投入等无形资产，也属于创新资本。

4. 科技创新

本章提到的科技创新，是指将科学知识、技术、创新融合的一个概念，是将科学知识、技术成果转化为商业化产品或服务的经济活动。科学知识对科技创新至关重要，尤其是原始性技术创新、前沿性技术创新，这些创新是从 0 到 1 的突破性创新，是把科学知识转化为有商业化前景的技术或样机的过程。所以，加强基础研究、创造科学知识，对科技创新发挥着基础性作用。

5. 企业

（1）企业概念及其功能变化

现代企业是典型的、产业革命后形成的一个概念，也是现代经济体系的基本单元。它的基本内涵是：由法律赋权并受法律保护的，可以合法开展生产经营活动的法人实体；其拥有的权利及其权益保护是法律赋予的，不是天然的。由此，可以知道法律对企业是多么重要。这也是把企业称作法人的原因。财产所有制是企业分类的一个有用标准，可以根据财产所有权主体性质将企业分为国有企业、私营企业、外资企业，以及由多主体财产组成的股份制企业等。

企业是专门从事经济活动，特别是生产的专业经济组织。所以企业法人可以是社会成员、社会机构，但不承担社会治理职能。在市场经济体制中，企业可以依法独立地进行经济活动，并受到法律的保护。法律对企业的保护主要体现在企业的财产、交易合同、经营纠纷处置等方面。对于一个经济体，如果政府能够不受法律限制地处置企业的财产，如果企业交易合同的执行不受法律保护，如果企业经营纠纷不能依法公开公正地处置，那么这个经济体就没有稳定的投资预期，也难以形成有效率的公平竞争机制，更不用说实现有效率的经济发展了。

企业是市场经济的经营主体，这一点没有异议，值得讨论的是企业创新主体地位。从科技创新的具体内容看，既有将科学知识直接转化为经济价值的经济活动，将技术成果转化为经济价值的经济活动，也有技术成果的买卖、转让与授权，以及企业主导的科学技术研究等经济活动。有人认为基础研究主要是大学和科研机构的职责，因此企业从事科学技术研究不属于创新的范围，至少狭义上是如此；将科学知识直接转化为经济价值的从 0 到 1 的创新活动，具有科学属性，也有经济属性，大学和科研机构发挥着重要职责。从经济学意义上分析，所有的创新活动均属于经济活动，受市场机制的直接影响，企业是创新的主体。

从创新活动的具体组成分析：第一，自 20 世纪 80 年代以来，经济领域中从 0 到 1 的原始创新兴起，在这些创新活动中，企业发挥着主体作用；第二，巴斯德象限以及钱学森技术科学思想揭示的创新范式表明，在基础研究、设计研究、生产制造一体化的模式中，企业发挥着主体作用；第三，自 2010 年中国学者提出"硬科技"概念以来的实践证明，硬科技创新也是一种重大产品开发引发的基础研究、技术开发和生产制造一体化的创新范式，这种范式是科技产业兴起与发展所依靠的主要创新范式；第四，企业是开展基础研究的重要力量，尤其是当前大型科技企业普遍开展基础研究。企业从事基础研究，并没有改变基础研究的属性。但是，企业从事基础研究，对企业把握科技前沿趋势、培育企业科技人才、支撑原始创新，有重要意义。因此，企业既是技术创新的主体，也可以是原始创新的主体。所以，企业是创新的主体的观点是有依据的。

企业创新主体地位的确立，一方面说明了企业作为传统市场主体的功能延伸到了科技创新领域，这是企业功能属性的巨大变化；另一方面，企业创新主体地位的确立，对政府的教育、科技以及创新政策提出了挑战。例如，传统上政府的科技政策是用于支持大学与科研机构开展基础研究与应用开发的，如果企业也是创新的主体，那么政府的科技政策就要充分体现对企业的适应性，采取合适的政策措施鼓励与支持企业开展科技创新。例如把支持企业开展基础研究也作为支持基础研究政策的重点；按照发展市场经济的要求，对于创新活动，政府的支持政策应当主要针对企业，支持企业开展竞争前的科技创新活动。

（2）企业组织的主要形态

企业自诞生以来，其组织结构、产权组成、治理体制，在适应市场的过程中发生了很大的变化。现在，企业组织的主要形态是公司，产权清晰，所有权可以股份化。上市公司的普通股票可以自由流通。对于股份有限公司，由于公司股份持有人承担有限责任，公司产权与产权所有人可以经交易实现分离，所以，只要公司业务能够持续下去，公司就可以永久存在，从而避免因产权所有人发生变化而影响公司的生存。现代公司制企业组织形式的发展，属于实体经济，但是公司普通股票的流动又离不开虚拟经济的发展。所以，实体经济与虚拟经济并不是对立的。发展现代实体经济，往往离不开虚拟经济的健康发展。

（3）科技企业是一类特殊的企业群体

第三章已经介绍过科技企业、科技产业、新兴产业及战略性新兴产业。在考察分析经济体系、产业体系时，由于科技企业、科技产业对经济发展、社会进步有较大的影响力，而且，自身又具有高成长性，因此有必要对科技企业、科技产业进行重点分析，它们体现的是一个经济体经济发展的前沿和趋势。对于科技企业、科技产业的划分、监测、统计，则是一项经济统计事务。各国的具体划分统计标准并不相同。

近40年来，科技企业、科技产业备受各界关注，也是当下世界经济发展的热点。一方面是因为科技企业、科技产业对经济发展甚至国家安全有重要影响；另一方面是其金融影响不容忽视。科技企业的兴起与发展，对金融服务提出了挑战性需求，这些需求是传统金融业难以提供的，从而有力拉动了现代金融业的创新发展和结构调整。在资本市场，科技股是一个由一系列的科技企业股票组成的板块，备受关注。

6. 金融与科技金融

金融是对经济体系中的金融部门及金融活动的统称。传统上，金融主要是对商业银行部门及其以货币经营为主营业务的活动的统称。现代金融已经发展成为复杂的金融体系以及在金融市场运行的复杂活动。从金融体系上看，既包括银行体系，也包括证券公司（投行）、各类保险机构、信托投资机构、产业投资机构、风险投资机构等多元非银行金融机构，以及由交易所资本市场与场外资本市场、外汇市场组成的金融市场体系。金融是一个特殊的经济部门，从行业的角度看，它是一个服务行业；从政府部门的角度看，它又具有政府部门功能，例如中央银行行使行政管理与监督职能；从经济运行的角度看，它对经济全局、生产、投资、消费、就业与价格以及各行各业都有重要影响。

科技金融是本章讨论的一个重点，是对服务于科技创新创业，以及科技企业、科技产业中的专业性金融部门及其金融活动的统称。它属于现代金融体系的一个专业化细分领域。

科技金融的兴起是现代金融发展的重大标志性事件，它是科技企业、科技产业的兴起对金融产生新的需求、拉动金融创新的结果。同时，科技金融的发展，又对科技企业、科技产业发展、科技创新创业产生了巨大影响。尤其在创新型国家中，科技金融部门是一个非常重要的、相对独立的、有巨大影响力的金融部门。

也有人提出科创金融的概念，从概念上看，二者有相似性；从发展过程看，科技金融出现较早，社会认可度也比较高。因此，本章采用的是科技金融这个概念。

7. 创新投资

我们在讨论资本时，也讨论了创新资本，这里我们对创新投资做一个概括。创新投资有广义和狭义之分。狭义的创新投资指的是：在经济领域中，以获利为目的，企业部门投入科技创新活动中的各种投资，包括研发投入，也包括在科技设施、科研设备、创新创业、创新创业培训等方面的投入。企业部门投资的资金可以来自企业自有资金，也可以来自银行贷款或创业投资机构的投资。创新投资是周期较长的高风险投资。

广义的创新投资，除了包括狭义的创新投资外，还包括政府、非营利机构、社会捐助等对教育、人才培养、技术培训、研发及创新创业、科普等公益性科技活动及设施的投入。

第二节　产业体系变化及其对金融的需求

1. 产业革命以来产业体系的变化

第一章分析了产业革命以来经济的持久增长及其原因。由于经济的持久增长受到多要素的共同影响，因此实现经济的持久增长，并非易事。产业革命爆发至今已有250多年的时间，按照2022年世界银行的相关数据标准，高收入的国家或经济体占比约35.8%，其人口占全球人口的比重大约为16%。

产业革命以来，在多要素的共同作用下，一个经济体要想实现经济持久增长的关键是产业发展，这是财富的根本来源。产业体系决定财富创造的规模和效率，就现代经济体系而言其呈现以下三个特点。

第一，现代产业体系的形成。产业革命以后，产业体系经历了巨大变化，主要表现为二三产业兴起，并快速成为经济主体和增长的主要力量。现在，在发达经济体中，二三产业增加值占GDP的比重约95%。2021年，中国的二三产业增加值占GDP的比重为92.7%。虽然第一产业直接关系食品安全，非常重要，不可或缺，但其对GDP的贡献并不多。

与经济结构的变化相一致，就业结构也呈现同样的变化趋势。产业革命后，二三产业是就业机会的主要提供者。具体内容请参见第一章。

第二，生产力空间布局的调整。与工商业发展相伴的是城市的崛起。具体内容请参见第一章。

第三，科技企业、科技产业的兴起是产业体系变化的关键力量。基于科学知识、技术成果转化与产业化，孵化形成的科技企业经过发展可以成为产业体系中的新产业；新的科技企业、科技产业生产的新产品，特别是资本类产品，可以直接促进传统产业升级，提高传统产业的技术水平和生产效率；新产业可以形成新的产业链、产业集群，促进产业组织以及空间布局的调整。

2. 科技财富的崛起

今天，科技企业、科技产业和科技财富，已经成为影响生产与生活，影响世界经济增长最重要的变量，尤其是 20 世纪 80 年代以来，随着相关国家实施支持企业科技创新的政策与措施，科技企业、科技产业的发展变得更加重要，成为重要的宏观经济议题。

（1）硅谷财富创造的独特性

关于硅谷，尤其是介绍二战后硅谷发展的资料、书籍非常多。硅谷并没有固定的行政区划，也没有像中国的高新区一样拥有四至边界，它大致的范围是美国加利福尼亚州圣克拉拉、圣马特奥、阿拉梅达、圣克鲁斯这 4 个区域的 39 个市的高科技产业集聚区。按照《2022 年硅谷指数》的数据，硅谷的面积约为 4800 平方千米，拥有 300 多万人口。20 世纪 50 年代，半导体产业在这里兴起，这是"硅谷"一词的来源。20 世纪 90 年代，硅谷成为美国信息产业的"发动机"。硅谷的发展与斯坦福大学的建立与发展密不可分。斯坦福大学是 1891 年由实业家斯坦福捐资建立的私立大学，那是一百多年以前的事情了。尽管二者有密切的关系，但是不能说斯坦福大学建立了硅谷，也不能说硅谷建立了斯坦福大学。二者在同一个创新生态中，属于协同发展的关系。斯坦福大学与工业界合作成立了斯坦福科技园，对硅谷发展发挥了重要作用，也有其他大学参与了硅谷的建设发展。

斯坦福大学的发展深受 MIT 的影响。MIT 是创业型大学的先驱，也是典范，它探索建立了大学－产业－政府有效协作模式，在基础研究、应用开发、人才培养、创新创业、产业培育方面表现非常卓越，为区域和国家经济、产业发展做出了巨大的贡献。斯坦福大学从建立开始，逐步发展成为一所创业型大学。创业型大学的一个鲜明特点就是把服务社会与经济发展、兴办科技企业与科技产业，作为大学的重要使命。这是对传统大学使命的一个重要创新。斯坦福大学对硅谷的发展、对硅谷科技企业的培育、对硅谷科技企业的人才支撑，发挥了非常重要的作用。

硅谷的发展给人们的一个重要启示是：它不是通过传统的发展工业的方式，也不是通过开发自然资源的方式，而是通过企业与大学合作，借助风险投资，把科学知识、技术成果转化为商品，向社会提供商业价值，实现财富创造。因此，最能概括硅谷事业发展特点的一句话是：硅谷讲述了科技财富的故事。

（2）硅谷的发展特点

第一，硅谷创造了发展科技企业、科技产业的路径与模式。大学的科技人员创办科技企业，科技企业将科学知识和技术成果进行转化，并生产科技产品。科技企业由小到大、由少到多，直至聚集成为科技产业。科技企业、科技产业通过融资或高回报的方式，坚持高强度研发，实现持续发展。

这种基于科学知识、技术成果的商业化转化的创新创业发展模式，与传统的产业发展模式并不相同，对自然资源的丰缺、传统产业体系、传统市场并不敏感，敏感的是创新创业生态。

第二，科技成果的资本化。在硅谷创办的科技企业、科技产业中，形成了大量的创新资本。创新资本包含了高比例的科学知识、专有技术、知识产权、高质量的人力资本。高科技含量的创新资本，极大改变了传统资本的结构。并且，这些创新资本形成了可以交易流通的市场价值。所以，对硅谷企业的估值中包含较高比例的科学知识与技术无形资产。因此，科学知识与技术成果可以转化成资本。

第三，分配方式变革。创业者、科技人员不仅可以获得薪酬和绩效奖励，更重要的是，创业者可以成为股权持有者和资本产权所有者，不再是传统意义上的资本打工者。他们可以从高成长科技企业中获得资本收益，这有利于科技创业者的分配变革。有人说，硅谷是百万富翁的盛产地，更准确的说法是科技百万富翁的盛产地。在硅谷这个地方，许多身无分文的科技人员，凭借掌握的科学知识、技术成果和企业家精神，借助风险投资，通过科技创新创业，在短时间内实现了财富梦想。不得不说，科学技术、创新资本，发挥了基础性作用。

第四，要素组合方式的创新。形成了以科学、技术、创新为核心，以资本，特别是风险资本主导的要素组合方式，改变了单纯的由资本主导的组合方式。风险资本的介入，既可以有效服务科学技术的市场化转化与应用，加速科技企业成长，提高经济效率，又可以通过科技企业的快速成长，做多风险资本。

总的来说，硅谷演绎的是另一类财富的创造方式，即创业者与风险投资者合作，通过科学知识与技术成果的商业化转化，从生产的具有商业价值产品的销售中获得收入，从快速成长的企业价值中获得资产回报，从而实现财富梦想。科技企业的成长是创业者、科技人员（工程师）、风险投资者（创业导师）合作的结果。高额的创新创业收入激励，是硅谷有如此大影响力的原因所在。

（3）中国的高新区

在中国的开发区中，有很多分类，例如经开区、旅游度假区等，高新区是其中的一类。建设和发展高新区，源自1985年中共中央颁布的《关于科学技术体制改革的决定》。选择离城市比较近、科教资源比较丰富的地方，以科技人员创新创业的方式建设科技园区。

高新区的发展路径是，通过科学知识与技术成果的商业化转化、兴办科技企业、发展科技产业来建设和发展科技园区。高新区通过科技与经济体制机制创新、深化改革、政策先行先试，营造有利于科技创新创业的生态、营商环境。科技人员、创业者和风险投资者可以在高新区这个平台上，孵化和培育科技企业，发展科技产业。高新区不做大规模传统产业投资、房地产开发，走的是兴办科技企业，由科技企业主导进行科学知识与技术成果的商业化转化、科技产品开发和商业化生产的路子。

截至 2021 年底，中国的 169 家国家高新区的生产总值为 15.3 万亿元，占 GDP 的 13.4%；全国 1/3 以上的高新技术企业聚集于国家高新区，国家高新区的劳动生产率约为全国平均水平的 3 倍，就业量超过 2500 万人，其中约 60% 的就业者为大专以上学历，高质量就业特点突出。一大批在国家高新区的创新创业者、风险投资者，获得了巨大的科技财富。例如，科创板上市企业中有近 70% 来自国家高新区。

国家高新区的发展过程证明，中国在社会主义市场经济体制下，走出了一条通过转化科学知识、技术成果和创新创业来孵化科技企业、发展科技产业、创造科技财富的路子。与传统经济产出模式相比，国家高新区的科技财富创造模式意义非凡。

3. 金融发展

金融与经济发展密切相关、相互促进。现代经济更加依赖金融发展，因为金融不仅在微观上直接影响企业，还在宏观上直接影响生产，甚至直接影响经济总需求。因此，金融不仅在微观生产中发挥着资金要素的作用，而且还是影响经济总需求的宏观经济要素。

金融发展是经济发展的重要部分，是经济发展到除满足消费需求外尚有结余的阶段的产物。经济发展了，金融必然会发展。

第一，随着经济发展水平的提高，特别是工商业发展、企业数量增多、规模扩大，生产领域的金融需求会不断增加；随着收入水平的提高，城镇化的发展，生活领域的金融需求也会不断增加；尤其当家庭进入了拥有房产等投资额较大的不动产消费阶段，家庭金融需求就会增加，房地产是高度依赖金融贷款的经济部门。另外，基础设施建设、教育与科学技术发展、国际贸易与投资业的发展、政府及非政府公共部门都需要金融支持。因此，经济发展水平的提高带来了数目更多、规模更大的金融需求，这是市场经济体制下金融业发展的基本动力。

第二，储蓄及投资能力的提高，提供了金融发展的资源条件。支撑金融发展有两项基本要素：足够的消费剩余、社会积累足够数量的财富。有了基本的要素支撑，又有金融需求的条件下，银行及金融体系就会诞生并不断发展。运转有效的金融体系，可以把更多的社会资源吸引到金融体系之中，并通过提供贷款服务，实现储蓄的投资利用，增加经济产出。社会财富也是如此，金融体系可以通过专业化服务，帮助财富所有者管理经营财富，并实现财富的传承、增长。

第三，一个经济体在不同的发展阶段，其产业结构不同，消费结构不同，对金融服务的需求也就不同，所以对应的金融体系、金融产品及服务应当不同。特别是科技企业、科技产业的兴起，对金融服务产生了新型的需求，并逐步在科技创新创业与现代金融之间形成新的协同发展关系。

第三节　现代金融：体系、功能与工具、 运营市场、监管

首先我们简要回顾一下金融的发展史。现代银行业源于欧洲，并随经济发展、产业体系调整，一直处于发展变化之中。自1580年世界第一家商业银行威尼斯银行诞生起，商业银行已经经历了440多年的发展。1609

年，世界第一家证券交易所在阿姆斯特丹成立，标志着资本市场的诞生。1694 年，世界第一家股份制银行——英格兰银行建立，这是现代银行业的开端，开辟了现代金融业的发展。至今，现代银行业已经历了 300 多年的发展。1869 年，世界第一家投资银行——高盛公司成立，这是银行体系变化的重大标志性事件。世界著名的证券交易所——纽约证券交易所于 1792 年成立。1946 年，世界第一家风险投资公司——ARD 在美国成立，标志着风险投资业的正式起步。1971 年，专门服务于中小企业，特别是科技企业的纳斯达克证券交易所在纽约成立。2019 年，中国在上海证券交易所设立科创板并试点注册制，科创板是一个专门服务于科技企业，特别是硬科技企业的股票交易板块。2020 年，中国深圳证券交易所创业板实施了注册制改革，以更好地服务科技创新创业的发展。

从现代金融的发展史看，金融体系和金融功能均经历了巨大的变化。

1. 现代金融

在产业革命之后 250 多年间，现代金融经历了由现代商业银行，到投资银行，再到现代证券交易市场的发展历程，如今发展成为复杂的金融体系，涵盖极其复杂多样的金融工具、金融业务以及金融市场。其间发生了两大具有里程碑意义的重大结构调整事件。

第一，以中央银行的成立为标志，现代银行体系不断完善。中央银行在制定和执行统一的货币政策、保持银行业的经营稳定、银行业的风险治理与监管，特别是防止银行业务投机方面，发挥着重要作用。

第二，以交易所为龙头的资本市场的建立。公开、规范的交易所资本市场的建立，不仅促进了股票等有价证券的合法交易，而且为企业发展融资以及通过资本市场的严格管理促进企业管理，发挥着重要作用。

可以从以下 6 个角度认识复杂的现代金融体系。

（1）金融市场

从金融市场的角度看，现代金融市场包括货币市场、股票市场、债券市场和外汇市场。早期的金融体系就是传统的商业银行，主要经营货币业务。现代银行业发展起来以后，银行业务迅速扩大，不仅包括货币的存储、贷款业务，还包括汇兑、第三方支付等金融服务、个人与家庭金融业务、外汇业务等。总的来看，商业银行业务是以货币为核心的。股票市场是现代金融业务的重要拓展，股票业务的核心是资本经营，既为企业发展融资，也为投资者提供投资服务。现代股票市场是市场经济中最激动人心、令人着迷的一个组成，广受关注。股票市场的重大变化有两个标志性事件：一个是 1971 年纳斯达克证券交易所成立，其专注于科技企业，科技股有了专业的交易场所；另一个是 20 世纪 80 年代，美国启动了多项支持小企业创新发展的政策，小企业研发更加活跃，小企业逐步成为美国技术创新的主要力量。

债券市场是政府债券、企业债券、金融债券等各种债券市场的统称。专门用于支持创新的债券，是创新发展重要的融资工具。可以将外汇市场作为货币市场进行分析，需要特别关注的是汇率。现代外汇市场的汇率一般是浮动汇率制度，通常处于波动之中。汇率受利率的影响，也是影响资产价格、货币价格的重要因素。

（2）机构主体

从机构角度看，现在金融体系的机构是多元化的。

第一是银行体系。以经营货币和银行金融服务为主，包括中央银行、商业银行、政策性银行，以及银行的各种附属金融机构，如理财公司、金融资产管理公司、城市与农村信用社（参照银行管理）等。这些银行机构构成了以中央银行为龙头的银行体系。其中，中央银行承担着研究制定货币政策、执行货币政策、监管银行及其业务、稳定金融的职责。中央银行制度建立以后，金融业的运行比没有中央银行的时代更加稳定。

第二是非银行金融机构，一般以资本业务为主，包括各种保险公司、信托和证券公司，各种基金及基金管理机构，大企业设立的财务公司，外汇经营机构等。

（3）功能与工具

从功能上讲，现代金融体系在整个经济体系的运行中发挥着重要作用。从传统金融发展到现代金融，现代金融业务发生了两大变化。

第一大变化是由货币经营到货币、资本统筹经营。表现为由传统商业银行的货币业务发展为货币业务与传统股票业务。

第二大变化是由一般资本经营发展为一般资本与创新资本统筹经营。标志是以风险投资与科技企业协同发展为特色的科技类证券交易的兴起。

总的来看，金融业在产业革命后取得了快速发展。这是产业变革和财富持久增长的结果。金融功能与工具的创新变化，反映了经济、产业发展的变化及其对金融的需求。创新资本市场的发展，符合科技企业、科技产业发展的实际需求。现代金融功能包括以下几点。

第一，与现代金融密切相关的货币政策是最重要的宏观经济政策之一。金融业不是一般的经济产业，它是现代混合经济的重要标志。金融业承担着促进经济增长、增加和稳定就业、保持物价稳定的重要职责。在不同的经济发展阶段、不同的经济发展重点中，金融政策是不同的。

第二，货币经营。包括付息存款、获息贷款，以及与货币相关的大量金融服务，如汇兑、结算、外汇业务、工资管理、信用卡业务、作为第三方代收各种付款等。

第三，促进货币向资本的转化。通过货币基金、风险基金、产业基金、理财、有价证券经营等多种方式，把社会货币财富转化为资本。就科技企业、科技产业发展规律而言，金融发挥着为创新创业融资、投资的功能。

第四，财富经营。现代金融发挥着财富增长、财富分配的重要功能。来自金融机构有价证券投资的收益是富裕家庭除劳动薪酬之外的重要收入来源。美国发达的金融市场使大量的美国家庭获得了证券收入。硅谷科技财富分配方式发生改革，把大量的传统上属于资本的收益转移给了科技创业者。

总的来看，金融工具包括五类：一是货币金融工具，主要是存款及存款条件、贷款及贷款条件；二是固定收益类，主要是各种有价债券；三是权益类金融工具，包括产业基金、风险投资、股票等资产收益类金融工具；四是保险，如财产保险、人寿保险、医疗保险、科技保险等；五是担保。

值得深入讨论的是，科技企业、科技产业兴起后，其对创新投资、风险投资、股权投资等直接融资的权益类投资的需求不断增长。人们常常用风险投资发展的状况，如机构发展及其掌握的资本量、融资额、投资额以及回收状况，来判断一个经济体的科技企业、科技产业和科技金融发展的状况。总的来说，一个经济体要实现创新发展，离不开金融工具创新。

（4）货币的变化

货币是金融业产生与发展的基本金融工具。在人类经济史上，有各种各样的东西，如贝壳、粮食、铜、白银、黄金等，被赋予货币的功能。在纸币被发明并得到广泛应用后的大部分时间里，人类均遵循金本位制度，即与黄金挂钩的纸币制度。从1944年布雷顿森林货币体系诞生至1973年瓦解的约30年间，与黄金挂钩的美元成为人类经济史上最重要的国际货币。布雷顿森林货币体系解体后，人类社会实际上进入了基于国家信用和经济实力的货币时代。所谓的"印钞"这一说法，暗示了纸币可以独立印发，不受黄金限制，当然这种说法并无严谨的科学依据。尽管一个经济体可以不受黄金限制地印发纸币，但是，过量印发纸币的代价是巨大的，不仅国家信用受损，而且会造成经济混乱，甚至恶性通货膨胀。所以，过量印发纸币是完全不可取的做法。

事实上，纸币与黄金脱钩也有其必然性。随着世界经济持久增长，从黄金的生产与规模看，纸币与黄金挂钩并不可行。

（5）监管的差异化

从监管的角度看，由于现代金融体系及其工具创新、业务发展的多元化，不同细分领域的金融机构的属性、功能定位、业务特点、盈利模式、风险特点是不同的，差异化的金融监管是必要的。例如银行业的盈利模式及风险防控，与投资银行的盈利模式及风险防控有很大不同，因此不能采用一样的监管方式。从银行业的发展看，大萧条以前的美国银行是混业经营的，既可以做储蓄和贷款这样低风险的金融业务，也可以开展高风险的投资业务、有价证券业务。大萧条以后，为了防止再发生大萧条、遏制金融投机，美国做了银行监管改革，即禁止银行混业经营。中国现在的银行实际实行混业经营，尽管主要从事货币业务，但是银行体系中普遍存在理财业务、附属公司的投资业务，当然这些投资业务不是银行的重点业务。投资业务本质上是资本经营业务，其商业模式与信贷业务有明显不同。如果金融机构做信贷业务就专门做信贷业务，做投行业务就专门做投行业务，两种业务不会混在一起；这样做的一个好处就是更便于金融机构内部的专业化治理；监管机构便于对不同金融业务、不同金融机构进行差异化监管，更好地防控金融风险。

风险投资是二战以后兴起的一类新型金融投资业态，主要投资于科技创新创业领域。风险投资对于科技成果产业化、孵化培育科技企业有重要意义。这类投资风险高、不确定性强、失败率比较高，且投资周期长；其商业模式与一般的股权投资业务有明显不同。对于风险投资的监管，需要有符合其发展规律的专业化监管政策。发展高风险、高回报的风险投资业，是现代金融发展所面临的一大挑战，也是创新型国家必须解决的金融发展难题。需要强调的是，监管商业银行信贷业务以及一般投资业务的政策、方法，可能并不适合监管风险投资业务。

（6）运营模式

从运营模式或者从盈利模式来分析，以货币的存贷为主营业务的银行，其盈利模式主要是依靠贷款与存款的利差，以此来获得营业收入。这类金融业务风险比较低，如果不是信用贷款，而是抵押或担保，那么可以进一步降低业务风险。

银行的信贷业务可以是政策性的，即由政府提供担保或给予贴息的、服务于政府重点事业或产业的项目，这实际上是一种将货币、财政结合的政策工具。美国于 20 世纪 50 年代末就制定了专门支持小企业发展的政府优惠贷款政策，这其实是一种金融贷款政策。

固定收益类金融业务如债券业务，主要靠债券利息获得收入。政府债券以国家财政为依托，是安全性相对较高的金融资产。企业债券也是广泛应用的金融工具。

比较特殊的是权益类金融工具经营业务，如属于资本经营的股票业务。如果拥有股票、公司股权，可以获得股息收入、分红收入，通过股票在资本市场上的价格波动，还可以获得差价收入。企业通过股票 IPO（Initial Public Offering，首次公开发行）可以实现上市融资，投资股票的人可以通过卖出股票获得资产收入。

对于外汇业务，可以通过外汇兑换服务来获得收入。如果是保险业务，就得从保险服务及符合法律规定的险资经营中获得收入。如果是担保业务，就得从担保服务中获得收入。

从金融体系及其功能、业务的演进来看，由传统的货币经营以获得利息收入，到资本经营以获得资产的价格收益，这是金融商业模式的重要创新，资本经营也带来了金融体系的结构性变革。资产收益的方式多样，例如对科技企业的风险投资，如果选择以股权投资的方式投资科技企业，那么，获得高收益的有效途径就是，通过加快科技企业成长、做大做多公司资产、实现公司增值等手段来获得高资产收益的回报，靠投资分红并不是主要的。高风险的创业投资主要是通过投资变现获得高收益。对此，在下文的"风险投资（创业投资）"部分，我们还将深入论述。

2. 银行贷款支持创新创业

支持创新创业的银行贷款，传统上称为科技贷款。美国有政府扶持新企业创新发展的政策性优惠贷款。中国在 1985 年启动科学技术体制改革后，中国人民银行开启科技信贷以支持科技创新。例如，20 世纪 80 年代推出的星火计划（针对农业与农村发展的先进适用技术产业化计划）、火炬计划（针对工业领域的高新技术产业化计划）、国家重点新产品计划等开发性科技计划，承担科技计划项目的企业可以申请科技贷款，重点是推进先进适用科技成果的转化与产业化。

2012 年，中国提出实施创新驱动发展战略后，中国的各大商业银行、政策性银行都设立了专门的科技贷款业务。总的来看，科技贷款对科技企业的发展是非常重要的，是一项成长较快的银行业务；但是直到目前，科技贷款占银行贷款总规模的比重十分有限。科技企业中，中小企业占绝大多数，而科技贷款更偏好于技术相对成熟、盈利能力强的科技企业。

2022 年，为了稳定经济增长、保就业、加大对科技创新创业的支持力度，中国人民银行推出了科技创新再贷款业务，以支持科技创新。科技创新再贷款是一项新的金融政策，由中央银行与相关商业银行合作实施，这项金融政策的好处是：第一，中央银行提供更大规模的贷款，这样可以扩大对科技企业的信贷支持；第二，贷款利率优惠；第三，可以向社会发出金融支持科技创新创业的信号。从政策实施效果看，中央银行设立的科技创新再贷款额度为 2000 亿元，截至 2022 年底，全国高新技术企业获得的科技创新再贷款总额超过 8000 亿元。

总的来看，常规意义上的贷款类金融产品，风险偏好低、贷款周期短，更适应成熟期企业的金融需求；政府扶持企业创新发展的政策性优惠贷款，其政策效果在很大程度上取决于政府的支持力度与支持方式，适合成熟期企业。对于成熟期企业或已经拥有相当资产的企业的创新创业活动，政策性优惠贷款是非常有用的。对于周期长、风险高、资产轻、不确定性强的创新活动及其主体，特别是科技型中小企业，银行贷款不太适用。尤其是对于早期的创新创业活动及其主体，贷款类金融产品很难满足其需求。

企业创新积分制

企业创新积分制是科技部火炬高技术产业开发中心于 2020 年在国家高新区推出的一项引导创新要素向科技企业聚集的公共科技政策工具。基本方法是基于法定统计数据、客观事实，对企业技术创新状况、成长状况，以及能力建设状况进行监测、计算，形成企业创新发展的量化评价，通过公开量化评价结果，引导创新要素向企业聚集。

企业创新积分制的基本要点包括：第一，要有统一的企业积分指标和评价标准；第二，要有统一的数据规范要求，保障数据质量；第三，积分指标、评价标准与积分结果公开。

目前，企业创新积分制已经在大部分的国家高新区推广应用，取得了明显成效。许多地方把企业创新积分制作为政府落实科技政策的重要参考，众多的银行把企业创新积分制作为科技贷款的重要参考。据统计，2021 年至 2022 年不到两年的时间里，通过企业创新积分制实现的银行贷款规模超过了 1400 亿元。

3. 风险投资（创业投资）

风险投资也叫创业投资、科技创业投资，是支持科技创新创业、科技企业培育的专业化投融资活动的统称。风险投资一般是投资者将风险资本投资于新近成立或快速成立的新兴企业，主要是高科技企业，在承担较高风险的基础上，为科技企业提供长期股权投资和增值服务，培育企业快速成长，数年后再通过上市、兼并或其他股权转让方式撤出投资，从而取得高额回报的一种投资方式。

对于科技创业企业，尽管其掌握了相关科学技术，但是在将具有市场潜力的技术创新与产品构想实现商品化的过程中，还需具备资本与管理这两项重要的资源条件，这两者往往又是科学技术拥有者所欠缺的。尤其是对高新技术的投资，本质上属于高风险的投资活动，因此在传统融资市场上筹集资金是比较困难的。企业在科学技术尚未转化成具有一定规模的商业价值之前，难以从银行获得商业贷款，也难以靠发行股票或债券实现融资。因此，许多科技含量高、市场潜力大的科技成果及科技产品构想，常因资金制约而被扼杀在摇篮中，风险投资解决的就是这一难题。

（1）风险投资的特点

风险投资运营是"募、投、管、退"四位一体的运营。运营主体是专业化的非银行金融机构，也可能是个人天使投资者。风险投资者不仅要选择项目进行投资，还要负责自己投资的融资，参加创业辅导、企业管理、企业经营业务拓展，以实现企业的尽快成长。所以，风险投资机构（人）的业务模式，远远突破了传统的金融机构专注于金融业务本身的业务模式，是典型的金融与科技、产业、企业经营跨界融合的业务模式。尤其值得强调的是，风险投资者实际为科技创业企业的风险承担者，即风险投资者不仅要承担投资风险，也要承担企业运营风险。这种运营模式对风险投资者提出了独特的专业技能要求，他们应当具有金融投资、科学技术、企业管理、市场、相关法律与政策等方面的综合知识和专业经验积累。所以，一个经济体如果要发展风险投资业，培养专业化的风险投资者非常重要，传统的金融从业者并不一定可以胜任风险投资者这一职务。

风险投资的盈利模式是独特的。风险投资不仅仅是依靠资本利得获得收入，而是主要依靠科技企业快速成长，最终通过企业上市或卖出，获得高额的企业资产价值回报。也可以理解为，风险投资做的是培育科技企业的"买卖"。风险投资追求的是其权益类投资的早日回收，而不是控制被投资公司的所有权。人们把风险投资称作耐心资本，指的是风险投资周期较长。这是因为企业成长和资产增值都需要较长时间。

关于风险投资的募资。由于风险投资是用于高风险的科技创业投资，本身具有高风险的特性，所以就不能像商业银行那样，通过吸收大众的存款来实现募资。一般的社会储户是难以承受风险投资这样的高风险投资活动的，所以，风险投资一般面向承担风险能力较强的高净值人士或资金实力较强的机构，采取私募的方式募集资金，并通过基金方式进行专业化的封闭管理。

募资是风险投资业发展的基础，社会上的高净值人士或家庭，以及资金实力雄厚的机构仅仅是实现募资的基础条件。关键条件是发达稳定的金融体系、支持风险投资发展的制度和政策，以及活跃的科技创新创业活动，这也是形成风险投资良好预期的必备条件。人们一方面意识到风险投资的高风险本质，另一方面意识到如果冒着高风险进行投资，则存在可预期的高额股权投资回报机会。

关于风险投资的投资。高风险、不确定性强的科技项目是风险投资的重点，因此项目选择是考验风险投资者素质与能力的关键。项目选择并非易事，科技创业投资项目的选择不是简单的金融问题。特别是早期项目，不确定性更强，很难预估项目今后的发展，开发的产品到底有没有市场，是不是能卖出去，等等。这就要求风险投资者对市场状况、技术的经济潜力、可能的风险及时做出判断。对技术的尽职调查特别重要，比如，技术成熟度如何？先进性怎样？支撑科技产品的市场潜力怎样？市场竞争情况如何？所以，风险投资的过程，实际上是对科技项目、孵化企业、创业者及其团队、市场前景等进行判断、识别的过程。能够获得风险投资支持的创业项目一般是极少数的，美国风险投资从申请的项目中选中的投资项目的数量比大约为 2%。创业失败是常态，风险投资失败也是常态。例如，美国在 2000 年以前，风险投资的成功率约为 20%，80% 的投资项目要么失败、要么停滞不前。当风险投资者、创业者从科技企业上市或企业并购中获得了巨额回报的时候，人们容易忽视他们为此付出的代价，比如多数投资项目的失败、漫长的项目周期等。风险投资的投资周期是比较长的，以上市为参照点，一般的科技创业投资项目，至少需要 10 年。社会上有许多创业投资按照"5+2"的周期进行管理，实际上这与科技创新创业对投资的需求并不完全匹配。

关于风险投资的管理。风险投资者参与投资项目的管理，是风险投资运营区别于一般金融投资活动的鲜明特点。因为风险投资运营是靠企业快速成长、资产增值获得回报的，本质上是一种期权投资，而且创业企业在成长的过程中，存在经验不足、人才短缺、内部管理粗放等一系列问题。所以风险投资者参与创业企业的运营、管理、发展，以及扩大业务、扩大市场、改善经营，甚至帮助解决技术问题，既有利于企业成长，也有利于加深对投资项目、企业的了解，当然也有利于尽快做多投资企业的资产。

关于风险投资的退出。当投资周期结束的时候，风险投资就应当退出。所谓退出指的是：第一，风险投资的资本金回收；第二，获得投资回报；第三，退出投资企业的管理与服务。退出的方式包括投资企业上市或将其卖给其他企业，也可能是卖出投资的股权。风险投资完成投资、增值、退出这几个步骤后，也就完成了一轮项目投资运营。之所以把风险投资归于金融部门，是因为风险投资业务始终是围绕资本经营开展的。尽管风险投资者参与投资企业的经营管理，但这种参与是阶段性的，一般发生在科技企业的高成长阶段。

风险投资是针对科技创新创业的过程和科技企业成长的特点，专门设计开发的专业化金融工具。这种工具及相应的业务，与科技企业发展成熟前的投资需求相匹配。从风险投资的特点看，其业务是融合了传统的金融业务与创业企业运营业务的复合业务。正如我们提到的，风险投资的从业人员，不仅要有金融知识、熟悉金融业务，而且要懂科技、产业和市场。相较于金融人才，那些有创业经历的人才从事创业投资更有优势。

种子期和起步期阶段的企业通常不会有盈利，甚至没有营收，内部管理也是粗放的。这个阶段一般称为初创阶段，需要有专业经验、可以承担极高风险的天使投资者（即企业的第一批投资者）的投入。万一项目失败了，投资也就失败了，也谈不上投资回收。过了起步期，如果创业企业能够存活下来，就可以发展到产品批量商业化生产阶段，即进入创业的扩张期。这个阶段，创业企业生存与发展的风险已经大幅度下降，其产品经过了试用，可以形成比较清晰的市场预期，这个阶段非常适合风险投资进入。当然，也可以在创业企业的更早期就开始风险投资。早进入的好处是，可以获得更好的资产价格。创业企业越过扩张期，就进入了成熟期，可以上市了。从创业孵化一直到企业上市这段时间，是一个创业周期。风险投资的独特性也表现在，它是服务于处于创业周期中各类科技企业的专业化金融业。

风险投资业的属性、特点与功能定位，决定了传统的金融制度与政策未必能适应其发展。所以，一个经济体如果要促进科技创新创业，有必要制定专门的制度与政策，以促进风险投资业的发展。

（2）制度与政策是风险投资来源的关键

高风险的风险投资难以从社会储蓄中募集，也不宜靠贷款募集。所以，风险投资资金主要来自抗风险能力强、资金雄厚、希望从高风险投资中获得高资产价值回报的富人、企业、金融机构等。这一类资金拥有者尽管抗风险能力很强，但是其对资金的安全与风险也极为关注，没有确定的预期，也不会轻易放出手中的资金。

解决风险投资资金来源问题，根本的方法是体现风险补偿的制度安排与政策设计，通过风险对冲，形成有利于创新创业发展与风险投资发展的良好系统生态，建议可采用的具体措施如下。

第一，资本利得税税收优惠，即对风险投资的利益回报给予税收优惠。例如对投资利得税给予优惠，对用于创业企业越早期的资金、持股时间越长的投资，税收优惠的力度应当越大。

第二，对风险投资的募资给予支持。例如，美国对风险投资募资的担保政策。

以上两项是重要的促进风险投资的政策措施。这两项政策发挥作用的关键点是，优惠的力度要明显优于一般投资。

第三，规范和保护风险投资机构及其运营，督促风险投资者加强专业教育培训。

第四，积极发展创新资本市场。纳斯达克证券交易所、上海证券交易所科创板，就是重要的创新资本市场。

第五，发展创新创业。创新创业可以为风险投资发展提供市场。

许多人建议国家应当允许或鼓励将养老保险基金等保险基金投资于风险投资基金，以扩大风险投资募资来源。但是，这是需要认真考虑的。美国允许养老保险基金投资资本市场，而且取得了良好的效果。例如，早在 1979 年，美国法律就规定，允许将养老保险基金的 5% 用于高风险项目。中国的情况有所不同：第一，中国的金融体系与金融市场尚处于实现现代化的发展过程中，特别是资本市场，比如科创板、创业板还不够成熟，注册制改革处于探索完善阶段，投资股票市场的风险很高；第二，中国的风险投资业也处于发展之中，风险投资在规模化、专业化运营水平、投资者素质等方面尚待提升；第三，相关制度与政策尚待完善。在这样的情况下，对于涉及公众利益的各类保险基金进入风险投资，应当采取审慎的做法。比较稳妥的办法是在经济比较发达、风险投资业发展比较好、科技创新创业比较活跃的地区开展试验。例如，可以通过试验，研究并测试如果允许保险基金进入高风险项目，可以获得良好收益且比较保险的概率是多少。

一个经济体，如果能有相应的制度、政策激励资金实力强的个人或金融、保险等企业，向风险投资注资，以支持创新创业，并能够以市场化的方式获得高额回报，实现良性循环，那么这个经济体的创新活力就会比较强，创新资本就会快速积累，创新发展能力与创新效率就会比较高，科技企业就会不断产生，产业就能实现创新发展。新企业的不断产生、新产业的不断形成，对宏观经济发展也有重要意义。

所以，做出风险投资来源的制度与政策安排对发展现代金融具有重要的时代意义。当一个国家进入创新型国家行列时，应当有比较健全的促进风险投资业发展的制度与政策。需要明确的是，发展风险投资属于发展创新资本的政策范围，发展资本投资最重要的是信心与预期，因此，制定有利于产业投资的长期稳定的制度与政策是关键。

（3）风险投资的作用

风险投资多以资本投入的方式进入科技创业企业，股权投资是重要的投资方式，是直接的权益类投资工具，直接服务于创新资本的形成。所以，风险投资的基本作用就是促进科技企业创新资本的形成与积累。它既可以促进科技成果的转化、商业化，又可以促进企业孵化、企业成长。科技创业企业有快速成长的需要，风险投资有做大科技创业企业、增加科技创业企业资产价值的需要，二者的目标是完全一致的。所以，风险投资与科技创业企业是良性互动的关系。

如果从宏观经济的角度来分析风险投资，其意义也是十分重要。一个经济体要实现创新发展，风险投资发挥着关键作用。因为，在风险投资与科学技术结合形成的科技企业、科技产业中，经济体的资本数量与质量发挥着关键作用，在一定的科技水平下，人们生活水平的高低在很大程度上取决于人均资本拥有量。发展风险投资，将增加经济体的创新资本，创新资本是促进经济体资本科技含量提升的有效要素。同时，由于风险投资的盈利模式与科技企业快速成长是良性互动的，所以，发展风险投资与科技创新创业是加快创新资本形成的两股力量。风险投资和科技企业的结合，又可以为经济体开辟一个创新资本市场，促进金融市场的结构调整。这就是纳斯达克证券交易所和中国的科创板、创业板得以存在与发展的基础。科技企业的发展自然会推动科技产业的发展。一般而言，科技企业、科技产业在增加科技型的商业化产出的同时，会创造更多的高质量就业机会。科技企业生产的资本类产品，对其他产业的技术进步发挥着积极的促进作用。所以，发展风险投资既是科技创新创业的需要，也是提高经济体创新活力和创新资本市场活力的关键因素。

4．中美风险投资实证

（1）美国的风险投资

美国是风险投资业的发源地，这里先回顾一下美国近百年的风险投资和创新创业发展史。在美国，早期多是富人以天使投资的方式支持私人创业，初创企业通过个人关系网筹资是普遍现象。直到 1946 年，世界第一家风险投资公司 ARD 在美国成立，全球进入了现代科技创新创业的时代，风险投资的概念也诞生于这一年。ARD 成立是一件具有里程碑意义的事件，它开启了具有现代意义的风险投资业。关于其诞生、发展及取得的业绩，人们有不同维度的解析。但是，从经济与产业发展的角度看，ARD 的最大贡献是创造了风险投资与科学技术，或者说风险投资者与科技人员，以共享股权的投资方式，培育发展科技企业与科技产业的财富创造模式。这是人类经济发展史上前所未有的产业培育与财富创造模式。

1958 年，有限合伙制风险投资公司诞生，标志着适宜风险投资运营的企业组织形式取得了重要进展。有限合伙制风险投资公司通过设立普通合伙人与有限合伙人"同股不同权"制度，比较有效地解决了专业化的资金管理运营者的投资、激励、责任的匹配问题，可以有效发挥普通合伙人专业知识、技能、经验的作用，同时承担无限责任；比较有效地解决了有限合伙人的有限责任、有限权利、回报激励匹配问题，通过出让一部分权利，承担有限责任，获得高额回报；比较有效地解决了普通合伙人与有限合伙人的规范合作、权力设置、责任分担、回报分配问题。另外，不同于普通的股份有限公司，有限合伙制风险投资公司是有限时间内的合作关系，例如风险投资基金在设立时，通常确定基金的存续期为 10 年。

有限合伙制风险投资公司的设立，更好地适应了风险投资运营模式的特点，有力促进了美国风险投资业的发展，目前依然是风险投资公司主要的企业组织形式。美国在 1958 年启动了小企业投资公司计划，小企业投资公司的组织方式一般采用有限合伙制，为期 10 年。

美国的小企业投资公司计划

该计划基于美国 1958 年颁布的《小企业投资法案》，职责是"改善和刺激国民经济，特别是小企业。通过刺激和补充私人资本与长期贷款，解决小企业融资难的问题并推动其业务增长、扩张以及现代化"。该计划的特点如下。

第一，非银行投资机构建设、投资筹措与投资业务（工具）一揽子的政策体系。美国小企业管理局向符合条件的投资企业授予小企业投资公司牌照，并对公司的运营进行监督；小企业投资公司主要采取政府提供担保、企业自行募集的方式获取资金，例如小企业管理局提供担保，小企业投资公司发行债券；小企业投资公司独立开展面向小企业发展的投资业务。这样做的好处是，可以做到专业化的机构做专业化的业务，以使政策高效实施。

第二，政府与市场合作，实施充分的市场机制，投资收益与小企业发展协同。该计划的实施是市场化的，政府一般不提供项目投资资金，而是通过担保融资的方式，激励私人投资。小企业投资公司依靠自己的独立经营实现盈利与自我发展。由于小企业投资公司提供的是权益类投资，所以所投小企业经营改善、迅速成长，才能保障小企业投资公司获得回报。

第三，具有一定程度的风险投资功能。这主要表现为两个方面：一方面，尽管可以获得政府的担保，但是，小企业投资公司要自己募集投资资金；另一方面，小企业投资公司可以直接开展高风险的早期投资业务。

1971 年，纳斯达克证券交易所成立，一方面，这标志着适应中小企业、科技企业的专业化资本市场板块独立形成；另一方面，这改变了资本市场的结构，体现新技术的证券是纳斯达克资本市场的重要特色，这意味着创新资本有了细分的专业市场，知识资本的应有价值得到了市场认可。纳斯达克证券交易所是在美国活跃的场外资本市场的基础上建立的，其运营模式是独特的。20 世纪 20 年代，投资者对公司的估值主要取决于实物资产，此后，创新资本、知识资本的占比迅速提升，约占当今美国总资产估值的 40%。纳斯达克资本市场与美国发达活跃的场外场，形成了体系化的创新资本市场。纳斯达克资本市场是美国科技财富崛起的重要推动力量。科技企业、科技产业，以及科技企业家，与创新资本市场及其经营机构、主体，共同创造了巨量的科技财富。各种社会资金进入纳斯达克资本市场，分享科技企业、科技产业发展所带来的新财富，形成了科技企业、风险投资、社会投资的良性循环。

传统的企业家摩根、洛克菲勒、卡内基等告诉人们做人、做事、兴业的经验，与他们不同，马斯克、库克、扎克伯格、贝索斯、盖茨、乔布斯等科技企业家，告诉人们的是如何用科技创造那些改变生活、改变人生、改变社会、改变世界的产品与服务，以及一个又一个可预期的人生梦想。

20 世纪 70 年代至 80 年代，美国风险投资迅速发展，这个阶段也是一个重要的科技创新活跃期，突出表现为中小企业技术创新得到快速发展。此后，美国的风险投资持续发展。2018 年，美国有创投机构 2931 家，管理的资本总额为 4035 亿美元，占 GDP 的 1.97%；当年投资额 1310 亿美元，占资本总额的 32.47%，投资项目 8948 项，平均每个项目投资额 1464

万美元。在风险投资的支持下，美国科技企业发展活力全球领先，为美国经济的持久增长注入了强劲的持续动力。

> ### 美国科技型初创企业发展态势
>
> 2006—2016 年，美国科技型初创企业迅猛发展，为就业、创新创业、出口和生产率增长做出了巨大贡献，已经成为美国经济增长和竞争力提升的重要驱动力。科技型初创企业从 2006 年的 11.6 万家，增加到 2016 年的 17.1 万家，占 2016 年全美企业总数的 3.8%，贡献了全社会企业 R&D（Research and Development，一般指研究与试验发展）经费投入的 70.1%，提供了 58.7% 的研发工作岗位，出口额占全美出口总额的 27.2%。

（2）美国发展科学与创新的混合模式

美国是世界第一科技创新创业大国，其中有两项基本政策发挥了最重要的作用。一项是以持续高强度资助基础研究为特色的科学政策，这使美国长期保持知识创造强国的地位。加强基础研究的最大溢出效应是，可以弘扬科学精神并提升国民的科学素养。另一项是以科技企业与风险投资业为主要力量的市场化创新政策。ARD 是这一创新政策的创始者。

从经济学的角度观察，美国推进科学与创新发展，类似于美国的混合经济模式，其也是采取了政府与市场结合的混合模式，上述两项基本政策充分体现了这一点。政府推动制度与政策安排，提供直接的财政资助，重点支持基础研究，发展科学事业；市场则通过风险投资与科学技术相结合的方式，发展科技企业、科技产业，促进宏观经济发展。

当然，美国政府制定了比较完善的发展风险投资的制度与政策，包括以担保为特色的帮助风险投资募资的政策、以资本利得税税收优惠为特色的投资风险补偿制度，有力促进了风险投资的发展。此外，美国活跃的科技创新创业活动，以及发达的资本市场，为风险投资提供了良好的投资市场和退出渠道。美国能够长期保持创新强国的地位，这种混合模式在其中发挥了重要作用。

所以，风险投资扮演的角色极为重要。一个经济体，如果没有市场化的风险投资，创新创业发展难以高效运行。

进入 21 世纪以后，美国于 2009 年、2011 年、2015 年先后发布不同主题的《美国创新战略》。2022 年，美国发布的《芯片与科学法案》《通胀削减法案》，均充分体现了科学与市场化创新这两项基本政策，政府与市场合作的混合模式得到了进一步加强。自 1946 年 ARD 诞生到 2022 年，美国的现代创新发展模式历时 76 年，《芯片与科学法案》《通胀削减法案》的发布，标志着这种混合模式更加成熟。

这两项法案的具体内容请参见第四章。这两项法案的生效，将对风险投资与相关科技产业发展产生巨大影响。它们共同的特点是，采取加强科学研究与科技创新创业的方法，应对重大发展挑战，培育新兴战略产业。所以，这两项法案可以看作美国科学与创新发展的扩大和加强。《芯片与科学法案》会对信息产业的关键技术研发、产业链与供应链调整，尤其对人工智能与量子计算发展产生巨大影响。《通胀削减法案》将对新能源、生物技术、绿色发展的研究开发与相关产业发展产生巨大影响。

（3）中国的风险投资

中国发展风险投资的时间比较晚，经历了一个较长时间的起步过程。由于风险投资的发展既有赖于政府的制度与政策安排，又需要金融体系以及科技创新创业的发展支撑，因此，相关资源和环境配套跟不上，风险投资业就很难发展。中国于 1985 年做出决策，发展风险投资。当年发布的《关于科学技术体制改革的决定》中提出：对于变化迅速、风险较大的高技术开发工作，可以设立创业投资给以支持。可以看出，这是一个探索性的决策。就在同一年，中国设立了第一家风险投资公司，中国新技术创业投资公司。尽管这家风险投资公司最终没有取得成功，但是，它开启了中国风险投资业的发展。1999 年，中国政府再次对发展风险投资做出安排。要培育有利于高新技术产业发展的资本市场，逐步建立风险投资机制，发展风险投资公司和风险投资基金，建立风险投资撤出机制，加大对成长中的高新技术企业的支持力度。引进和培养风险投资管理人才，加速制定相关政策法规，规范风险投资的市场行为。优先支持有条件的高新技术企业进入国内和国际资本市场。这是一个体系化的政策安排。同年，中国出台了《关于建立风险投资机制的若干意见》，对风险投资业的发展做出了体系化的、可操作的政策安排。这标志着中国的风险投资业由探索试验进入了正式发展的阶段。

2006 年，中国实施《创业投资企业管理暂行办法》，2007 年，实施《中华人民共和国合伙企业法》。从此，中国风险投资企业的组织与治理制度有了指导规范，至此，中国创业投资 / 风险投资的制度与政策框架基本建立，风险投资进入了快速发展期。2004 年，中国在深圳证券交易所设立了中小板，这标志着中国有了专门服务于中小企业的直接融资板块。2009 年，中国在深圳证券交易所设立了创业板，目的是为创业企业、中小企业、高科技企业上市融资服务。2019 年，上海证券交易所设立了重点服务于硬科技企业的科创板，并试点注册制。2020 年，深圳证券交易所创业板实施了注册制改革。2021 年，北京证券交易所成立，定位于服务"专精特新"中小企业。

经过 30 多年的发展，中国建立了风险投资制度与政策，风险投资业与交易所市场建设取得了很大的成绩。根据科技部火炬高技术产业开发中心的数据监测，截至 2020 年，中国拥有创业投资行业机构 3290 家，管理的资本总额为 11 157.5 亿元，占 GDP 的比重达到 1.1%。截至 2020 年，中国的高新技术企业突破 27 万家，拥有科技企业孵化器 5843 家，在孵企业约 23 万家；拥有众创空间超过 8500 家，服务创业团队约 22 万个。中国成为世界重要的科技创新创业大国。

中国在 2020 年成功跻身创新型国家行列。有两项政策为中国成为创新型国家发挥了重要作用：一是中国的科技政策，政策支持的重点是应用研究与技术开发，随着中国成为创新型国家，基础研究的支持力度不断加强；二是中国的风险投资政策，该项政策有力促进了科技创新创业的发展，当然，活跃的科技创新创业也为风险投资业的发展提供了市场。

作为后发国家，中国风险投资起步比较晚，发展方式也是采取了政府与市场共同发挥作用的混合模式。中国要实现高质量发展，实施创新驱动发展战略是根本，发展风险投资是关键。一个创新型经济体，应当保证一定数量的风险投资。美国风险投资额占 GDP 的比重约为 2%，预计随着中国科技创新创业的发展，中国风险投资的规模尚有比较大的发展空间。

第四节　资本、创新资本与创新发展、经济增长的关系

1. 资本与储蓄、投资、经济增长的关系

人们熟悉的生产函数 $F=LC$，也是一个财富公式，其中，F 代表财富，L 代表劳动，C 代表资本。GDP 是衡量经济产出的一个宏观指标，由消费、投资、政府支出和净出口组成。生产函数告诉人们，劳动与资本是产出的两大变量，在劳动一定的条件下，想要增加财富，就必须增加资本。人均资本的增加，叫资本深化。资本深化是提高劳动生产率、增加人均财富的

关键。不同国家生活水平不同，同样学历、同样技能，甚至是就业于同一类行业的劳动者，收入可能有较大的不同。原因在于不同国家的资本深化程度不同，所以其劳动生产率不同。要增加资本，就必须增加生产性投资（非生产性投资不能增加资本），而投资又来源于储蓄。所以，从 GDP 的组成可以看出，要想有储蓄，当年的产出就不能全部消费掉，而是要留出一部分作为储蓄以增加投资。投资增加，就伴随资本增加、产出增加、劳动生产率提高，人们的收入才有可能提高。这就是储蓄、投资、经济增长之间的关系，也是经济增长、生活水平提高的秘诀。

因此，从今天的总收入中留出一部分用于储蓄，把储蓄变成生产性投资，通过扩大资本规模来扩大产品生产、增加服务供给，从而实现经济产出的增加。从这个原理上说，任何经济体，要实现产出增加、财富增长，都离不开投资，离不开资本。制定出台鼓励生产性投资的政策是有利的，其政策目标是资本这个重要的经济变量。

这里引出了关于经济驱动方式的讨论。有人认为有要素驱动、投资驱动和创新驱动等若干方式。从微观经营的角度，这样的划分也许有其道理。但是作为经济学命题进行讨论，要素驱动、投资驱动、创新驱动，是从不同角度观察问题的结果。实际上并不存在投资驱动取代要素驱动、创新驱动取代投资驱动的情况。要素驱动、创新驱动都可以归于投资驱动。在任何时候，经济发展的过程都是一个投资过程。具体的区别在于投资对象不同，如果投资于要素，则表现为要素驱动；如果投资于创新，则表现为创新驱动。创新发展同样离不于投资，离开了投资，创新就不会发生。

2．创新资本

创新资本是资本的一类。我们在本章的开始部分，对创新资本的概念进行了说明。

（1）创新资本的组成

在微观上，创新资本主要由三部分组成：一是支撑创新的研发投入，类似于企业的流动资本；二是支撑创新的基础设施、仪器设备；三是无形资产，包括知识产权、技术秘密、数据、人力资本等。

（2）创新资本的特点

第一，创新资本分为有形和无形两种。无形创新资本是创新资本的一个显著特点，但是，创新资本并非仅包括无形资本，支撑创新的基础设施、仪器设备，都是有形创新资本。知识产权、技术秘密、人力资本，甚至企业独特的创新文化，都属于无形创新资本。随着数字化、智能化的发展，数字资产化趋势发展很快，数据、计算（算法）、模型等均属于创新资本。无形创新资本的商业价值形成是创新发展的重要议题。

第二，创新资本形成经济产出有明显的迂回性。将资金投入研发、基础设施及仪器设备中，一般不会直接获得新的经济产出，而是形成可以创造新的经济产出的科学知识、技术成果，然后通过转移转化、创新创业等环节，最终形成商业价值。创新资本形成经济产出的过程中，可以通过提高劳动生产率、创造高技能与高质量就业、提高生活品质等，促进经济发展。

第三，创新资本形成具有高风险、长周期、高沉没成本的特点。这与科技创新的特点是一致的。例如，从0到1的创新往往是长周期、高风险的。值得注意的是，现代科学研究，特别是面向大尺度的研究（如宇宙探索）、面向微观世界的研究（如分子生物技术研究）等，需要更加大型化、复杂化的基础设施，需要大科学装置、多学科专家协作，才能有效进行。现代复杂科技产品的研发，例如硬科技创新，特点是投入大、对相关仪器设备及设施要求高，创新的过程往往也是长周期的。

（3）创新资本的作用

创新资本是资本的一类，其作用是独特的、重要的。创新资本对创新发展、经济增长发挥着重要作用，具体体现在以下几个方面。

第一，创新资本能够带来知识资产的产出。不论是出于探索自然的纯学术的基础研究，还是应用引发的基础研究，都会带来知识的产出，这些知识最终会服务于经济与社会发展。所以，知识生产本质上是一种资产的生产。值得注意的是开展基础研究的企业，企业获得的科学知识与大学、科研机构获得的科学知识在应用上有较大的不同。前者本质上是生产性的，后者是学术性、公益性的。企业从事基础研究，可能没有直接的经济产出，但企业科学知识的增加可以拓展认知的边界，对企业技术与产品开发有重要意义。

第二，创新资本能够带来技术产出，包括专利、标准、规程、专有技术（如参数、工艺流程、检测方法、质量控制等）、工程化技术、体系化技术等。现代科技更加依赖创新资本的积累与质量提升，尤其是硬科技研发与创新，其特点是需要持续的高强度的投入、更高的进入门槛、需要长期积累。进入门槛高则表现为，需要顶尖人才及跨学科的团队、科学家和工程师的相互协作，需要复杂基础设施与仪器设备等。各种重大技术突破，特别是硬科技突破，对企业、产业发展有革命性、颠覆性的影响，并深刻影响一个国家的经济发展与国家安全。

第三，创新资本能够带来新产品。新产品的开发是创新发展的核心环节，知识转化为商业价值、发展新的企业或产业、增加社会经济产出的关键在于开发出新产品。与新产品开发相配套的就是新产品的生产技术。技术工程化的有效途径就是对产品生产技术进行开发。现代产品生产技术体现在由设施、仪器设备以及配套软件组成的生产线。

第四，创新资本是新企业、新产业的基础支撑。有了创新资本，科技企业、科技产业才能形成并进行生产运营。需要注意的是，一般的资本难以支撑科技产品特别是高端科技产品的生产、使用与维护。

第五，创新资本能带来各种数据资产。在研发、生产、经营过程中，人们可以获得各种数据。数据对科技企业创新发展发挥着基础性作用，在数字化、智能化时代，数据的作用更加突出，并具有资产性质。如果数据同股票一样成为可以定价、交易的产权，那么其带来的影响将是巨大的。

第六，创新资本是企业创新能力的体现。创新资本的积累与质量提升，有助于提升企业的科技创新能力，并可以促进科技人才聚集，提高人力资本。通常人们对人才、研发投入对创新能力的影响有直接的认识；但是，对创新资本对创新能力的影响的认识与研究分析还远远不够。

第七，创新资本可以提升资本的科技含量与资本质量。资本质量对科技企业尤为重要。科技企业的估值与传统企业估值的差别往往体现在创新资本上，特别是无形创新资本。企业生产效率、劳动生产率不仅取决于资本量，也取决于资本质量。

就宏观经济发展而言，创新资本可以带来新的产品和服务，形成新的市场，创造新的就业比如高技能就业。值得注意的是，高科技含量的资本类产品的生产，对提高经济效率、赋能相关产业有直接作用。创新资本在资本中的占比，反映了一个经济体资本的科技含量与资本质量。创新资本的增加，往往意味着新企业、新产业的诞生和发展以及生产率的提高；意味着更高的科技进步贡献率。所以，从根本上说，创新资本发挥着提升资本质量和经济效率的重要作用，是创新发展的基本要素。

3. 创新投资与创新资本的关系

正如投资与资本之间直接的关系，创新投资与创新资本之间也存在直接的关系。创新资本是迂回性的生产性资产，其形成取决于创新投资。从市场的维度看，创新投资的来源，主要包括以下三个方面。

第一，政府的财政资金，主要是指政府为了促进经济创新发展，给予企业以及商业性创新机构的各种各样的科技创新投入。具体包括以下两大类。

第一类是政府预算投入，可能是政府直接支持企业的研发投入；也可能是政府给予财政资金买支持第三方，由第三方机构支持企业科技创新。后者是一种间接支持，形式多样，例如贷款贴息、保险等。加入WTO的国家，政府对企业的直接支持要符合WTO规则，例如为中小企业提供竞争前技术研发支持。

值得说明的是政府的R&D经费投入的性质。从现今科学、技术与经济增长的关系分析，广义上讲，政府的R&D经费投入属于创新投资。例如，1950年，美国设立国家自然科学基金会，主要支持大学开展基础研究。正是这种知识创造，开启了从0到1创新的源泉。所以，美国的国家自然科学基金会实际上可以看作一个创新投资机构。

再如，美国在1953年设立了专门支持小企业发展的机构——小企业管理局，出台了支持小企业发展的系统性政策。1958年，美国启动了专门支持小企业增加资本金的小企业投资公司计划，目的是支持小企业现代化发展。1982年，美国正式在全国启动了支持小企业研发的小企业创新研究计划，支持小企业竞争前研发，降低小企业研发风险，提高小企业研发能力。这些专门设立的政府机构和计划的目的均是促进创新投资。

第二类是税收，即通过税收减免，激励企业增加研发投入，这是促进创新资本形成的税收政策。由于不同国家的税制各不相同，所以具体的税收优惠是不同的。许多国家利用加计扣除政策，以激励企业增加研发投入，即按照统一规定核算研发投入，给定一个系数，加计放大研发投入成本，通过合法增加计算成本，减少企业应缴纳的税收。这种做法可以相对直接地激励企业增加研发投入。

中国也出台了支持中小企业技术创新的政策，1991 年启动了发展高新技术企业的政策。该项政策包括几个细项：在企业自主申报的基础上，政府负责高新技术企业认定，并每隔 3 年对高新技术企业的资格进行复核；经过认定的高新技术企业，可以享受 15% 的所得税税率优惠。2007 年，国家设立了科技型中小企业创业投资引导基金，标志着中国加大了对科技型中小企业的政策支撑力度。自 2022 年起，中国对科技型中小企业实行100% 加计扣除税收优惠政策。

各国的实践证明，支持科技型中小企业技术创新，是推动创新发展的重要举措，因为科技型中小企业是经济体系中最具创新活力的企业。

第二，企业创新投资。企业创新投资是创新投资领域的一个热点领域，区别于专业的金融类创新投资，也区别于政府的创新投资。企业创新投资是企业自身对创新的投资，包括研发投入，实验室、测试等硬件科技设施的建设与维护，创新创业活动投入，员工技能培训，购买知识产权以及科技人才投入等。

从世界主要经济体的研发投入看，企业是研发投入的主体。中国的研发投入主要也是来自企业，当前企业研发投入占全社会研发投入的比例超过了 76%；但是，与发达国家相比，中国的研发投入存在明显的结构差异，中国企业的研发投入主要是对技术和产品开发的投入，用于基础研究的投入比较少。

从美国的情况看，美国企业的基础研究投入占企业总的研发投入的比重是比较高的。尤其美国的大企业有进行基础研究的传统。早期的美国企业，依靠欧洲的基础研究获得科学知识，引进欧洲的技术发展工业生产。例如，产业革命后的 1825 年，世界第一条铁路在英国诞生，这是交通运输史上具有划时代意义的重大科技创新事件。1828 年，美国就动工开建自己的第一条铁路。美国是比较早的在企业建立工业实验室的国家。美国最早的工业实验室，是由著名的发明家爱迪生于 1876 年建立的，号称"爱迪生发明工厂"。在那个时代，爱迪生发明工厂就采用了招聘工程师，按计划进行发明创造，然后将专利出售给企业的现代创新方式，开启了创新商业化的先河。

进入 20 世纪之后的相当长一段时间里，美国的大型工业企业建设实验室是比较流行的。杜邦、辉瑞、通用汽车等大企业都有人才济济、设施非常先进的工业实验室。到 20 世纪 60 年代，美国工业实验室的发展达到顶峰，20 世纪 80 年代开始，工业研发的重心转向研究型大学和小企业。尽管把企业的实验室称为工业实验室，但这些工业实验室既开展技术发明和产品开发工作，也进行基础研究。

企业创新投资是企业研发和设施建设的保障。从美国大企业的研发历程可以看出，重视企业创新投资是美国企业的传统。

值得注意的是，越来越多的大企业参与了风险投资业，即非金融领域的实体企业（如大型制造企业）自己设立风险投资资金，自己进行创新创业活动。这类投资也属于创新投资。这些实体企业开展创新投资活动的优势是，熟悉产业与市场情况、企业经营管理经验丰富，并且可以为创业者提供产业生态支撑。

第三，科技金融。科技金融创新投资主要包括以下几类。第一类是银行提供的各种各样的科技创新贷款，既包括商业性的科技创新贷款，也包括政策性的科技创新贷款。第二类是支持创新活动的固定收益类债券融资，这类融资专门投资于创新创业活动。第三类就是金融机构的权益类风险投资 / 创业投资。

从市场的角度看，创新资本主要集中于科技企业之中。科技企业成为创新资本最重要的载体，这是由科技企业的经营发展特点所决定的。在市场经济中，相较于大学、科研机构和其他非企业中的创新资本，企业创新资本的产出效率更高。创新投资是形成创新资本的关键。需要注意的是，企业创新投资之所以极为重要，原因在于企业创新投资可以直接形成创新资本，并高效地发挥创新资本的作用。企业创新体现了企业作为创新主体与创新投资主体的双重作用，可以获得叠加效益。

对大学、科研机构和其他非企业机构的创新投资也很重要。虽然这样的创新投资公益性强，但是，可以增加社会创新资本，发挥其正向外部性，有利于企业获得它们的创新产出，并促进整个经济体和社会的创新发展。

经济增长离不开资本的形成与积累，人均生活水平的提高取决于资本的深化和生产率的提升。所以生产性投资，特别是活力较强的民营企业的投资以及私人投资对经济增长有重要意义。这样的投资非常有利于资本积累、资本深化。创新发展、经济高质量增长，离不开创新资本的形成与积累，资本总额中创新资本的比重，决定了资本的科技含量与资本质量。所以，要鼓励创新投资，特别是企业的创新投资，以促进创新资本的形成与积累。

4. 科技财富与创新资本实证评述

本章第二节已经分析了美国硅谷与中国高新区的发展及其特点，这里将一些重要观点归纳如下。

（1）科技财富是经实践探索形成的一种新的财富创造方式

科技人员通过科技创新创业转化科技成果、开发生产科技产品、培育发展科技企业。不同于一般的企业，科技企业是一类有自身独特属性的企业，表现为通过科技创新开发生产科技产品，具有成长快、高风险、高回报的特点，是一类可以用风险投资进行投资与服务的企业。

（2）科技企业具有创新资本密集的特点

科技创新创业的过程伴随着创新投资和创新资本的形成。创新资本的独特性质决定了它对专业化创新投资的需求。这是现代金融创新的重要机遇，风险投资业因此兴起。

（3）创新资本的发展改变了资本的结构

市场化的创新资本促进了资本市场的结构变革。美国纳斯达克证券交易所、上海证券交易所科创板、深圳证券交易所创业板的设立是资本市场结构变革与发展创新资本的结果。

（4）科学知识与技术等无形资产成为创新资本的重要组成部分

创新资本高成长、高产出的特点，造就了众多的科技富翁，也支撑了活跃的资本市场，使更多的社会成员获得了科技财富。这是科技造福社会的又一贡献。

（5）科技财富为科技企业发展带来了巨额回报

风险投资与人才荟萃，造就了众多的科技巨头，带动了众多科技型中小企业的发展；科技产业链、供应链，对世界经济产生了重要影响。科技企业与科技产业已经成为国家竞争的焦点。

（6）大学与科技园区的成功互动

大学是科技园区发展的重要支撑，科技园区为大学创新创业提供了良好环境，它们之间实现了良性互动，通过科技创新创业，以新产品、新产业大量吸引风险投资，大规模扩张创新资本，从而实现产业规模的快速扩大。科技企业可以在获得产品收入的同时，实现企业资产的快速升值。科学知识、技术成果与科技成果的商业化转化，不仅助力科技企业成长，也为大学带来了持续不断的经济回报，支撑大学进一步做好科学研究和科技创新，并为大学毕业生提供高质量就业机会。

第五节　发展现代金融，推动经济创新发展

回顾金融的发展史，金融从最早的贵金属、货币保管，发展为通过付息吸引储蓄、发放贷款收取利息的商业模式，从此，商业银行诞生了。以货币经营为主业的商业银行的发展，有效地集中了储蓄，并向风险较低、利息收入有保障的企业或政府提供贷款，为储蓄者提供经济回报，对投资兴业、发展经济发挥了重要作用。现代银行已经发展成为以中央银行为龙头，包括政策性银行在内的银行体系。

股份制兴起后，为资本证券化和证券交易提供了机会，也提供了基础支撑，资本市场开始发展，证券交易所、投资银行应运而生。金融体系由以货币经营为主转变为货币、资本统筹经营。金融体系中资本业务的发展，既是金融体系发展的里程碑事件，也对经济体系产生了重要影响。因为，这为储蓄、货币转化为资本提供了极大的便利。

二战以后，银行贷款支持创新创业与风险投资业兴起，是金融体系发展的又一个里程碑事件，是金融体系的重大结构调整。从此，科技创新创业机构、科技企业、科技产业，逐步发展成为经济体系的独立部门；以科技创新贷款、风险投资为特色的科技金融成为现代金融体系中的独立部门。科技金融与科技企业相互促进，支撑了资本市场中科技创新板块的形成与发展，引发了资本市场的结构变革。

20 世纪中期，科技金融的兴起是现代金融发展的又一个重大标志性事件。科技金融作为一个充满活力的、相对独立的金融部门，不仅为科技创新创业与科技产业的发展提供了巨大的资金支撑，同时，其独特的服务模式也对科技产业的快速发展与科技企业的壮大发挥了重要作用。科技金融还有另一个影响经济体系运行的功能，即通过创新投资促进创新资本的形成，从而扩大经济体创新资本的数量，提升创新资本的质量。创新资本是

一个经济体创新发展的关键要素。

中国经济进入了高质量发展阶段。经济发展的一般规律说明，当一个经济体的人均 GDP 超过 1 万美元以后，其金融将在结构调整中加快发展。金融体系的功能更加多栏化，金融（货币政策）不仅是最重要的宏观经济政策工具之一，也是生产、生活对金融服务需求的主要提供者；更是资本与创新资本形成的主要工具。值得高度关注的是金融的财富经营与分配功能。所以，发展现代金融，发展科技金融，发展风险投资，对经济创新发展至关重要。

第六章

创新与城市发展

◀◀ 引 语 ▶▶

促进社会发展，提高国民生活水平，提高国民生活质量，是创新驱动经济增长的基本目标。产业革命以来，现代城市崛起，一方面，越来越多的人口居住、工作、生活在城市里；另一方面，现代城市已经成为经济产出、创新产出的主要地理区域，也是财富荟萃之地。发达经济体尤其如此。一般而言，城市的生活水平与生活质量高于乡村，人们在城市工作、发展的机会也多于乡村。这是更多的人选择居住、生活、工作于城市的原因。在一定意义上，要想实现经济增长、社会发展，提高国民生活水平与生活质量、建设发展好城市非常重要。建设、运营、治理好现代城市的基础是产业与经济发展，基本途径是创新。当然，这绝不意味着乡村不重要，创新的意义在于，在城镇化社会，要想在乡村实现高品质生活，必须让城市与乡村协同发展。一般而言，当城镇化达到较高水平，平均每个农业人口拥有足够大的自然空间后，城乡居民的收入才能实现比较好的均衡。

提出"创新与城市发展"这个命题，是研究创新发展的一个新的视角，一方面可以更好地认识创新、产业与城市发展的规律；另一方面有助于寻求解决城市发展面临的产业转型、社区衰落、就业以及若干"城市病"等问题的方案。这方面的研究属于多学科交叉领域，涉及教育、科技、经济、社会发展等多个领域。本章将围绕以下三个重点议题展开。

1. 创新与城市发展、生活质量的关系

创新对城市规划、建设、发展、治理有基础性的重要作用。创新、产业、就业、城市发展呈现高度的正相关关系。创新是新企业、新产业培育与成

长之源；科技企业与科技产业的成长带来就业机会，特别是高质量就业；就业特别是高质量就业可以增加就业者的收入，从而提高生活水平；新产品、新服务可以提高生活质量；丰富的就业机会与良好的收入是现代城市发展水平的重要体现。城市是有利于创新创业的社会空间组织形态。

工商业兴起以后，城市成为现代经济的主体，城市的经济增长对宏观经济增长有决定性作用。就发达经济体而言，创新对经济发展的作用，主要体现在城市经济的发展上。发展宏观经济的基本要求是实现产出不断增加、就业稳定和价格稳定，其中，城市发展是关键。

2. 城市功能的演进

培育和发展城市创新功能至关重要。产业革命以来，城市功能发生了巨大变化，城市功能不断增多、分化，呈现多样化演进的特点。特别是城市科技与教育、科技创新创业、产业培育与经济发展、生产与生活服务、公共服务、人文与社会发展、文化艺术等功能的发育，令人瞩目。城市因创新而充满活力，创新因城市而日新月异。

人类生活的社区，即地理意义上的社会空间组织形态，主要有两类：一类是城市，一类是乡村。无论采取什么样的经济发展方式，发展的成果都会汇集在这两类社区。在中高收入国家，特别是高收入国家，都已经实现了高水平的城镇化。现在发达国家的城镇化率一般超过80%。中国2022年的城镇化率超过65%。由于大多数人居住生活于城市，因此，增加经济收入，提高生活水平，城市是关键。发挥创新对增加经济收入、提高生活水平的作用，很大程度上与城市社区息息相关。

城市功能的发育是现代城市规划、建设、发展和治理的关键事项。鉴于创新对城市经济与社会发展、城市建设与城市治理的重要性，培育城市创新功能、保持和提高城市创新能力无疑是重要的。

3. 城市创新发展的引擎：创新街区与科技园区

经济是城市发展的基础，城市发展因产业兴旺而兴盛，因产业凋敝而衰败。为了实现城市的持续发展，保持城市的创新活力和发展活力，需要为城市植入创新发展引擎，以实现城市的创新发展。街区是城市建设与治理的基本单元，城市发展质量取决于街区的发展质量。衡量街区与城市发展质量的主要标准是，以人为本、宜居、宜业的发展活力，而不是摩天大楼与开阔的广场。令人惊讶的是，那些雄伟壮观的公共性广场建筑，对城市来说，是一种景观，但并不一定能带来高质量的宜居生活。创新街区和科技园区，是行之有效的城市创新发展引擎。创新街区和科技园区建设的核心理念是：创新、产业、社区协同发展。

第一节　相关基本概念解说

为了便于读者了解本章内容，这里先对本章引用的若干基本概念进行说明。

1. 城市

一般而言，人们把具有经济、居住、社会、文化、科技、教育和公共服务功能的连片地理区域称为城市。这实际上是现代城市的概念。还有一个从人们就业特点引申出来的定义：城市是指非传统的、以非农产业和非农业人口集聚为主要特征的较大居民点。

产业革命以前，乡村是人类主要居住、生活的地理区域。全球均如此。乡村的定义，自然就是从事农业的劳动者及其家庭人口居住与生活的社会地理区域，部落、村落都是乡村的形式。在农业地区，村落是相对固定的，人们的居住地分布通常比较密集，居住地的周边则是劳作的土地。从事种植业的劳动者的居住地是很难经常被移动的。在草原地区，例如内蒙古草原，以放牧为生的牧民，常常因季节变化而"逐水草而居"。由于散养动物需要较大的空间，所以牧民的居住也比较分散。

产业革命以前的城市与今天的现代城市有本质的区别。产业革命以前的城市功能主要是政府事务及其配套事务的管理。与此相应，居住、生活于城市里的主要是政府机构或者官府的人员及其家庭成员，以及城市手工业、餐饮住宿行业的从业者。绝大多数人口居住、生活于乡村。城墙是城市实际的边界，并发挥安防作用。从中国的历史看，最重要的城市是国都。国都也居住着农业人口，但多数土地拥有者并不是亲自从事农业劳动。周朝的国都洛阳就是如此，地主可以居住在城市内部，其拥有的土地则在城外的郊区。国都以下按照行政级别设立不同规模的城市。依行政级别设立城市，是古代城市建设的重要特点。行政级别越高，城市规模越大。自秦国废除周朝的分封制，设立郡县制以来，县相当于当时最重要的基础城市。还有一类因军事用途而建立的城市。

综上所述，产业革命以前的城市，其主要功能是政治性的，城市发挥着政治统治和社会治理的职能。城市的其他功能，例如经济、文化教育等，都是政治功能的延伸。城市的经济功能是十分有限的，经济发展主要依靠乡村地区。

产业革命以后，城市发生了本质性变化，不仅表现在城市规模的扩张，而且突出表现在城市功能的变化，特别是城市经济、科技与教育等功能变得更加强大。城市规模不再取决于政治功能与地位，而主要取决于城市经济的发展规模与地位。

中国将现代城市按照规模划分为小城市、中等城市、大城市、特大城市和超大城市。按常住人口计算，1000万及以上的城市，称为超大城市；

500 万（含）～ 1000 万（不含）的，称为特大城市；100 万（含）～ 500 万（不含）的，称为大城市；50 万（含）～ 100 万（不含）的，称为中等城市；50 万以下的，称为小城市。在小城市以下，则是县、小城镇、乡村。由于历史文化及政治与社会治理等原因，城市一般也是国家政治统治和社会治理的主要行政单元，并形成了上下隶属的政治层级，上一级的城市对下一级的城市发挥着领导作用。

2. 城市群

城市群是城市发展到成熟阶段的最高空间组织形态。一般以 1 个以上的特大城市为核心，3 个以上的大城市为构成单元，依托发达的交通、通信等基础设施网络，形成的高度同城化和一体化的城市群体。

从中国的情况看，行政机关多设在较大规模的城市，高级别的城市领导低级别的城市、县、乡村。因此，城市群一般是以 1 个超大城市或特大城市为核心，3 个以上的周边大城市为构成单元。大城市周边还会有其他一些中等城市，中等城市周边还会有小城市、县、小城镇以及乡村，在组织架构上有领导与被领导的行政层级特点。在中国的政治与社会治理体制中，城市群的行政层级化有利于基础设施、公共服务的规划、建设、维护与运营。

如果没有行政层级的因素，城市与城市之间是政治平等或互不隶属的关系，那么经济因素就发挥着维系城市群关系的基础性作用。跨行政区域的、开放的市场经济体制，对加强城市间的要素自由流动和经济合作、提高城市群经济效率有重要意义。

3. 都市圈

都市圈是在城市群中，以超大城市、特大城市或大城市为核心，以 1

小时通勤圈为基础范围的城市空间组织形态。当然，在中国的行政管理体制下，都市圈也是包括县和乡村的。

需要说明的是，城市群、都市圈，本质上不是行政区划概念，而是基于现行行政区划的、城市间的社会地理区域联合体。比较高的同城化、一体化程度，是它们的基本特征，具体表现为交通紧密相连，生产要素、科技与教育、产业、贸易、投资的关系紧密。它们发展的高级阶段应当是经济、创新、科技与教育、社会政策、公共治理的趋同以及要素自由流动。现在，中国尚没有成熟的城市群与都市圈，基于行政区划的各个城市的发展政策、公共治理，以及资源配置，一般是相互独立的。行政等级制度与观念深刻影响同城化、一体化发展；从经济角度看，也制约着规模经济的发挥、要素的自由流动和经济效率提升。特别是基于行政治理范围、与市政府公共财政安排直接相关的公共服务政策与制度的不同，对人员自由流动、服务业发展、公共资源配置与跨市共享有一定制约作用。

4．创新街区

创新街区是一个比较新的概念，最早于 2014 年，由美国布鲁金斯学会提出，指一种被小规模创新型企业强烈影响的社区。创新街区一般位于城市的中心区域，或者紧邻城市中心的区域，可以对老城区、旧工业区、滨水码头等传统的城市区域进行局部开发，将创新型产业及相关功能引入，形成产业聚集，实现城区复兴。还有一种创新街区，是以郊区的产业园为主要形式的城区，通过物质环境改造，形成"街区化"的环境。

从创新街区的定义不难看出，创新街区实际上是产城融合发展的产物，是创新型企业及产业的引入、成长与城市社区的复兴协同发展的结果。

需要说明的是，本章提到的"创新"，是指基于科学的技术创新。

第二节　经济发展与城市的崛起

城市的历史悠久，始于 18 世纪 60 年代的产业革命深刻改变了城市发展的历史进程。产业革命是城市发展的分水岭。

1．产业革命以来的城市发展

（1）产业变革与城市发展

产业、经济与城市发展之间存在紧密的互动关系。从产业革命以来的城市发展看，产业革命爆发后，产业结构及其形态发生了巨大的变化。一方面表现为工商业的快速兴起与发展壮大，并日益成为宏观经济发展和财富创造的主体；另一方面，又表现为传统的农林牧渔业相对衰落。现在，在发达国家，非农产业增加值占 GDP 的绝大部分，农林牧渔业增加值占 GDP 的比重，已经微不足道。以美国为例，2021 年，其第一产业增加值占 GDP 的比重不到 1%；2022 年，中国的第一产业增加值占 GDP 的比重也不到 8%。近年来日本的第一产业增加值占 GDP 的比重不到 5%。

工商业不断发展，并占经济总量的绝大部分，农业相对衰落，是产业革命以后，各主要经济体经济发展的普遍现象。在发达经济体尤其如此。之所以说农业的衰落是相对的，原因在于农业的生产率实际上在不断提高，农业的生产规模不断扩大；但是其规模扩张速度还是远远低于工商业规模的扩张速度。与工商业可以无限扩张的特点不同，农业的扩张一是受制于动植物生长自然过程的制约；二是受制于土地规模的制约，大部分国家的耕地资源都是十分有限的，人少地多的国家是少数；三是受制于季节的制约，许多地区的农作物生产是一年一季。但是，工商业基本是可控环境下的周年生产方式；特别是产业革命以后，现代工厂制度以及后来生产线的建立，使工业的大规模集约生产成为可能。工业上可以做到用十分有限的土地实现大规模持续生产。

工商业在空间上的集约化布局是有效率的，工商业发展产生了对劳动力的规模化需求。于是，越来越多的劳动者离开农业、离开乡村，从事工商业，居住于工作场所附近。劳动者集中居住，带动家庭成员呈现集中居住和生活的模式。所以，非农产业的发展不仅形成了农业难以匹敌的经济规模，而且推动了人口聚集，形成了城市扩张的直接力量。

另外，产业聚集了，人口聚集了，城市形成并不断发展后，城市本身又会带来众多的发展机会，比较典型的有以下几个方面。第一，服务业的发展，衣食住行方面的日常生活必需品是基本的生活需求，繁荣的商业是城市的鲜明特点。这在人口稀少的乡村是难以做到的。第二，公共性服务，医疗、交通、教育培训、文化艺术、休闲娱乐、餐饮住宿等，面向大众的公共性服务业必然发展。第三，生产性服务业，主要是服务于工业的各类服务业，例如金融业、展览业、生产要素市场、商品交易市场、仓储物流业等。第四，基础设施与公共设施建设，包括公路、铁路、水运、航空等交通设施，政府公共设施，公益性设施等。所以，城市的发展既为工商业发展提供了良好的服务保障条件，提供了消费市场；又为自身创造了新的产业发展机会和发展条件。

将所有产业按照三次产业划分，并进行产业结构和城乡结构分析，是一种十分有用的方法。按照这样的产业划分，产业革命以后，第一产业呈现相对衰落的发展态势，其就业人口比重也呈减少的趋势。与第一产业发展相协同的社会空间组织形态就是乡村，乡村会因第一产业的相对衰落而呈现萎缩的趋势。二三产业，主要是制造业、建筑业和服务业，呈持续扩张的趋势，其就业人口比重不断增加。与二三产业发展相协同的是城市，所以城市呈持续扩张的趋势。

产业革命以来，经济发展、产业结构演进与城市发展呈现相互促进的互动关系。发达经济体的发展历程证实了这一点。在发达经济体中，由于二三产业对 GDP 与就业的贡献占到了绝大部分，因此，发达经济体的财富创造，主要来源于城市，也主要汇集于城市。现在，发达经济体的城镇化率平均超过 80%，总体还在缓慢增长。也有个别呈现出比较缓慢的逆城镇化现象，但这并不意味着会出现逆城镇化的普遍现象。日本的城镇化率是发达经济体中最高的，2019 年，日本的城镇化率已经达到了 92%。英国是世界上最早实现工业化和城镇化的国家，1851 年，城镇化率超过 50%，目前的城镇化率为 83.14%。由于乡村发展水平的提高和田园风光的吸引力，英国存在逆城镇化现象。1920 年，美国的城镇化率超过 50%，目前约为 83%。在宏观经济分析中，人们通常使用非农产业的经济与就业数据，这也反映了城市经济的规模和重要性。

中国正处于城镇化的关键时期，2011 年，中国的城镇化率首次超过了 50%，这是中国历史上首次用常住人口统计的城市人口超过了乡村人口，这一年在中国的城镇化发展史中有标志性意义。2022 年，中国的城镇化率超过 65%。1978 年，中国改革开放刚起步的时候，中国的城镇化率仅为 17.9%。中国的经济发展与城市发展表现出高度正相关的关系。按照发达经济体发展的过程判断，中国的城镇化率还有巨大的增长空间，至少还有 15% 的增量。由此也可以判断，中国经济的增长潜力是巨大的。

中国的产业结构变化有点特殊，2021 年，中国第一产业增加值占 GDP 的比重为 7.3%，但就业人口比重为 22.9%；二三产业的就业比重分别为 29.1%、48.0%，相应的产业增加值占 GDP 比重分别为 39.4%、53.3%。2021 年，中国的就业人口为 74 652 万人，有 1.7 亿多人从事第一产业。产业结构与就业结构之间严重不协调，构成了中国比较突出的就业结构问题。从经济贡献上分析，第一次产业占用了 22.9% 的劳动力，贡献了 7.3% 的 GDP。由此可以得到两个结论：一是第一产业的劳动生产率过于低下，远远低于二三产业；二是农业就业者的收入肯定比较低，远远低于非农就业者。农业就业者收入低是造成农村居民收入低的基本原因。依照中国的人口比例与自然资源比例，仍然将有大量的人口进入城市，因此，解决城市与乡村、非农业与农业的协调发展问题，是一个极具挑战性的任务。

采取简单的测算方法，依照 2022 年中国城乡就业与收入水平，以及现有的城乡产业发展状况推算，中国的城镇化率达到 85%，才能比较好地解决城乡居民在可支配收入上存在的较大差距问题。

房地产业是与城市发展紧密相连、同步发展的一个独特产业，因城市发展而崛起，又是城市发展的重要组成部分。在发达经济体中，房地产业占有重要地位，一般属于国民经济的支柱产业。与食物、衣物等生活必需品一样，住房也是生活必需品，都具有终端消费的属性。房地产有以下四个特点。第一，房产离不开土地，是不动产。家庭不动产的特点是可以通过必要的维修而维持很长的寿命，投资大，流动性差，又不属于资本品，不能像企业房产一样通过经营折旧来回收投资。所以，以家庭居住为目的的房地产投资，本质上是消费支出。第二，就一般家庭而言，房产是家庭最重要的资产，可以通过市场交易获得现金，也可以将其作为资产传承，还可以将房产抵押获得金融资源。第三，在较长时间内，房地产一般是保值、增值的。原因在于，随着经济的发展，城市土地有增值的特点。另外，新一代房产的功能、设施，以及环境建设与物业维护，都需要花费更高的成本。第四，房地产是城市发展的重要组成部分，其独特的经济资产属性与投资较大的特点，使房地产业与政府政策、金融业密切相关。由于房地产与金融的密切关系，加之房地产贷款数量较大，因此，其不动产的资产属性容易令房地产成为金融产品创新的基础资产。历史上，因房地产金融投资不当造成的经济波动甚至是金融危机，屡见不鲜。2007—2009 年的国际金融危机源于房地产，20 世纪 90 年代，日本也经历了房地产引发的金融危机所带来的巨大冲击。近三年，中国的房地产业在经历艰难的调整。从各国经济发展看，房地产业的宏观调控并非易事。发达经济体也没有找到实现房地产业与金融业长期平衡发展的方法。

本部分的论述说明了一个事实，产业革命以后，二三产业快速发展壮大，城市经济逐步成为经济增长的主导力量，并表现出二三产业与城市发展高度协同的规律，即产业、经济发展成就了城市发展，城市发展也成就了产业、经济发展。但，产业、经济的发展是基础，没有产业、经济的基础支撑，城市是难以发展的。所以，从经济发展规律来分析，试图用推进城镇化的方法拉动产业与经济发展，并无宏观经济发展规律作为理论依据。

（2）城市功能的演进

城市功能是变化的，而且趋于多样化与复杂化。

产业革命以前，城市的功能相对简单。例如中国历史上，国都与地方首府所在的城市，其功能主要是政治统治和社会治理，并兼顾军事防卫。也有一些城市是服务于相关产业的，例如依托矿区、农牧业产区、产品贸易集散地、港口等形成的城市居住区。总的来看，当时的城市，其功能主要是政治统治和社会治理，经济功能并不突出。乡村是人类居住和生活的主要社区，乡村也贡献了主要的社会财富。

产业革命以后，城市的功能发生了质变并且变得日益复杂。传统的政治统治、社会治理与军事功能依然存在，尤其是大城市、超大城市，人口众多，其社会治理的任务还是很繁重的，公共安全、行政治理的任务也很繁重。除此以外，城市具有以下几个重要功能。

第一，城市经济功能成为现代城市的基本功能。现代产业离开城市是难以生存与有效发展的，各种非农产业成为城市发展的重要组成部分；由于人口集聚，不仅对人口规模敏感的服务业在城市得到了快速发展，市场也在城市形成，特别是消费市场、要素市场。总体而言，城市成为财富的主要创造者和占有者。

第二，创新成为现代城市的核心功能。这是现代城市区别于传统城市的一个显著特点。一座伟大的现代城市，与世界一流的大学往往是联系在一起的，主要表现在以下两个方面。一方面，现代教育和科学技术的发展荟萃于城市，并有力促进了城市发展。城市有健全的大学前教育体系，一定规模的城市，一般都建有大学。一所大学本身就可以构成一个城市社区，多所大学可以形成一个大学域。世界上第一所大学建立于博洛尼亚，已有近千年的历史，世界上第一所现代大学，则于 1810 年诞生于产业革命后的德国。现代大学不仅承担知识传承的使命，更重要的是开展科学研究、创造科学知识；可以提供专业技能的教育培养，为社会提供有专业技能的劳动者，直接服务于经济社会发展；还可以开展人文道德教育，为社会培育有较高道德素养的人。另一方面，现代城市有更好的科技创新创业生态与产业生态。城市有利于从事科学研究、技术开发、创新创业的机构聚集，其丰富的经济要素和社区支撑也有利于创新、创业、兴业。

第三，城市的社会功能更加突出。城镇化达到较高水平后，最显著的社会特征就是城市人口的巨大膨胀。现在的发达国家，不仅城镇化率高，而且出现了特大城市、超大城市、都市圈、城市群等城市形态，这在产业革命之前是难以想象的。大城市普遍面临繁重的社会事务，例如公共安全、就业、城市环境、公共交通、医疗健康等，城市的社会治理与服务功能更加突出。

中国自 2011 年城镇化率超过 50% 以后，社会治理的重心逐步由农村转向城市。传统上，乡村的社会治理是政府行政治理与乡村自治混合的治理方式。农耕文化及风俗传统、家族文化及辈分伦理、熟人文化及人情世故，是乡村区别于现代城市的显著文化特点。现代城市治理是集合了法治、社区行政治理、组织管理的混合治理模式。城市文化更多的是契约文化、工商业文化，工作关系、经济关系以及同事、同学、非血缘的朋友关系是城市中重要的社会关系。因此，不能用治理乡村的方式方法来治理城市。相比乡村治理的悠久历史，中国治理现代城市的历史并不长。因此，中国进入城镇化社会后，城镇化社会治理面临的挑战是客观存在的。

第四，与人的身体健康和精神生活密切相关的城市人文功能必不可少。现代文化艺术和体育事业、数据信息业、媒体传播、休闲旅游业等与人的身体健康和精神生活密切相关的行业，集中在城市。现代文明的社会主体是城市，一切文明发展功能及其成果产出和享用，都集中在城市。

2. 城市与生活质量

人类社会进入城镇化阶段，验证了一个重要的结论，城市是更有效的提高生活质量的一种社会空间组织形态。无论是在发达国家还是在发展中国家，人们在城市中的生活水平和生活质量，均高于乡村，尽管乡村有更多的田园风光和更好的自然生态。

（1）城市劳动收入

一般来说，城市劳动者的收入高于乡村劳动者的收入；城市劳动者的平均收入，一般也高于乡村劳动者的平均收入。而且，城市劳动者的收入也比较稳定，工资会按月、按周发放。城市劳动者主要从事二三产业。二三产业的特点是，可以在可控环境中实现周年的规模化生产，要么是工厂化的规模生产，要么是室内商业工作或室内办公。因此，城市劳动就会有更高的时间效率和劳动生产率。乡村劳动者主要就业于第一产业，直到现代，农牧业基本还是开放的季节性生产，既受制于土地、水、气象、光照、季节等自然因素，也受制于生物的生长规律。这决定了农牧业的时间效率受到天然制约，产出也受到众多不可控的客观因素的约束。所以，相对而言，提高农业劳动生产率比较难。农业劳动者的收入往往是不稳定的；不仅年际间的波动较大，而且，直接从事农牧业生产经营的劳动者，获得收入的方式是季节性的。尽管农业科学技术的进步极大改变了农业劳动繁重、重复性强、劳动环境恶劣的劳动状况，农牧业在工程化上也取得了巨大进步。但是，农业劳动的特点依旧。的确有像美国、加拿大、澳大利亚这样的土地资源非常丰富的国家，生产主体主要是企业化的农场，单个农场拥有的耕地规模很大，所以其劳动生产率可以很高。但是，这并非普遍现象。总的来看，农牧业属于相对衰落的弱质产业，这就是各国尤其是发达国家，普遍采取补贴政策以扶持农业发展、增加农民收入的原因。在中国，尽管政府对农业、农村、农民给予了较大力度的支持，但是由于人均农业自然资源十分有限，农业的劳动生产率远低于非农业的劳动生产率，因此，城乡居民人均可支配收入相差较大。

生活水平与生活质量取决于劳动者的可支配收入。城市劳动者拥有较高的收入，可以支撑其有更高的生活水平与生活质量。

（2）城市公共服务

与乡村相比，城市的公共服务要好于乡村，这是普遍现象。公共服务是人口规模敏感型行业。城市的人口规模比较大，人口密度比较高，加之规模效益与效率的影响，在城市提供公共服务产品的效率，要高于乡村。例如教育、医疗、供水、电力、燃气、公共交通等行业，因城市人口规模较大，在城市建设相关设施并提供服务就可以发挥更高的效率。另外，城市更加雄厚的经济也有利于支撑公共服务设施的建设和运营。所以，城市居民容易享受到更高的公共服务水平，居住与生活也比较便利。在现代城市，便利化的服务是高质量生活的重要保障。

（3）城市市场服务

城市市场服务一般也远好于乡村。城市市场服务包括两大类，一类是商业化的生活服务，可以提供各种各样的生活必需品、便利品、奢侈品。

在采用市场经济体制的国家的城市中，只要有购买力，人们就可以十分便利地购买并享受到各种各样的生活消费品。另一类是商业化的生产服务，其可以提供各种各样的生产要素、物流及商务服务等。在城市经商或兴办企业，可以获得更便利的营商环境、产业生态与生产要素保障，市场服务的成本也会比较低。

（4）城市安全保障

从社会治理的角度看，城市可以提供良好的社会安全保障，社会保障基金、医疗、养老、失业等方面的社会保障，一般也更好一些。当然，不同的国家有不同状况，但总体趋势是这样的。所以，如果观察影响生活质量的因素，包括收入、就业、服务、社会安全保障以及可能获得的教育、培训、发展机会等关键的生活质量要素，就会发现，城市会提供更高水平、更高质量的生活。

城市治安是影响生活质量的一个重要因素。有的城市治安好，有的可能很差；而乡村的治安可能很好。这不是经济问题，也不是普通的社会问题，主要是政府治理能力与社区自治能力的问题，在此不做讨论。

总的来说，产业革命以来，人们过上了更好的生活，享受到了过去从来没有享受过的各种各样的物品、服务，人均预期寿命也大幅度延长，自身得到了不断发展，这都是城市发展做出的巨大贡献。

第三节　现代城市崛起的经济学原因

现代城市，作为一种基于传统城市进行创新的社会空间组织形态，是人类文明进步的一大创造。那么，现代城市崛起的经济学原因是什么？

1. 企业、产业聚集与规模经济

从微观经济学理论分析经济增长的原因时可以发现，实现高效率要素组合、获得更多产出的基本经济单元就是企业。若干企业关联就形成产业，成为财富创造的主体。城市中人口集约和土地利用集约，有利于要素的规模化筹集，可以支撑企业进行规模化生产，实现规模经济。所以，规模经济是现代城市崛起的第一个原因。

规模经济是一个十分重要的经济学概念，指的是在一定的技术条件下增加投资、扩大生产规模，投资的边际效益是增加的。当然这种趋势不是无限的，当达到一定规模后，边际效益会递减至零，再继续扩大生产规模，边际效益就会下降。现代城市与产业发展是正相关关系，产业发展了，就业就会增加。城市规模扩大，必然是人口不断集约的原因。人口不断集约，就会形成更大规模的市场。城市扩张、人口集约，就会为生产要素的集约和供应提供便利条件。技能劳动者汇聚，各方面的人才更加丰富。产业发展、城市扩张，也有利于形成实力更强的金融部门，并降低融资成本。所以，城市里面的企业更容易筹措规模化的生产要素，雇佣各种技能劳动者，实现规模化生产，以获得规模经济带来的好处。企业生产规模的扩大，加之分工分业可以提高效率，就会形成供应链、产业链，从而带动产业聚集。对于消费品行业、房地产行业等人口规模敏感型的行业，城市扩张本身就会形成规模更大的市场，十分有利于这些行业的发展。21世纪的前20年，是中国房地产业发展的一个兴盛期，许多经济学者根据城市人口规模的变化预测房地产价格走向，就是将规模经济因素作为主要依据。

城市发展有利于交通与物流的便利化，有利于人员交流、货物集散、降低仓储物流成本，进一步提高经济效率。

规模经济与分工分业实现更高的效率，这是企业、产业聚集与现代城市协同发展的内在机理。由于经济持续发展，现代城市依然在扩张，这证明这个机理依然在发挥基础性作用。

中国的都市圈、城市群发展

1978 年，中国的城镇化率是 17.9%，三次产业的就业比重分别为 70.5%、17.3%、12.2%。2021 年，城镇化率达到了 64.72%，三次产业的就业比重分别为 22.9%、29.1%、48.0%；同期，三次产业增加值占 GDP 的比重分别为 7.3%、39.4%、53.3%。产业结构发生了明显变化，呈现出二三产业迅速扩大、城镇化率不断提高、城市规模不断扩张的正相关规律。与城镇化率不断提高并行发展的是，中国的城市群、都市圈及其经济规模也在不断扩张。2013 年，中国对城镇化发展做出了新的战略部署，提出把城市群作为主体形态，促进大中小城市和小城镇合理分工、功能互补、协同发展。2014 年，中国发布了《国家新型城镇化规划（2014—2020 年）》。此后，中国的城市群、都市圈呈现出快速发展的态势。据测算，2019 年，中国有 19 个城市群，有 24 个人口上千万的都市圈，其中有 10 个人口规模超过 2000 万的都市圈。这 24 个都市圈以全国 6.7% 的土地集聚了全国约 33% 的常住人口，创造了约 54% 的 GDP。这说明这些都市圈通过人口集约、土地利用集约和产业集约，提高了经济效率。据观察，生产要素和人口持续流入城市群、都市圈，并且没有停止的趋势。2011—2020 年这 10 年间，粤港澳大湾区城市群、长江三角洲城市群和成渝城市群人口迅速增长，不仅产业聚集、高新技术产业不断发展，房地产业发展也十分迅速，房地产价格不断提高。

城市群、都市圈的发展，并非行政力量主导的结果，经济是主要原因。另外，从城市结构与区域优势的角度进行分析，单纯的城市自身扩张、"摊大饼式"的发展，不一定有充分利用了比较优势原理的城市协作的模式效率高。另外，对已经达到相当规模的城市来说，再采取"摊大饼式"的扩城模式，容易带来人口过于拥挤、就业矛盾突出、生态负担过大、交通严重堵塞等"城市病"，而且解决这些"城市病"的成本高昂。相比单纯的城市扩张，高效的交通网络连接、经济优势互补、城市组团式的空间布局会更有效率。这也是城市群、都市圈经济发展的推动力量。

2. 更高的劳动生产率

更高的劳动生产率是促进城市经济发展的最重要的原因之一。为什么城市会有更高的劳动生产率？可以从以下几个方面来分析。

第一，城市更容易实现资本深化。经济学原理揭示了提高劳动生产率的一个基本条件——资本深化，即提高单位劳动力拥有的资本量。单位劳动力拥有的资本量越多，资本深化程度就越深，劳动生产率就越高，劳动者可以获得的收入就会越多。这就相当于一个劳动者可以推动更多的资本，开展更大规模的生产经营。城市有利于工商业聚集，实现规模经济。所以，一般来说，城市产业资本比较密集，城市的就业人口容易达到更高的资本深化程度。资本深化程度提高了，劳动生产率就会提高。一个明显的例子是，一个使用盾构机开挖隧道以修建地铁的劳动者，其生产率肯定远远高于一个用铁铲开挖隧道的劳动者的生产率。拥有同样技能的劳动者，从事同一行业性质的劳动，在发达国家获得的劳动收入，远远高于在低收入国家获得的劳动收入。

第二，城市的二三产业本身可以进行可控环境下的周年生产，因此就可以拥有更高的时间效率。第一产业受制于自然条件，季节性的生产方式极大制约着第一产业的时间效率。

时间对产业效率的影响是一个需要认真考虑的因素。例如，中国的东北地区有辽阔、肥沃的土地，而且相对地广人稀。如果不考虑时间效率即单位时间的产出，东北地区的农业生产率可以非常高。但是，如果考虑时间因素，东北地区的农业竞争力就大打折扣。与中国华北地区相比，东北地区的农业普遍是一年一季，而华北地区的农业可以做到一年两季生产。相当于同样一块土地，在华北地区一年可以有两次产出，但在东北地区只能有一次产出。所以，如果按周年来计算，东北地区的农业生产率要超过华北地区是比较难的。如果再考虑时间效率，那么在相同的技术条件下，相较于南方地区，东北地区单纯依靠原粮、初级原料农产品销售的经济优势就不显著。

第三，人力资本。相对而言，城市一般拥有更健全的教育体系和比较好的培训服务，城市居民有比较高的收入。所以，城市人口受教育的程度普遍比较高，人们在城市获得知识、信息的渠道，要远远多于乡村地区。城市的人力资本，一般也要高于乡村地区。人力资本的高低决定着就业质量。

综合以上几方面的分析，城市在资本深化、时间效率、人力资本培育等多方面具有的显著优势，决定了城市的劳动生产率一般都是比较高的。有了比较高的劳动生产率，城市的劳动者就会有更高的、稳定的收入，城市居民就会有更强的购买力。

中国政府每年都会发布年度国民经济和社会发展统计公报。公报中有一个非常重要的指标——社会消费品零售总额。这个指标对分析消费对经济增长的作用非常有效。中国现在的城镇化率约65%，但是城镇消费品零售额占比约为85%。这证明城镇居民的购买力远超农村居民。较强的购买力反映的是较高的人均可支配收入，这也反映出城镇与农村在劳动生产率以及人均可支配收入上的差距。

3. 科学技术与教育在城市的发展

科学技术与教育事业的兴起是产业革命以后现代城市发展的一个重要标志。创新是现代城市的核心功能。城市创新功能的基础就是科学技术与教育。从发展过程观察，产业革命以后，现代城市与科学技术、教育之间形成了相互促进的协同关系。

产业革命以后，产业兴起的逻辑发生变革，产业兴起不只是简单的天然产物的采集过程，主要通过科学知识、技术发明、产品开发来实现。基于科学的创新促成了现代工商业的发展。因此，没有科学技术，没有现代教育的发展，就没有合适技能的人才与劳动者，难以想象城市的产业创新发展，甚至现代城市自身发展会是怎样一番景象。只有产业发展、经济实力增强了，城市政府与企业才能够拿出更多的资金支持科学技术研究，支持教育发展。当今世界，全球知名的现代城市的重要标志就是拥有优秀大学和卓越科研机构，顶尖科学家在这里从事科学技术研究，不断开拓新的科学技术前沿，为未来产业与经济发展奠定新的基础。

因科技创新而兴起的城市

1978 年以前，深圳属于偏远的乡村地区。1980 年，全国人大批准设立深圳经济特区，从此，市场导向的经济体制改革和对外开放在深圳全方位展开。值得说明的是，发展科技企业、科技产业是深圳改革开放的重要内容。开放引入的外国产业，其技术水平也比较高。1985 年，中国历史上第一家科技园区，由中国科学院与深圳合作开建。1996 年，国家批准建设深圳国家高新区。也可以说，深圳是中国科技创新创业的发祥地，也是科技企业、科技产业的发祥地。1987 年，任正非带领创业团队在深圳起家，建立了华为。2021 年，深圳这个昔日的渔村发展为常住人口达到 1768 万的现代超大城市，科技企业、科技产业、优秀研发机构云集，生产总值达到了 3.07 万亿元，人均 GDP 超过 17 万元，是在科技创新创业方面最具活力的城市之一，也是科技创新能力最强的城市之一。

杨凌也是因科技创新和教育发展而兴起的城市。1997 年以前，这里只是远离西安市的一个边远乡镇，是典型的乡村。由于特殊的干旱半干旱的自然条件，以及丰厚的农耕文化的历史传承，这里设有农业类大学、中国科学院水利部水土保持研究所等若干科技与教育机构。鉴于中国在干旱半干旱地区拥有的耕地超过全国耕地的一半，1997 年，中国决定在杨凌全面开展农业科技与教育体制改革，启动建设国家级农业高新技术产业示范区。西北农林科技大学于 1999 年组建。经过 20 多年的建设，杨凌通过发展现代农业科技与教育，培育和发展农业高新技术产业，现在已经成为一个以农业科技与教育、农业科技产业为特色的科技城。2021 年，杨凌的常住人口超过 25 万，生产总值达到约 158 亿元。从人口规模与经济规模看，杨凌绝不是什么大城市。但杨凌的发展与变化表明，依托农业科技与教育，发展农业科技产业，同样能促进城市的建设与发展。

4. 城市具有综合功能

随着人类社会发展，两大社区——乡村和城市先后形成。首先发展的是乡村，在人类发展史的大部分时间里，一直是乡村占有主导地位。其次是城市的发展。现代城市的历史不过 200 多年。从现代城市发展的过程来看，由小城镇到小城市，逐步发展出大城市、特大城市、超大城市，再进一步发展出都市圈、城市群这样的新的城市地理空间组织形态。在漫长的人类历史中，乡村没有城市这样的发展轨迹。随着城市规模的扩大，城市的功能变得丰富多样。在本章第二节的"城市功能的演进"部分，我们重点阐述了现代城市最重要的四个方面的功能。

现代城市所拥有的丰富多样的功能，使城市在创新、经济、科技与教育、文化艺术等多方面具备了综合发展优势。相当于城市可以为经济发展、社会发展赋能。城市的综合功能也有利于人自身的发展，在功能多样化的城市里，人们容易获得教育、知识、人脉等多方面的发展机会。城市具有的综合功能及其成效说明，产业革命以后，现代城市的崛起是人类文明进步取得的一个重要的新成果。现代城市作为一种社会空间组织形态，一方面是人类的又一大发明创造，另一方面，人类也因为这一创造受益匪浅。

综合来看，人们生活质量之所以提升，的确是经济发展发挥了基础性作用，但主要还是得益于现代城市的发展。衡量人们生活质量的重要指标是人均预期寿命。有人认为中国巴马是个长寿之乡。因为这个地方山清水秀、生态优美，食物、水与空气对人们的健康十分有利，长寿老人多。但是这样的说法更像是一种情感式的宣传或者情绪化的判断。基于科学数据和事实，按照人口的总体状况进行判断，城市的人均预期寿命普遍高于乡村的人均预期寿命。就城市而言，收入水平较高的城市，其人均预期寿命趋向于比收入水平较低城市的人均预期寿命长。国内外的情况类似。例如，2021 年，中国人均预期寿命达到 78.2 岁，人均预期寿命最高的城市是上海，达 84.11 岁，深圳、广州、北京、杭州等城市的人均预期寿命较高。按照联合国人居署的数据，2021 年，香港的人均预期寿命达到了 85.03 岁。

5. 现代城市崛起原因小结

现代城市的崛起有内生要素，规模经济与效率可以将企业与产业聚集到城市；城市较高的劳动生产率、较高的收入、较高的生活质量，以及城市丰富多样的功能带来的发展机会，可以产生较强的人口集聚效应；城市丰富多样的功能，也有利于现代科学技术与教育事业的发展，有助于人力资本更好形成与提高。

内生要素是城市不断发展的最重要原因。随着经济、科技、教育发展，人口增加，城市依然在扩张。展望未来，可以这样预期，城市将继续扩张，尤其是后发国家的城镇化水平还有发展空间。中国的城镇化水平将继续提高，由于中国特殊的体制机制，直辖市、省会城市将继续保持龙头城市的作用，实现优先发展。在东部地区的都市圈、城市群要素集聚、规模扩张的同时，中部、西部、东北地区的都市圈、城市群也将快速发展，从而引领区域经济、创新与社会发展。人类发展的关键依然在城市，乡村的相对衰落是一个自然现象。因此，政府着力于乡村振兴十分必要。

第四节　创新与城市发展的关系

产业革命以来，创新与城市发展之间呈现高度正相关的关系。

1. 城市有兴衰

总体上，随着创新、经济、社会发展，城市的发展趋势是继续扩张。但是，具体到某个城市，甚至是某个城市中的不同街区，我们发现，城市发展既有兴盛，也有衰败。

　　传统城市的兴衰，主要受到政治与社会因素的影响。产业革命以前的城市，其主要功能是政治统治和社会治理。政府机构及其附属的生产与服务机构集中在城市。城市的规模建制依行政层级确定。国都所在的地方，各种资源集聚丰盛，城市因此而发达。王朝衰落了，其国都也随之衰落，与王朝相关的各类城市也会衰落，甚至毁灭。所以，政治与社会因素是城市兴衰的主导因素。除此以外，也有以行使军事功能为主的城市，例如支持驻军的要塞、军港及其附属设施、社区，它们就是军事性的城市。也有因满足大量货物贸易、仓储物流、开采矿物的需要而形成的城市，例如京杭大运河沿线的码头城市，支撑铁矿、煤矿、铜矿、盐矿开采的城市。在封建王朝，这类城市的产业一般也受王朝的直接控制，但这类城市以经济功能为主。中国历史上的朝代更迭与战争，对城市尤其是处于重要政治中心地位的城市的兴衰存亡有直接影响。但是对以经济功能为主的城市的影响会相对会小一些。因为任何王朝都需要城市创造经济效益。

　　现代城市发展兴衰的基本原因在于产业发展的兴衰。产业革命以后，由于科学、技术与创新的兴起，形成了新的产业发展规律，工商业成为城市的主要产业和经济来源。由于产业发展中存在的兴衰规律同样适用于城市发展，因此城市与城市产业、经济呈现同步兴衰的现象。这样的实例不胜枚举。例如，中国重要的煤炭工业城市阜新，就是典型的因煤炭产业兴盛而兴盛，又因煤炭资源枯竭而衰落的城市。2001 年 12 月，阜新被国家确定为全国第一个资源枯竭型城市经济转型试点市。在治理矿区环境、加强生态建设的同时，选择了新能源、绿色食品、高端装备、精细化工等四个优势产业，加快建设新的产业体系。经过 20 多年的努力，"一煤独大"的产业格局得到了调整，新的产业体系初步形成，城市面貌发生了巨大变化，给资源型城市转型发展提供了借鉴经验。

德国鲁尔工业区的兴衰

鲁尔工业区位于德国中西部，地处欧洲的十字路口，是欧洲经济最发达的区域，邻近法国、荷兰、比利时、丹麦、瑞典等国的工业区，是德国也是世界最重要的工业区之一。工业区面积4593平方千米，人口和城市密集，工厂、住宅和稠密的交通网交织在一起，形成了带状的城市群。鲁尔工业区的发展始于19世纪中叶，它是典型的传统工业地域，被称为"德国工业的心脏"。鲁尔工业区是以采煤工业起家的工业区，以重化工业为主，拥有煤炭、钢铁、电力、机械、化工五大工业部门，其中，煤炭工业和钢铁工业是全区经济的基础。鲁尔工业区发展至顶峰时，其工业产值曾占到全国的40%。在重化工业发展的同时，服务于大量工人的轻工业，如服装工业、纺织工业、啤酒工业等，也迅速发展。二战后，德国经济一派萧条，加上煤炭资源日趋枯竭，重化工经济结构的弊端开始显现，传统的煤炭工业和钢铁工业开始走向衰落。很多煤矿和钢铁厂倒闭，大批的工人失业，工业区内的城市也走向衰落。

从20世纪60年代开始，鲁尔工业区开始转型发展。第一阶段为20世纪60年代，通过制定调整产业结构的指导方案，出台优惠政策和财政补贴推进传统产业清理改造，改善交通基础设施，兴建和扩建高校与科研机构，集中整治土地，完善生产布局。第二阶段为20世纪70年代，在继续改善基础设施、推进传统产业向现代化转型的同时，大力发展新兴工业和轻工业，积极发展电气工业、电子工业，加快产业结构调整。第三阶段为20世纪80年代后期，鲁尔工业区逐步形成各具特色的优势行业，工业区内经济结构实现多样化、现代化。

经过约 30 年的调整与改造，鲁尔工业区已不再是一个衰落的工业区，成功实现了经济转型。该工业区的产业体系从以煤炭工业和钢铁工业为中心的资源型产业体系，转变为以煤炭和钢铁生产为基础，以电子计算机和信息产业为龙头，多种行业协调发展的新型产业体系。鲁尔工业区的振兴计划为全世界的旧工业区改造提供了范本。它的转型策略不是简单的废旧立新，而是旧物再利用。通过综合整治，发展新兴产业；通过改变原有建筑、设施及场地的功能，既再现了工业区的历史，又为人们提供了文化和娱乐生活的园地。整个鲁尔工业区变成了一个博物馆和休闲区。城市面貌焕然一新，人们生活和谐平静，环境优美、空气清新，蔚蓝的天空下绿树成荫、鲜花遍地。该地区的经济在新技术的带动下朝气蓬勃，蒸蒸日上。人们称鲁尔工业区是资源型城市成功改造转型的经典案例。

2. 将创新注入城市经济发展

产业和经济是现代城市兴衰的关键。鉴于创新对城市产业和经济发展的基础性、全面性影响，发挥创新在城市产业和经济发展中的重要作用，就成为研究讨论现代城市建设发展的一个重要议题。科学、技术、创新的外部性问题，在现代城市的建设发展中同样存在。因此，使科学、技术、创新成为城市产业发展和经济增长的内生要素，同样需要在制度与政策、体制机制上做出安排。

在第三章，我们分析了科学、技术、创新的外部性，提出了治理外部性以及将科学、技术、创新注入经济体系的途径。这些政策措施同样适用于把科学、技术、创新注入城市建设与经济体系，以促进城市产业和经济创新发展。具体政策措施请参照第三章的内容。

城市作为经济发展的主体，在实现创新驱动经济发展方面，应当处于领先位置。为检验城市政府在推进经济创新发展上的做法及其效果，可以考虑采取以下举措。

- 城市政府是否把创新作为最重要的政府事务来安排，并由政府的主要领导人负责。
- 城市政府是否出台了鼓励、扶持创新的制度与政策安排，并推动实施。这涉及政府预算安排，鼓励企业创新与创新创业的税收安排，鼓励大学与科研机构支持创新创业的措施等。
- 是否设立了专门的评估机制，在一定的时期内对制度与政策的实施进行独立评估，并向社会公布。不仅要对政府自身的制度与政策进行评估，必不可少的评估还包括：支持科技创新创业的金融制度与政策，尤其是风险投资的制度与政策，支持科技创新创业的公共设施建设、适度监管等。
- 市场导向的城市创新绩效评价。采取客观的第三方评价的方式，对城市的创新绩效，重点是对企业的创新发展、科技创新创业、科技创新创业生态、科技创新创业的设施与服务、科技创新创业要素保障与供应链，以及社区参与创新等方面的绩效进行评价。
- 创新创业文化的培育，城市是否致力于培育、传播创新创业文化，有崇尚与鼓励创新创业者的社会理念。

3. 将创新注入城市建设与治理

现代城市作为人类社会创造的一种新的社会空间组织形态，其建设与发展是规划指导的结果。尽管城市建筑千姿百态，但是各类建筑与街区的建设，都是严格按照城市建设规划进行的。因此，按照现代城市的发展规律以及不同发展阶段的特点，引入创新的方法，科学规划、建设与治理现代城市，就非常重要。

（1）城市发展观察

自 1978 年改革开放以来，特别是进入 21 世纪后，中国的城市快速发展，一座座新城拔地而起，已有的城市迅速扩张、高楼林立，既有高大的公共建筑，又有高层住宅。巨大的公共建筑群，常常配套建设开阔的广场，城市居民进出这些广场有时不太方便。由于缺少高大的绿植，在炎热的夏季，城市的环境很容易使人联想到沙漠。进入 21 世纪，从大城市先开始，汽车进入普通家庭，现在，在进出城市街区时，车辆行驶与存放困难是一个普遍存在的问题。尽管城市交通也在同步快速发展，具体表现为车道增多、道路变宽，但是，城市人口规模持续增加，家庭拥有汽车的数量也快速增加。在快速发展的城市中，许多普遍性的问题开始显现在人们面前。

第一，城市的社会封闭现象。城市高楼林立，但多呈现大院式的布局，楼与楼、户与户之间缺乏交流；门禁到处都是，人们相互隔离，物理距离很近但交际距离很远。茫茫的城市人流中，透露着孤寂与冷漠。乡村人情浓郁的熟人文化与城市的疏远隔离，形成鲜明对比。不一定要在城市推广熟人文化的社会模式，但是人与人之间的走动交流依然值得在创新中传承。

传统的大院式街区建设是中国城市建设的传统。这样做也有其好处，具体体现在管理人员流动、保持大院安全、维护社区秩序、控制车辆穿行与存放等方面。但是从创新、开放、包容、便利的现代城市文化建设的角度分析，大院式的街区建设与管理模式值得深入探讨。

第二，车辆堆积与交通混乱。城市本来就缺乏人们活动与交流互动、儿童玩耍活动的场所与场地，再加上汽车、自行车、摩托车、电动车无序存放，这就造成已经十分有限的场地又被堆放的各种车辆占据。交通混乱表现在：城市快车道上，汽车与摩托车、电动车混行；城市道路支路上，行人、汽车、自行车、摩托车、电动车混行；非机动车道和人行道上，各种车辆乱放、占用盲道；存放车辆困难是普遍现象。现在，在中国，汽车依然处于家庭普及阶段，等待买车的人是一个庞大的队伍。城市交通、车辆存放与管理所面临的现实与前景是严峻的。

第三，休闲、散步场地，开放的锻炼场地，公共绿地和林地，严重不足。社区缺乏可供人们聚会交流的设施、场地和空间，尤其缺乏可供孩子们玩耍的场地，而且由于人口过于稠密以及车辆无序存放，即使有这样的场所，如果不采取硬性的物理保护措施，也难以维持。

第四，就医、上学比较艰辛。医院就医人数过多，尤其是各地的重点医院，普遍存在就医人员过多、过于拥挤的问题。这反映了就医需求与医疗体系布局建设及运营服务之间的矛盾。过多人口异地就医是普遍现象，这不仅造成城市大型医院的就医人员过多，也极大增加了就医成本。子女上学，从入托开始一直到高考结束或者出国留学，大约15年的时间，始终都是父母最为操心的大事。但是这并非易事，上一所理想的幼儿园不容易，上一所理想的小学、初中、高中、大学，也都不容易。孩子的照顾、上下学的接送也是辛苦的事情。面对道路交通现状，许多家长不放心让孩子独自步行或乘公交车上下学。

第五，城市发展已经进入了转型期。一个经济体的人均GDP超过1万美元以后，就会进入战略转型期，不仅持续时间长，而且必然经历生产、生活方面的全面转型。城市建设与治理，面临着高质量的升级需求；城市居民对居住条件的要求，也由满足基本需求转向高质量改善居住条件和居住环境；公共服务也要进行高质量升级。汽车时代的城市建设规划、社区改造、建设与维护都面临诸多挑战。

从2011年开始，中国的城镇化率超过50%，这是一个重大的标志性指标，是中国社会治理的分水岭。中国进入了城镇化社会，这是中国历史上的第一次。城市作为一种经济效率、创新效率更高的社会空间组织形态，对中国发展的影响是巨大的。城市的快速发展不仅大幅提高了中国的经济规模与经济效率，也从本质上改变了中国人的就业结构，大多数劳动者由第一产业转入二三产业，中国的劳动者收入得到了大幅提高；多数人居住在城市，过上了更高质量的生活，人们的健康水平与人均预期寿命不断提高。2020年，中国成功跻身创新型国家行列，城市的发展发挥了巨大的作用。

上述现象具有普遍性，更多反映了城市在建设与治理方面还有很大进步空间。出现上述现象，很重要的原因就是人口密度过大，生活质量提升与空间矛盾突出。与其说这些是问题，倒不如说是挑战。这说明，中国的城市发展进入了高质量发展阶段，需要用提高质量的方式方法，才能解决当下面临的问题。

中国的城镇化是一个世界级的命题，如果中国的城镇化率达到70%，就意味着中国需要有容纳10亿人口的城市规模；并且要让这众多的人口过上高质量的生活。这是中国在制定城市发展战略，进行城市与街区规划设计、功能设计、建设、维护与运营的过程中，必须面对的问题。解决问题的出路在于创新。

（2）创新城市建设的功能设计

城市的规划设计需要创新。功能设计是城市规划设计的关键。在中国城镇化快速发展的近20年里，城市功能表现为功能种类增加与快速发展的特征。人们对有形建筑、商务与产业类片区的开发建设、住宅类房地产开发建设等城市硬件的关注远远超过了对城市管理运营、生产与生活质量、经济与创新效率、街区建设与城市发展系统设计、人口与社会科学治理等的关注。综合考虑城市复杂功能的科学规划与系统设计、跨学科的科学知识与技术应用，发现其中存在明显不足。中国经济处在向高收入国家迈进的关键时刻，城市发展进入高质量发展阶段，适应阶段发展变化对城市建设与治理提出了新需求，有必要创新城市规划设计的理念与方法。按照"以人为本，创新发展"的理念，基于自然科学、社会科学、人文科学的跨学科知识，建立以城市的功能设计为核心，基于数据与实证的城市规划设计的科学模式。做好城市功能系统化设计，以街区为基本单元的城市设计或城市区域设计，城市运营管理与服务设计。

在功能设计上，一定要统筹考虑城市的产业发展与经济功能、科技与教育功能、创新创业功能、社会功能、文化功能以及城市的政治统治和社会治理功能等多元化功能。城市规划设计不仅是政府部门的事，更是跨部门、跨学科的大事。

就解决各类城市发展过程中出现的普遍性问题，以及面向未来实现城市建设与高质量发展的需求而言，城市的多元化功能设计应遵循以下原则。

第一，宜业，即令城市具有良好的宜业功能，包括适宜产业发展、适宜企业发展，以及适宜创新创业。城市也应当选择需要重点发展的产业，并要认真考虑在城市群或都市圈内，如何发展优势产业。

第二，宜居。不同国家对宜居城市的评价标准并不相同。中国也有自己的宜居城市评价标准。城市是否宜居，居住者会有自己的感受。经济学人智库是经济学人集团旗下的商业分析机构，它有一套全球化的宜居城市评价标准，主要指标包括城市安全指数、医疗服务、文化与环境、教育、基础设施等五大类30项独立指标。值得强调的是，对一个开放性城市，特别是大城市、都市圈、城市群来说，其宜居的评价标准应当具有国际可比性；在宜居功能的设计上，应当体现评价标准的国际化。

第三，宜生活。宜生活体现的是生活水平与生活质量，与宜居密切相关。重点关注的要素包括就业质量、就业收入、社会保障、房地产价格与使用成本、教育难易与教育成本、就医难易与就医成本、交通便利程度、生活成本，以及街区环境、文化多样性与包容性、健身锻炼便利性等。这是现代城市规划设计中需要认真考虑加强的人文功能。

第四，宜人发展。主要是指一座城市能给人的发展提供的各种机会，特别是接受一流教育与技能培训的机会，接触顶级专家与世界知名企业的机会，获得多种多样的前沿资讯的机会，以及就业机会等。

第五，保障安全。这是城市功能设计的基础要求，包括应对各种自然灾害、公共安全与社会安全保障、与重大传染病相关的健康安全保障等。

第六，保持活力。城市活力是城市发展的核心要素。因此，城市的规划设计，要把激发城市活力作为核心事项，主要包括：经济活力、创新创业活力、科技教育活力、社会文化活力、国际交往活力等。

第七，历史。城市是历史文化的载体，体现着城市的历史价值、文化脉络。城市历史作为灵魂因素，必须体现在城市规划、城市建筑，以及城市建设和发展的过程中。城市规划设计要把历史文化作为重要部分，不仅要有博物馆等历史文化展示空间，更重要的是，城市规划设计中不能有大拆大建、推倒重来的理念，要把历史建筑的保护、修复、利用作为首选。尽管城市新区可以进行全新的设计，但依然需要体现城市的历史文化特点。有形的建筑是城市历史文化传承的有效载体。

第八，适宜文化与体育发展。城市要适宜发展丰富多彩的文化艺术活动，培育科学精神与创新文化。城市不仅要有集中性的体育设施，更要有适合社区居民日常体育锻炼的设施与场所。

完成城市的功能设计后，再进行城市建设的规划设计，用基础设施、交通设施、信息网络设施，以及街区布局、建筑等来实现这些功能。城市建设不能被简单认为是"金钱可以解决一切"，也不能热衷于大拆大建、重硬件建设、轻以人为本的软件建设，这样做不仅会使城市建设千篇一律，更严重的是会使城市失去灵魂与活力。

《美国大城市的死与生》

此书作者是美国作家简·雅各布斯，自1961年出版以来，成为城市研究和城市规划领域的经典名作。此书对当时关于美国都市复兴和城市未来的争论产生了持久而深刻的影响。作者以纽约、芝加哥等美国大城市为例，深入考察了城市结构的基本元素以及它们在城市生活中发挥功能的方式，挑战了传统的城市规划理论，加深了我们对城市的复杂性和城市应有的发展取向的理解，也为评估城市的活力提供了一个基本框架。此书的可贵之处在于揭示了城市规划背后的社会精神。只有将人文主义精神灌输到城市规划和建筑中，城市才会有生命、有感情。城市是由建筑和人组成的，人才是城市的主角。

（3）将科学知识、技术、科技产品应用于城市建设

将科学知识、技术、科技产品应用于城市建设，是提高城市建设的科技含量和建设质量的有效方式。城市建设一般涉及规划、施工、监督、投资、业主等多元主体；科学知识、技术、科技产品的使用，自然也涉及多元主体。城市建设规划有必要建立"技术尽职调查与评估制度"，在确定规划或在建筑工程启动前，由拥有资质的专业机构就规划设施、建筑工程、建筑维护、建筑材料与设备等涉及的技术和科技产品，进行尽职调查评估。让新技术、新材料和新产品应用于城市建设，让科技创新支撑城市及建筑的高质量建设与建成后的维护。

（4）将创新成果应用于城市治理与运营

在城市治理与运营方面，科学、技术及创新的应用是一个薄弱环节。有人认为城市治理与运营本身没有多少科技含量，所以没有必要突出科技成果的应用。这其实是一个误解。城市的高效治理与运营，特别是大城市及城市群的高效治理与运营，是一个前沿性的重大命题。中国的城市人口规模大、人口密度高，以人为本、做好治理，并非易事。需要探索的事情包括以下三个方面。第一，围绕城市高效治理与运营，对如何提高城市运行效率、提高城市生活质量进行系统研究，增加相关理论知识。第二，如何把自然科学、社会科学方面的科学知识与技术成果应用于城市高效治理与运营。第三，在城市治理与运营部门设立负责科技创新的专门机构，逐步形成可以发挥科技创新作用、改进城市治理与运营的机制。

4. 将创新注入城市服务

城市服务是城市功能与效率的体现，提高城市效率、提高城市生活质量的关键是提高城市服务的质量与效率。城市服务可以分为三类：生活性服务业、生产性服务业、公共性服务业。

（1）将创新注入生活性服务业

从经济学的角度观察，生活性服务业是满足家庭和居民个性化生活需求的一类产业，如就医看病、房屋装修与居室美化、家用消费品，以及餐饮、美容美发、家政服务、婚丧嫁娶、健康护理等方面的服务，均属于生活性服务业的范畴。一般采取商业化、市场化的方式满足这类生活服务需求，也是最为有效的方式。值得关注的是，不同经济发展阶段，人们的生活水平与生活质量有明显的不同。当一个经济体的人均 GDP 超过中等收入水平后，就业开始向高质量发展，收入不断增加，家庭消费趋向多元化、高端化，家庭高价值资产明显增多，新的生活性服务业就会发展起来。例如，孩子的培养与教育、养老、休闲旅游等方面的生活服务需求会不断提高；家庭安防设施、汽车、通信与网络设施、宠物消费等方面的需求也会不断提高。生活性服务业的特点是个性化强、服务群体大、重复性强。对于这类产业，可以应用数字化技术、智能技术、通信技术等新技术。尽管可以通过培育和发展小微企业满足城市生活需求，但是，技术创新可以培育形成现代生活性服务业，特别是互联网时代形成的超大型生活服务类科技企业，规模之大令人瞩目，是生活性服务业创新发展的重要成果。这类科技企业利用互联网广泛的渗透性，用平台化的方式，将大量的消费者、生产者纳入服务范围，并将产品销售、顾客购物、物流配送、支付结算等以数字化的方式整合到一起，在彻底改变了人们购物方式的同时，造就了一批业务规模巨大的互联网平台企业。

20 世纪 90 年代，基于互联网的电子商务企业，例如阿里巴巴、京东等，就是随着信息网络技术、大数据技术、数字支付技术以及物流配送技术等发展起来的可以满足生活服务便利化需求的企业。生活服务是这类企业的主要业务，其特点是有海量客户。这类企业规模迅速膨胀，并成为资本市场上耀眼的明星。尽管这些企业在实现快速发展后，普遍存在业务金融化、研发投入强度不高、缺乏关键核心技术特别是硬科技等问题，并且因此而饱受争议，但是它们的快速发展也说明，没有较高科技含量的生活性服务业也可能成为模式创新创业的重要领域，促进生活性服务业的创新发展。

生活性服务业领域不乏硬科技创新创业，例如中央厨房技术及设备的发明与应用、咖啡制备设备的开发普及，也是十分重要的科技创新案例。家用机器人的研发与应用，则是人工智能技术与机器人制造技术的融合，并应用于家庭生活。可以预期的是，将创新注入生活性服务业后，带来的是生活方式的改变和生活质量的提升。

（2）将创新注入生产性服务业

生产性服务业是重要的国民经济部门，是经济与产业分工发展的结果，是通过提供产业发展所需的服务价值而形成的新型服务业态。生产性服务业的发展对创新创业、培育企业、发展产业、发展现代制造业、提高产业效率有重要作用。主要的生产性服务业包括：金融业、仓储物流业、科技创新服务业、信息与数据服务业、贸易与商务服务业（包括销售代理、广告、展览、技能培训、要素市场等）。生产性服务业是一类新定义的产业，1975 年，美国经济学家布朗宁和辛格曼在对服务业进行分类时，最早提出了生产性服务业的概念。中国的生产性服务业尚处于探索和加快发展阶段，目前尚未形成完善的产业体系和范围界定。这与中国经济所处的发展阶段有关。2013 年，中国第三产业增加值占 GDP 的比重首次超过一二产业，成为国民经济中规模最大的产业。2021 年，中国第三产业增加值已经占到 GDP 的 53.3%，同时，第三产业也是就业机会的主要提供者。

城市经济是国民经济的主体，服务业是城市的主要产业。像北京这样的超大城市，产业结构已经发生了本质变化，与发达国家的经济结构类似，形成了以第三产业为主的产业结构。2021 年，北京的第三产业增加值占 GDP 的比重已达 81.7%。所以，在积极发展现代生活性服务业的同时，应当通过激励科技创新的手段来发展现代生产性服务业，特别是科技型高端服务业。中国处于新发展阶段，产业转型升级是这个发展阶段经济增长的关键。按经济增长规律分析，无论是财富增长还是就业机会的增加，最大的潜力依然在服务业。现代城市更是如此。城市要利用自身的优势，把发展现代生产性服务业作为实现新一轮经济增长的关键。通过科技创新、培育发展生产性服务业新业态、改造传统生产性服务业，提高生产性服务业的效率和竞争力。

先进制造业是经济发展的核心产业，是各个经济体发展的重点产业。先进制造业的发展不仅依赖关键核心技术和产业技术体系，依赖供应链，还依赖生产性服务业，特别是科技型高端服务业。有些人把服务业当作非实体经济甚至虚拟经济，这种观念是错误的。

（3）将创新注入公共性服务业

城市公共性服务业是指提供公共服务"产品"的行业，例如城市交通、教育、医疗、博物馆、城市公园等。公共服务产品的特点与公共产品的特点是一样的，都面向公众，并且在经济上表现为，增加一名消费者，产品的成本基本不变。另外，对于满足消费者个性化需求的公共服务，是难以通过市场的买卖机制传递给供应者的，就是传递到了，往往又难以及时提供。对于这类公共服务，一般不能采用完全市场化的方式，城市政府要发挥主导作用。公共性服务业的发展缺乏市场化动力，提高效率的方法就是政府推动这些行业的科技创新与技术进步。通过科技创新来发展现代公共性服务业，这对城市的高质量发展是有益的。

将创新注入城市服务，一是要把新知识、新技术应用于这些领域。这些新知识包括自然科学知识、社会科学知识以及人文科学知识。二是推动这些领域的创新创业。对于第三产业，特别是生活性服务业，人们通常认为它们是技术含量低、被边缘化的行业，认为许多生活性服务业不过是重复性的简单劳动，在科学技术应用、员工配置（如学历要求）方面，往往不受关注。比如现在，如果一名毕业于知名大学的硕士或博士，在传统的生活性服务业就业，人们会认为是大材小用。这真是一个巨大的误会。服务业已经变得如此重要，以至于成为经济发展的主力军。自从 20 世纪末互联网普及以来，一系列科技企业巨头诞生，这都是将科学技术应用于服务业的结果，其中蕴含的发展机会和潜力是巨大的。为了城市的高质量发展，有必要将科学、技术、创新有效注入服务业，这需要从科技、政策、制度、效率等方面进行深入研究。

5. 培育城市的创新功能

现代城市的发展，以创新作为逻辑起点，无论是企业、产业发展，还是经济发展、社会治理、行政治理，或者城市本身的建设和运营，均建立在现代科学知识、技术进步、科技创新的基础上，城市发展过程也离不开创新。培育城市的创新功能，形成支持引领城市长远发展的创新能力，是建设现代城市、改造衰落城市，并保持城市发展活力的核心事项。由于创新是现代城市的核心功能，因此培育城市的创新功能就是城市高质量发展的关键。如何培育城市的创新功能，需要从以下五个方面做好设计，并在城市建设和城市发展中体现这些设计。

（1）发展现代教育

教育的独特性在于，它是培育形成人力资本的主要部门，也是知识的主要创造部门，又是支撑科技创新的重要部门。从严格意义上说，现代科技的基础在于教育。教育部门不是经济部门，因为其本身不是营利机构，但它却是重要的间接意义上的经济部门。教育部门的发展需要政府、社会、企业的资助。因此，及早普及高等教育及基础教育，对推动经济与社会高质量发展是必不可少的。如果一个经济体普及了高等教育，现代产业发展了，才有可能实现更加充分、更高质量就业。一个经济体是否能够实现高质量发展，在很大程度上取决于人力资本是否能够不断提高。所以，具有一定规模的城市均应设立现代大学，建立健全技能培训体系及完善的大学前教育体系。以中国的行政建制以及人口规模，人口较多的县或县级以上的市，基本上都应当设立一所公立大学，或者至少设立一所公立理工学院；大城市至少应当有一所优秀大学。比如，新加坡是一个城市国家，人口约564万，拥有6所政府兴办的公立大学、5所政府兴办的理工学院和众多私立学校；以色列人口达959万，拥有7所全球知名的大学。发展教育是发达国家实现发达梦想的成功经验，城市应当率先建立现代教育体系。

（2）培育和提高城市科学技术研究开发能力

城市是经济中心、财富中心，这是基本实现了城镇化的国家的普遍现象。大城市应当成为区域科学技术研究开发中心，支撑高质量发展。重要的区域科学技术研究开发中心，应当具有重要的国际影响力，聚集世界顶级科学家、工程师，从事科学研究、技术开发，能产出世界公认的一流科学成果和技术发明。

培育和提高城市科学技术研究开发能力的关键是建设城市科学技术研究开发体系，要保证必要的研究设施、科普设施；政府资助的大学或科研机构，应当主要从事基础研究、应用基础研究；还要有激励企业开展基础研究的政策。

在新发展阶段，城市发展所需要的科学知识与重要技术，应当立足于自给。城市，特别是都市圈，应当肩负起发展前沿科学技术的使命。城市政府资助基础研究，可能没有直接经济回报，但是基础研究可以培育一座城市的科学精神，并支撑技术开发，服务于城市企业、产业发展和社会发展。

（3）培育和提升城市创新创业能力

这是激发和保持城市创新活力的基础，也是应对城市衰落的有效方法。培育和提升城市创新创业能力，基础在于建设城市创新生态，关键是激发创新生态有效运行的体制与机制安排。在创新生态中，大企业、科技型中小企业、风险投资机构、创新创业服务机构、大学与科研机构等多元化的主体，形成了协同发展、相互竞争的关系。为了建设创新生态，重要的做法包括以下几方面。

第一，要有创新创业的设施安排。创新创业是从无到有、从小到大的企业培育发展过程，其风险与不确定性远远高于一般的经济活动。政府推动众创空间、孵化器、加速器，以及现代信息网络、科技产业园等设施安排，是必要的。发展房地产的市场化方法，并不适用于创新创业设施建设。城市政府要发挥主导作用，把创新创业设施建设纳入城市的规划设计与建设中。

第二，要有支持创新创业的系统化政策，形成城市创新创业的良好环境。这是激发创新生态活力的重要机制保障。由于创新创业涉及吸引培养人才、培育科技型中小企业、建设创业服务体系、市场监管等方面，因此，确保政策的系统性是必要的。

第三，城市要发展现代金融特别是风险投资。仅靠传统银行及其金融工具，并不能很好地满足创新创业对金融的专业化需求。需要注意的是，推动城市的创新发展，不仅需要研发投入，还需要风险投资。

第四，要培育鼓励创新、敢于冒险、宽容失败的创新创业文化。让创新创业文化成为城市文化的重要组成部分。

（4）培育城市人力资本

产业革命以后，各国经济发展带来的一条重要经验就是，人力资本是实现经济持久增长的最重要的影响因素之一。实际上，人力资本对科学研究、创新创业、社会发展、就业与收入也有决定性的影响。培育人力资本的特点是，投入高、持续时间长，往往缺乏直接的经济回报。这类经济回报是迂回性、公益性的，更多表现为宏观经济回报与个人收入增加。因此，政府要承担起重要责任，除了前文提到的政府要推动建立现代教育体系外，还要建立技能教育培训制度，目的是针对产业发展需要，培育有专业技能的劳动者。比较有效的教育培训方式是政府与企业或专业培训机构合作。

发展以提高技能为核心的教育培训，对处于转型中的城市有特殊意义。转型时期，有的传统产业需要技术升级，有的传统产业会被淘汰；创新创业活动会更加活跃，新企业、新产业会不断出现。因此，这是一个就业结构调整的时期，容易出现结构性失业。面对技术进步造成的结构性失业，劳动者需要接受新技能培训，以满足新产业对劳动者技能的需求。

（5）培育开放包容的城市文化

文化是城市的灵魂，塑造着城市的形象、风貌、品位，决定着城市的未来。培育和发展具有城市自身特色的文化的关键是开放和包容，包括对世界有益文化的开放、对其他城市文化的开放、对不同文化发展的包容。城市应当成为文化荟萃的高地。

第五节　城市创新发展的两个有效引擎

从发达经济体城市发展的经验，以及中国改革开放以来城市快速发展的实践看，科技园区与创新街区是城市创新发展的两个有效引擎。对处于扩张中的城市，更适宜建设科技园区；对处于稳定发展中的城市，更适宜建设创新街区。

1. 科技园区

科技园区是在一定的地理空间内，通过把科学知识、技术成果转化为商业价值，从而进行创新创业，孵化、培育、发展科技企业与科技产业的区域。科技园区有以下几个特点。

第一，科技园区的基本特征是科学知识与技术成果的商业化转化，目的是培育发展科技企业与科技产业。这是科技园区与其他各种经济开发区最主要的区别。国际知名的科技企业一般诞生或成长在科技园区。

第二，科技园区的发展方式是市场机制意义上的创新驱动，高风险、不确定性强的科技创新创业，以及科技企业聚集，是其基本的表现形式。所以，科技园区一般具有比较高水平的科技创新能力，高质量就业比重比较高，企业研发投入强度比较高，科技人员聚集。

第三，科技园区一般有不同于其他各类园区的制度与政策安排，有利于高风险的科技成果商业化转移转化、科技创新创业、科技企业培育、科技产业发展，以及科技人员聚集。支持科技创新创业的主导金融工具是风险投资。风险投资主要通过投资于园区的科技企业的增值，实现高额经济回报。创业者也可以通过科技企业增值获得高额经济收入。政府对科技企业、科技产业的发展，一般采取相对宽松的适度监管政策。

第四，科技园区内一般采取近科技教育资源、近城市的布局。科技企业、科技创新创业，需要大学、科研机构的支持、参与，所以，近科技教育资源的布局有利于产学研部门间的合作。

科技园区的这些特点，使其形成了适宜科技创新创业、科技企业成长与科技产业发展的生态环境、优胜劣汰的市场竞争机制，可以使科技园区保持科技创新创业的活力。科技企业、科技产业的成长和聚集，以及大学和科研机构的聚集，必然要求有相应的社区作为支撑，为人们的居住、生活提供服务。因此，科技园区的建设发展可以支撑城市社区的发展。科技园区的发展，一般表现为园区建设与城市建设或城市社区建设协同发展的规律。

因此，建设科技园区，相当于为城市创新发展安装了一个引擎，把新的科学知识、新技术、新科技产品带入这个城市；以新的科学知识、新技术、新科技产品，孵化和发展新企业、新产业，为城市产业发展和经济发展，注入新的动能；新企业、新产业又会增加新的经济产出和新的就业，从而带动社区建设、支撑城市发展。

自 1988 年开始，中国开始建设国家高新区，实际上就是高科技园区。中国的做法是在科教资源比较丰富的地级以上城市（相当于三线以上城市）的近郊，规划确定高新区边界，设置专门的政府管理机构，负责推动高新区建设，重点是制定有利于科技创新创业、科技企业和科技产业发展的政策与改革措施。近城市的布局可以让现有的社区支撑科技园区的建设发展。截至 2022 年，中国的国家高新区已经发展到 177 个。总体看高新区的建设发展，高新区所在的区域是现代城市社区，不仅科技产业聚集、研发机构聚集、创新能力较强，而且高质量就业比重高、收入水平高、环境优美、公共服务设施配套完善、充满活力。这是普遍现象，当然东部的高新区表现更为突出。高新区发展过程展现的是高新技术产业、科技创新创业、现代金融与城市建设发展之间相互促进的正相关的关系。这证明兴办科技园区是推动城市创新发展的有效方式。

2. 创新街区

（1）关于街区制的发展

1990 年初，美国、英国、德国等欧美国家开始按照"新城市主义"的理论指导城市规划设计，针对私家车普及以及社区商业郊区化等造成的城市蔓延性扩张、环境污染加重、交通堵塞、通勤时间长及距离远等若干"城市病"问题，强调城市的生态平衡，倡导通过城市更新和建设卫星城来替代城市蔓延；并提倡发展街区制，在设计上强调建设开放式社区，以社区为中心实现住宅、商店、办公楼、娱乐、教育、绿地等设施的功能混合，建设适宜步行的城市密度，使自然环境与社区有效结合，发展公共空间，重建邻里生活。所以，街区制是居住、就业、生活与商业的空间集中融合，房子建在道路边，不设围墙；街区既提供住宅，又有丰富的商业配套和休闲配套设施，宜居且生活便利。比较常见的形式是：上面住人，下面营商；上面是私有空间，下面是商业空间或者公共空间。住宅与外部城市空间全面打通，形成没有围墙的开放式社会。

新城市主义理论兴起于 20 世纪 80 年代。以现在的标准判断，当时，欧美经济发展接近高收入门槛。欧美国家推广街区制的时期，是汽车普及进入家庭、城市规模不断扩大、交通堵塞严重的时期。调整城市建设规划，改善城市治理，提高生活质量，是这个时期城市建设发展的迫切需求。2015 年，中国首次在国家层面提出，新建住宅要推广街区制，原则上不再建设封闭住宅小区。这一时期中国所处的发展阶段与当时的欧美国家很相似。目前，这项城市建设制度尚处于推广的初期阶段，中国有悠久的大院式街区建设传统，要改变这一传统并非易事。这里提出创新街区，是希望就创新街区建设深入研究探讨，并在城市建设发展中给出试验示范。

（2）创新街区的功能及规划建设理念

本章第一节已经介绍了创新街区的概念，这个新概念是美国布鲁金斯学会的学者布鲁斯·凯茨于 2014 年提出。中国在国家层面已开始了创新街区的试点建设，首个试点街区就是"西安碑林环大学硬科技创新街区"。如何认识创新街区？创新街区的功能与作用是什么？如何规划设计创新街区？创新街区作为一项新生事物，这些问题是值得讨论的。

创新街区的出现，主要是为了应对城市街区发展存在的衰落、活力下降等突出问题。在一般情况下，城市街区一旦建成，是难以舍弃的。尤其是现代城市，其拥有丰富而复杂的功能，承载着生产、创新多方面的事务，众多人口居住生活在城市街区。对于老旧且衰落的街区，如果采取推倒重建的方式，不仅代价高昂，而且易对街区的历史建筑、人文景观及居民生活状态造成破坏性影响。一般情况下，产业与经济发展的停滞、衰落是城市街区衰落的基本原因。因此，城市街区衰落的时期，必然是失业严重、生活水平下降、治安与环境变差、公共服务水平下降的时期，也是社区财政收入下降的时期。街区是城市建设与治理的基本单元，是城市多样化功能的承载者，体现着城市的生活质量。创新街区诞生的使命就在于复兴衰落的城市街区。

为什么要探索创新街区建设？有以下多方面的原因。

第一，中国的城市已经普遍进入了转型发展阶段。改革开放后的 40 多年，是中国城镇化快速发展的时期。2011 年，中国城镇化率首次超过了50%。2019 年，中国的人均 GDP 超过了 1 万美元。按照经济发展与城市发展之间的协同发展规律，城市发展与经济转型升级并行，也会进入以提高发展质量为特征的转型发展期。提高城市发展质量需要创新要素的注入。

第二，在城镇化快速发展的时期，由于城市内部产业发展不平衡、片区开发不平衡，城市，特别是大城市，会存在一些老旧的传统街区、老旧工业区、商业区，甚至存在由产业转型、矿产资源枯竭、物流交通调整等造成的整体性城市衰落现象。这些街区或城市，就业质量低、失业严重、闲杂人员集中、缺乏活力、居住环境恶化，很难用传统的方法来实现这些街区或城市的复兴。用创新发展的方法，通过改造完善老旧建筑与设施，引入科技企业，发展科技产业，这是有效的选择。

第三，在城市的快速发展过程中，乡村的村落、设施、土地整体性并入城市是普遍现象。为了做好村落的城镇化、农民适应城市就业、保护具有重要历史价值的乡村建筑等工作，"城中村"转型发展势在必行。

创新街区的规划建设理念，就是基于现存的街区，遵循现代城市发展的规律，按照以人为本、激发活力的原则，对创新、产业、街区进行系统设计，对老旧街区、衰落街区或城市进行局部改造和开发，保护历史文化建筑，把科技创新创业、创新型企业，特别是科技型中小企业，引入这些街区；同时培育和加强其创新发展能力。新产业可以创造就业机会、振兴街区经济，构建创新发展、产业发展与街区发展的良性互促关系，最终实现老旧街区、老旧工业区的复兴，促进城市创新发展。

创新街区的建设，既可以引入新的科学知识、新的技术、新的企业，创造新的就业机会；又有利于通过新产业聚集各类人才，建设科技创新创业设施，培育创新能力；经济的发展，可以更好地支撑街区建设，提高收入水平，提高生活质量。这样的创新、产业、街区一体化的建设发展，有利于激发街区活力，形成可持续的发展机制。

（3）建设原则

创新街区的建设发展，应当遵循以下四个方面的原则。

第一，要对现存的衰落老城区进行开放式物质改造，形成开放的街区化环境。对临街商业店铺进行设计与布局，方便人们居住、购物、生活；商业店铺的合理布局可以形成开放通畅的通道，使街区具有良好的自我安全保障机制；通过公共设施建设以及可供公共休闲、交流、老人与孩子玩耍的空间建设，促进街区人与人之间的交流沟通，激发社区发展活力；通过保护历史文化建筑，保持街区的文化特色；通过提供公共服务，促进街区生活便利化。

创新街区的建设体现了城市建设分散化布局的理念，以街区为载体，合理布局住宅、商业区、公共服务区、公共空间，引入科技型中小企业，有助于形成去中心化的商业模式，因集中布局大型商业中心、远途通勤等造成的人员密集出行、交通压力等问题，可以得到缓解。

第二，必须改造和建设支撑科技创业孵化、创业服务的设施与平台，以吸引创业者开展创新创业活动，聚集科技企业和科技产业。适宜创业、适宜科技型中小企业聚集，是创新街区的基本特征。老旧街区或老旧工业区，一般缺乏众创空间或孵化器之类的创新创业载体，因此，在对街区进行改造设计时，不仅要留出各种中小企业的发展空间，而且要提前预留一定的空间，用于创新创业设施的布局。

第三，要有激励与扶持在创新街区开展创新创业的政策，使创新街区与科技园区一样具有良好的创新创业环境。布局大规模生产设施会使创新街区的建设在空间上受到制约，因此，对需要布局大规模生产设施的产业项目，应当在城市郊区或科技园区做出对接安排。

第四，要建立健全创新创业配套服务。支持创新创业、孵化培育科技企业、发展科技产业，离不开金融服务、商务服务、政务服务、法务服务等相关配套服务。有了这些配套服务，才能营造良好的营商环境和良好的创新生态。在这些配套服务中，有一项重要的服务就是政府监管。对创新街区的创新创业以及科技型中小企业，政府应当进行包容性监管，尤其是对新的科技企业、科技产业。如果沿用对传统产业采取的严格监管标准，将不利于新企业的发展。

第七章

宏观创新发展政策研究

◄◄ 引　语 ►►

宏观经济政策源于金融危机。1907 年，美国金融危机爆发，这是美国历史上最严重的金融危机之一，即 1907 美国大恐慌。这次危机导致美国生产减少 11%、大量公司破产。为有效应对金融危机，美国中央银行——联邦储备系统建立。美联储的建立标志着美国宏观经济政策——货币政策的正式诞生。

1929 年，美国爆发了波及全球的大萧条，这是历史上规模最大、破坏性最强的经济危机。美国政府打破常规，采取政府强力干预经济发展的政策，开启了政府系统性干预经济发展的先河。这标志着美国宏观经济政策——财政政策的诞生。20 世纪 30 年代，宏观经济学诞生，为宏观经济政策制定提供了理论依据。二战后，美国国会通过了授权联邦政府稳定经济的立法。至此，美国形成了以财政政策和货币政策为主要工具的宏观经济政策体系。

全球最大的两个经济体，中国与美国，都有自己的宏观经济政策，两国均十分重视创新发展。近年来，两国之间的竞争加剧，经济体制、科技创新体制以及各自的宏观经济政策，将对两国经济及科技创新发展产生重要影响。

制定宏观创新发展政策是一个具有挑战性的任务。一方面需要考虑：如何认识宏观创新发展政策？现行宏观经济政策的效用如何？宏观创新发展政策与宏观经济政策、科技政策的关系是什么？另一方面需要考虑：是否需要制定宏观创新发展政策？如果需要制定宏观创新发展政策，如何制定、实施与评估？

第一节　宏观创新发展政策的兴起

当前，宏观创新发展政策处于兴起阶段。从各国的实践和学术界的观点看，直到目前，各国并没有在宏观创新发展政策的问题上达成共识，甚至就没有各国公认的宏观创新发展政策。从宏观经济发展维度来看，学术界关于创新发展的宏观政策研究不够深入，或者说非常薄弱。各国制定的有关国家创新发展的政策，一般是从属于宏观经济政策的。由于科技创新是创新的主要部分、核心部分，也是各国关注的重点，所以，若干国家制定的创新政策更像是科技政策的延伸，一般由主管科技工作的政府部门牵头研究制定，并作为政策实施执行的主要部门。

创新活动涉及科学研究、教育培训、创新创业、科技企业与科技产业、风险投资、政府监管等多个方面，有显著的跨界特点。创新活动的直接结果是孵化企业、培育产业，形成新的经济产出，是市场经济的重要组成部分。因此，创新活动是一类经济活动。由于创新活动涉及将科学知识、技术成果转化为经济价值的过程，所以，创新活动兼具科技成果转化与经济活动的特点。一般的科技政策并不适用于创新活动，一般的经济政策也不适用于创新活动。这就带来了如何认识创新发展政策、如何研究制定创新发展政策的命题。如果以一个经济体整体的创新发展为研究对象，那么就产生了宏观创新发展政策这个新命题。

二战后，以美国为代表，其制定了关于发展科学的法律以及国家科技政策。法律明确了联邦政府发展科学的职责、美国科学管理体制、预算安排、资助方式与资助对象。美国国会与联邦政府设立了科技政策研究机构、政策实施协调机构、基础研究与人才培养资助机构，科技政策被作为法律工具。美国制定的法律和政策实际上是以资助大学进行自然科学基础研究（如医学基础研究）和社会科学基础研究为主要内容的。此前，美国已经具备规模不大的资助医学研究以促进国民健康的科技体制。若干联邦政府的部门设立了从事应用基础研究、技术开发、技术推广应用的科研机构。国防领域的科学技术研究则采用相对独立的体制机制。对于技术开发与创新，美国的主流观点是其属于市场，因此，主要由工业部门、企业自行负责。

美国于二战后制定的这一系列科技政策持续了30多年，一直到1982年，美国开始调整科技政策。标志性的事件是美国于1982年在全国正式启动了针对小企业的小企业创新研究计划。此前，美国制定颁布了《拜杜法案》，其基本目标是推动受到联邦政府资助、从事基础研究的大学开展针对企业的技术转移、科技服务。小企业创新研究计划是一项跨部门的创新行动计划，实际上是美国在保持原有科技政策的同时，制定的针对企业的创新政策。这标志着美国创新政策的重大调整。尽管创新政策还不够全面，但是，已经远远突破了原来的科技政策主要用于资助大学的传统做法，法律授权政府可以通过政府部门的财政科技资金，直接资助企业进行技术研发。当然，在具体的政策执行上有所限制，比如资助范围限定为企业竞争前研发，并且只能资助小企业。在制度与政策理念上坚守市场经济原则，防止政府干预企业以造成市场扭曲。

2009年，《美国创新战略》颁布，这是美国创新发展政策的里程碑，标志着创新发展正式成为美国的国家战略，并成为一项宏观政策。战略的制定、实施、执行由白宫负责，实际上就是美国总统直接领导、负责《美国创新战略》的制定与实施。从战略与政策的制定过程与实施情形看，美国的科技政策独立于经济政策，创新战略与政策则相对独立于经济政策，不是完全独立的。当然，在政策的实施上，美国的相关政府部门协作进行。我们认为这就是一项正式的美国宏观创新发展政策，这项政策的目标在于实现美国经济持久增长。

美国的这一做法产生了广泛影响。不少国家借鉴美国的做法，完善了自己的科技政策及其体制安排，也形成了自己的创新发展政策及其体制安排。从各国的政策目标来看，创新战略与政策的直接目标是实现经济增长。所以，创新发展政策又很难完全独立于经济政策，如何处理二者之间的关系，既充分发挥经济政策的效能，又充分发挥创新发展政策的效能，以更好促进经济持久增长、激发经济活力、更有效地应对商业周期，这是值得深入探讨的。自 20 世纪末全球进入互联网信息时代以来，科技创新对经济发展的影响更加突出，并引起各国的广泛重视，宏观创新发展政策变成了一个重要的经济议题。特别是不少国家把创新发展上升为国家战略，把科技创新作为实现经济发展、改善就业、保障国家安全、巩固扩大军事优势最重要的选项。传统上，各国均有负责经济发展的政府部门，也有负责科技发展的部门，两类部门的体制设计是并行的。为适应创新发展的时代需求，这两类部门的体制机制安排面临深度调整与融合。

第二节　现行宏观经济政策

1. 宏观经济政策的概念

宏观经济政策一般是指政府或某个法定组织为了解决宏观经济发展出现的问题，或实现宏观经济发展目标，制定的影响经济体整体发展的指导原则、政策工具和相关执行措施。

需要注意的是：不同国家的宏观经济政策并不相同。这主要是因为，不同国家的政治制度、经济体制不同，政府对干预经济发展的法律授权不同；政府对干预经济发展奉行的理念不同，干预的方式和可以使用的工具不同。另外，对于不同的经济发展阶段、不同的经济状况，需要采取不同的干预政策。不过，从宏观经济学的角度看，保持宏观经济稳定增长、均衡发展，扩大、稳定就业，保持价格相对稳定，应对经济过度波动，是各国制定宏观经济政策的共同目标。

2. 主要宏观经济政策及相关政策

实际上，宏观经济政策是一套宏观经济政策体系。所以，人们形象地把宏观经济政策比作"政策工具箱"，其主要包括以下 3 类。

一是财政政策，包括财政预算、预算执行、税收政策。可能还包括政府非税收入的相关政策，例如土地政策、外汇政策、国有资产及其收入政策。

二是货币政策，包括利率、信贷量、信贷条件等。

三是开放政策，包括贸易政策（如关税政策、非关税贸易措施、制裁措施等）、利用外资政策与对外投资政策。

比较受关注的两大宏观经济政策是财政政策与货币政策，因为这两大政策便于操作，可以发挥更加直接的政策效果。开放政策也是十分重要的宏观经济政策，尤其是在开放经济中，但与财政政策和货币政策相比，开放政策不是纯粹的国内政策，它涉及与国别政策、国际组织政策的协调。

对宏观经济发展可以发挥显著作用的还有另外几项政策，它们受到的关注相对较少，分别是教育政策、科技政策、创新发展政策、结构性改革政策。

教育政策与科技政策是通过影响知识产出、技术产出、人力资本，从而影响经济发展的政策。不过，教育政策与科技政策对经济发展的影响呈现出比较明显的迂回性、间接性、长期性特征，但是其对经济发展有全面、长远的影响，突出表现在个人能力与效率提升方面。

创新发展政策的政策对象主要是企业与经济活动，而且其对经济的影响是全面的、长期的，特别是对新产业的培育、经济竞争力与效率提升、产业转型升级发挥着直接作用。

结构性改革政策是影响经济结构、产业结构、经济体制、基本经济制度的政策，其政策效果是基础性、根本性的，一个很形象的比喻就是——"伤筋动骨"的政策。

3. 宏观经济学的影响

宏观经济学是将经济运行作为一个整体进行研究的经济学科。宏观经济学的核心议题有两个：一个是经济增长，主要研究经济产出和生活水平的长期变动规律和趋势；另一个是商业周期，主要研究经济产出、就业、价格、金融的周期波动。一般认为，1936年英国经济学家凯恩斯的著作《就业、利息和货币通论》的出版，标志着宏观经济学的诞生。宏观经济学的理论发现为政府发挥作用、制定宏观经济政策、干预宏观经济运行、应对商业周期，提供了理论依据。二战后，主要市场经济体纷纷把政府的财政政策和货币政策作为宏观经济政策，这种做法无疑受到了宏观经济学理论的影响。美国政府于1929—1933年大萧条之后推出的经济新政，发生在宏观经济学建立之前，实际上是政府应用宏观经济政策来应对经济危机、影响经济运行的实践。这对之后政府制定与实施宏观经济政策，发挥了重要示范作用。

4. 关于科技政策与创新发展政策的讨论

关于科技政策与创新发展政策的关系，一直存在争论。有人认为这两项政策可以合并为一项政策，均纳入创新发展政策之中。理由是科技政策是创新发展政策的组成部分，没有科技的支撑，难以开展科技创新。不过，传统的科技政策基本上是以科学为主体的政策，后来延伸到了技术研发领域，政策对象主要是大学和科研机构。企业也参与科学技术的研究开发，一般是辅助大学和科研机构。创新是经济活动，创新发展政策的对象是企业，如果大学和科研机构参与创新，要么自己创新创业，要么支持企业创新创业。因此，这两项政策既有密切联系，又有明显区别，特别是在政策对象与政策目标上，两者是不同的。所以，将两项政策合并并不一定妥当。

经济体系类似一个生命体，正如生命体的存活受到多种因素的共同影响，经济体系的运行也受到多种政策（如经济政策、科技政策、创新发展政策）的影响。如果这些政策能够发挥协同作用，那么这种协同作用所发挥的作用自然与单一政策是不一样的。因此，是否应当把这几项政策，特别是创新发展政策也纳入重要宏观经济政策之中，与财政政策、货币政策一样，给予重点设计安排，这是值得深入研究和讨论的。

5．宏观经济政策及相关政策的效应

（1）关于财政政策与货币政策

不可否认的是，各市场经济体制定的宏观经济政策的经济学依据，是凯恩斯的宏观经济学，即通过宏观经济政策的作用，影响总需求与总供给，实现经济增长、就业稳定与增加、价格稳定；减缓经济过大的波动，应对商业周期。例如，采取积极的财政政策，扩大政府支出，可以扩大需求、促进就业、拉动经济增长。如果采取相反的财政政策，则会产生相反的效果。财政政策的工具具有广泛性、多样性的特点，可以有多种财政预算和预算执行的方式，可以直接影响经济活动，既可以影响分配、生产活动，也可以影响消费活动。税收政策也是多种多样的，税率的高低、税收的具体经济活动环节、税收的时间节点不同，其发挥的效应是不一样的。税收政策，不仅直接影响政府收入，而且直接影响经济活动。高税率属于紧缩性财政政策，低税率则属于扩张性财政政策。

扩张性或紧缩性货币政策，它可以起到类似财政政策的作用。低利率、宽松的信贷条件，可以扩大需求、扩大货币流出；高利率、严格的信贷条件会抑制需求，促使货币回流与紧缩。因此，利率直接影响国际资本流动，国际化水平越高的国家，其利率的国际影响越大。低利率导致货币贬值，高利率导致货币升值。汇率的变动直接影响国际贸易、外汇市场与外汇结算。货币政策也严重影响资产价格，低利率、宽松的信贷条件会提高资产价格；高利率、严格的信贷条件将降低资产价格。从政策发挥作用的角度看，货币政策的作用是基础性的，由于货币政策可应用的货币量大、覆盖范围广，它带来的效应远远大于财政政策。另外，货币政策可以更好地应用市场机制发挥作用，市场效率比较高。所以，一般情况下，货币政策的作用远远大于财政政策。

从政策目标和功能定位看，财政政策重点是公共产品的供给、营商环境的营造、国防建设、科学与教育等，特别是促进经济增长、稳定和增加就业方面。微观上，财政政策不直接干预企业经营；宏观上，一般不设定经济增长目标。布雷顿森林货币体系解体后所实施的现代货币政策的基本目标是，实现经济增长、就业稳定与价格稳定，基本工具是利率，利率是市场性的，但是中央银行可以引导利率的变化。在对具体经济目标的调控上，一般将目标通货膨胀率作为实施货币政策最重要的依据。通货膨胀率与失业率、就业率是密切相关的。高通货膨胀率往往对应低失业率、高就业率，这种时候倾向实行高利率的货币政策；低通货膨胀率往往对应高失业率、低就业率，这种时候倾向实行低利率的货币政策。这就带来了一个很大的问题——实现目标通货膨胀率，有可能造成经济衰退甚至萎缩。

（2）关于其他政策

世界主要经济体均有政府制定的教育政策、科技政策、创新发展政策、结构性改革政策等。

关于教育政策与科技政策。教育政策涉及大学教育、大学前教育，以及面向企业、产业需要的技能培训。自 19 世纪初现代大学诞生以来，大学与经济的关系发生了实质性变化。可以说，传统上处于经济体系之外的大学，实际上已经参与到了经济活动之中。一方面，大学提供各产业发展与社会发展所需要的相应技能的劳动者，培养科研人才、工程技术人才、社会治理与服务人才；另一方面，大学提供科学知识和技术成果以服务经济发展。

值得关注的是，由于技术进步速度加快，技能培训作为支持企业、产业创新发展的重要举措，普遍得到加强。

科技政策对科学知识创造、技术开发有十分重要的作用。支持基础研究是政府的职责，如果政府不支持基础研究，很难发展科学。尤其是现代科学已经延伸到了大尺度的宇宙领域以及小尺度的微观粒子领域。这些领域的科学研究，既需要持续的大规模投入资金，又需要昂贵的大科学装置、基础设施、仪器设备的投入，更重要的是，需要科研团队的加入。在现代科学发展的早期，主要依靠科学家个人进行科学探索的模式，并不适应现代科学研究。尽管企业发展成效显著，一大批科技巨头也从事或资助基础研究，但是基础研究主要依赖政府的局面依旧，甚至依赖程度加深。技术开发依赖政府，更依赖企业。总的来看，除了国防、公共安全领域外，世界主要经济体的技术创新主要依赖企业。政府主要提供制度与政策安排，激励企业开展技术创新。国防与公共安全领域的技术创新，由于涉及保密和商业化发展管控等原因，不太适宜由市场主体独立负责，一般主要由政府负责。不过，政府与企业合作，是发达国家普遍采取的国防技术创新模式。鉴于科学知识与技术成果对企业培育、产业发展，以及经济竞争力的重要性，特别是二战以后，科技政策的经济属性更加明显，各国的科技政策安排不断向创新领域延伸，均突出强调发挥科技对经济与社会发展的支撑引领作用。

所以，教育政策与科技政策既影响教育与科技事业本身的发展，也直接影响产业与经济发展。

关于创新发展政策。创新本质上是一类特殊的经济活动，其区别于一般经济活动的特殊性，主要表现在科学知识、技术成果转化为商业价值的过程，以及面临风险高、不确定性强上。所以，政府做出必要的制度与政策安排以支持创新是必要的。创新成果离不开新产品的商业化、科技企业的培育与科技产业的发展。从政策目标上看，创新发展的目的是实现经济增长，发挥作用的路径，一是孵化培育新企业、新产业；二是激励企业技术创新，依靠技术进步以提高生产率、提高市场竞争力。在市场竞争十分激烈的国际化时代，科技创新的作用更加重要，甚至是关键性的。

关于结构性改革政策。系统的功能取决于系统的结构，经济体系的结构决定该经济体系是否能够有效率地运行。影响经济的结构性因素包括经济体制、基本经济制度、产业结构、产业体系、城市与乡村关系等若干涉及经济体系结构的因素。经济体系的结构不是一成不变的，例如，产业结构就是不断演进的。结构性改革政策对经济体系运行的影响是长期的、全面的，并具有根本性。

这几项政策均与经济发展直接相关，政府均负有重要责任。政策实施带来的作用既是微观的，更是宏观的；政策实施带来的经济效应是长期的、基础性的，对于提高经济效率，实现经济的持久稳定增长不可或缺。尤其是创新发展政策，一旦依托科技创新形成的新企业、新产业发展壮大，对传统产业的影响有可能是颠覆性的，或带动传统产业转型升级，即发挥了结构性作用。由于形成了新的产业结构和新的产业体系，一个经济体就可以凭借新的科技产业形成新的竞争优势。

6. 宏观经济政策的制定

一般情况下，由政府负责宏观经济政策的监测、评估、制定。尽管世界主要经济体实行的都是混合经济体制，但是各经济体在宏观经济政策的制定上有很大不同，包括政策涉及的经济活动范围、具体的政策工具，以及政策的制定过程与责任主体。

例如，中国是世界第二大经济体，实行的是社会主义市场经济体制，是以公有制为主体、多种所有制经济共同发展的形式。中国宏观经济政策的一个特点是，在中国共产党的领导下制定该政策，国务院在政策的研究、制定、政策实施及监测、评估等方面，发挥着非常重要的作用。中国宏观经济政策的另一个特点是政策的全国统一性，经中共中央、国务院发布的政策，全国各地区各部门均要执行。

再如，美国是世界第一大经济体，政治上实行"三权分立"，经济上实行的是财产私有制度。美国宏观经济政策制定有自己的特点，国会负责立法，明确政府制定宏观经济政策的权限，政府在国会赋予的权限内，负责政策的制定并执行；超出权限的，则需要国会的批准。美国政府直接掌握的宏观经济政策权限的主要范围是财政政策和开放政策。一个例外是美国的货币政策，美国政府在货币政策制定上的作用十分有限。货币政策的制定、执行、监测与评估模式基本以市场为主，具体的责任部门是美联储。从财政政策与货币政策的效应分析，一般情况下，美联储在经济发展与稳定上发挥着更大的作用。美国宏观经济政策还有一个特点是政策的有限性，也就是说，各州不一定完全执行联邦政府发布的宏观经济政策。由于美联储采取的是会员制，所以也不是所有的银行等金融机构，均会执行美联储制定的货币政策。

欧盟国家的宏观经济政策也有自己的特色。欧盟自 1993 年成立以来，在宏观经济政策的一体化方面取得了显著进展，例如，统一了货币，建立了统一的经济政策协调机制，形成了体系化的经济职能组织机构，并掌握着巨大的财源。由于欧盟是根据国际条约成立的组织，其宏观经济政策对成员国有重要的约束性、指导性，各成员国的宏观经济政策要服从于欧盟的宏观经济政策，或者要协调好与欧盟的宏观经济政策之间的关系。

直到目前，世界主要经济体的宏观经济政策主要是财政政策、货币政策和开放政策中的贸易政策与对外投资政策。

研究制定宏观经济政策应当遵循科学和审慎的原则。不同的经济体，由于其发展阶段、经济规模、发展条件、经济体制与机制不同，其经济发展目标、需要解决的问题自然也是不同的。加上各经济体政治体制不同，其宏观经济政策自然也是不同的。例如，成熟的大型市场经济体与新兴市场经济体、小型市场经济体的宏观经济政策明显不同。大型市场经济体由于产业体系比较健全、企业数量多、企业规模大、人口与经济规模大，所以，保持经济的稳定发展非常重要，保持经济体系的均衡发展非常重要。因为，一个宏观经济政策的微小变化，都可能导致经济体的经济规模发生巨大的变化。像中国这样的大规模经济体，如果 GDP 增长率变化 0.5%，GDP 将有近 6000 亿元的变动。从经济学的角度看，一个经济体保持稳定发展，关键在于其拥有稳定的宏观经济政策，可以有效发挥市场机制的作用，政策的大幅度调整会破坏经济体系运行的均衡。所以，要科学、审慎地制定宏观经济政策。

7. 宏观经济政策的三个议题

上述几项政策的制定、执行及政策效果评估是三个不同的议题。

关于宏观经济政策的制定。要综合考虑政策制定需要遵守的理念、授权依据、制定机构、发布机构、执行机构、评估机构等。不同的授权依据、制定机构、发布机构以及执行机构等，对政策的地位、覆盖范围、执行力度有直接影响。

关于宏观经济政策的执行。要考虑政策的执行主体、执行方式方法。政策的执行主体主要有两种。一种是中央政府及地方政府，这是最高的执行方式安排，执行的政策一般是全局性的。另一种是政府部门，执行的政策一般是行业性的、局部的。政策执行的方式方法对政策效果有重要影响。例如，政府为鼓励创新的税收政策，在执行的层次上就涉及若干具体的执行细节，像税收起征点、税基核定、成本归集规范、征收时间（事先征收、事后征收、先征后返等）、具体税率等。不同的征收方法对经济活动的影响是十分不同的。

关于宏观经济政策的效果评估。建立政策评估机制是现代宏观经济政策所有环节中的重要一环。进行政策评估可以对宏观经济政策的效果进行评价，例如，政策的实施是不是达到了预期的政策目标、有没有出现问题、政策实施的成本等；也可以发现政策本身及执行环节存在的不足，为今后政策制定提供借鉴。如果采用了循证决策方法，那么政策的评估应当成为必要环节，并且应当由有专业资质的机构进行独立、客观评估。

第三节　美国的宏观经济政策

1. 美国的经济体制

现代美国经济并非真正意义上的市场经济，而是财产私有、法制健全的混合经济。传统上，自由放任的市场经济，主要实行由个人和私营企业决定生产和消费的经济制度，包括供求、价格、市场、盈亏等一整套机制，解决生产什么、如何生产和为谁生产的问题。但实践证明，自由放任的市场经济虽然有自由竞争、优胜劣汰的市场机制，但是又存在爆发经济危机的巨大风险，也难以解决市场的外部性造成的问题。

美国是在《国富论》出版的同年诞生的。在 1946 年以前，美国是自由放任的市场经济。1907 年美国爆发的大规模金融危机造成了比较大的经济破坏，1913 年美国国会通过了《联邦储备法案》。1914 年，美联储正式建立并陆续投入运行，作为干预经济活动的宏观货币政策与金融体系逐步形成。但美联储并非政府机构，实际上是独立于联邦政府的中央银行。

1929—1933 年，美国经历了大萧条，面对规模如此巨大的大萧条，美联储并没有发挥应对经济危机的有效作用。面对经济危机造成的银行破产、企业破产、严重失业问题，政府开始干预市场经济活动。1933 年，罗斯福就任美国总统，启动了经济新政。政府出台一系列政策，刺激和扩大社会总需求，创造就业机会，促进经济恢复。但是，尽管经济状况不断好转，但是美国并没有从经济危机中彻底走出。直到 1941 年，美国参加二战，巨大的战争规模导致政府支出急剧增加、经济需求大规模扩大，这才使美国经济彻底走出了大萧条的影响。这也证明，政府大规模增加支出，对于恢复经济增长是有效的。二战后，1946 年，美国国会通过立法，正式授权联邦政府采取措施以稳定美国经济、稳定就业。此后，美国结束了自由放任的市场经济，转向政府干预与市场相结合的混合经济体制。

所以，1929—1933 年的大萧条是美国经济体制改革的分水岭。但是，总的来看，美国经济还是由市场发挥决定性作用，企业自主经营，在公平竞争中优胜劣汰；政府干预经济的空间是十分有限的，主要集中于市场失灵的领域，例如干预商业周期、扩大与促进就业、减缓商业周期造成的破坏、完善社会保障体系、开展社会救助、保护生态环境，以及提供公共服务等。另外，美国联邦政府并没有制定与实施货币政策的权力。

值得说明的是，现代企业尤其是大企业，一般的组织形式是股份有限公司，投资者占有企业的部分产权，并按投资额承担有限责任。企业可以通过发行股票筹集企业发展资金，股票可以买卖。股票的买卖实现了企业财产所有权的交易流动，并基于市场交易制度实现所有权与经营权的分离。所以，尽管美国是财产私有的市场经济国家，但是，简单地把市场经济国家的企业说成私营企业并不符合实际。大型股份有限公司的实际运营权力，并不属于公司财产的所有者，而是属于公司的管理运营团队，公司的 CEO 掌握着最大的经营管理权力。在美国经济中，中小企业占绝大多数，它们可能是企业财产的所有者并负责经营。但是在经济体系中，发挥支配作用的主要是少数的股份制大企业。这些企业不是传统意义上的私营企业，而是众多财产所有人共同拥有的企业，企业的治理形式包括股东大会与董事会决策、行政管理团队运营。

2. 美国宏观经济政策的特点

（1）关于政策制定的理念

美国制定政策的理念主要表现在以下几个方面。

第一，注重法治下的市场竞争与均衡。即在法律授权范围内，让市场在经济发展中发挥主要作用，政府不干预微观市场主体的内部治理与经营管理。

第二，注重效率和生产率。竞争是产生效率的关键。通过市场竞争，优胜劣汰，提高经济效率。生产率受到效率、技术、企业管理、资本深化等若干因素的影响。提高生产率的基本方法也是市场竞争。

第三，不追求经济增长速度。即在保持经济体系处于有效率、均衡的运行过程中，实现经济增长。

第四，创新发展，力求美国经济的繁荣、强大，力求美国对全球经济发展的领导力。

第五，提高公共服务水平。

（2）主要宏观经济政策

美国的宏观经济政策主要是联邦政府制定的财政政策与美联储制定的货币政策。实际上，美国的开放政策、教育政策、科技政策、创新发展政策与结构性改革政策也是十分重要的、影响宏观经济发展的政策。只是这些政策的效力与财政政策、货币政策相比，并不十分显著。

（3）关于政策的制定方法

不论是美国联邦政府还是美联储，均使用循证决策的方法来制定宏观经济政策，即基于监测数据和事实，进行系统分析、计算，形成影响宏观经济的政策。无论是财政政策还是货币政策的制定，都是非常不容易的事情。前文提到，一个宏观经济政策的微小变化，都可能导致经济体的经济规模发生巨大的变化。对美国这样的大规模经济体来说更是如此。例如，美国 2021 年的 GDP 已达 23.3 万亿美元，即使 GDP 增长率只发生 0.5% 的变化，给 GDP 总量带来的影响也有 1165 亿美元。所以，美国采用循证决策的方法制定宏观经济政策，体现了其遵循经济发展规律、遵循科学、审慎的原则。这对提高政策的针对性、有效性是十分必要，也是十分有效的。

实行循证决策的基础是对经济的系统监测和数据积累，这需要科学制定监测指标，并建立可靠的数据采集方式，做到对经济运行状况相关数据的及时、准确采集。能够及时、准确采集与发布数据的行业典范是证券交易所。不同股票的价格、成交量等情况，可以及时、快速地通过电子信息系统报告、发布，并受到公开监管与监督。这是单一、有限市场的情况。现代经济体系的经济活动不仅多样而且复杂，经济的变化受到经济体内部多种多样因素的影响，也受到经济体外部因素的影响；而且，影响经济的事件发生后，可能还会经历一个过程，才能显现出结果。因此，对宏观经济的监测难以做到像交易所那样迅捷，但月度、季度、年度监测还是可以做到的。所以无论是美国联邦政府的财政政策，还是美联储的货币政策，具体制定的过程更像是一个经济监测和政策研究分析的过程。美国联邦政府、美联储本身就有强大、专业的政策研究分析力量。大学等社会性的智库也发挥着重要的政策制定辅助作用。

循证决策

循证决策是将数据和信息及其不确定性，经过科学加工后形成证据，基于证据实施决策的方法。这个概念最早源于循证医学，首次提出将循证决策方法应用于公共政策制定的是英国人阿德里安·史密斯。1996年，他在就任英国皇家统计学会主席的演讲中建议采用"以证据为基础的方法"制定政策。1999年，英国政府在发布的《现代化政府》白皮书中明确，将"证据"纳入政府决策的理念。同年，英国内阁发布的《21世纪的专业政策制定》报告中，明确提出了采用循证决策的理念，以提高政策制定水平。

循证决策需要系统的方法和理性的分析，并在专业知识的支持下力求实现最优的结果。非理性思维、错误数据和信息对科学决策、精准决策是不利的。不当的公共政策，不仅难以实现政策目标，甚至会造成不可逆转的损失。

采用基于系统数理逻辑的循证决策方法有多方面的益处。

一是可以改进决策过程，提高政策的科学性、针对性、有效性。

二是可以提高政策效应。

三是有助于对政策的实施效果进行定量评估。

四是有利于建立健全循证决策的基础支撑，例如标准化监测指标的确立、数据采集与共享制度，以及信息系统、数据安全与数据设施建设等。

五是可以对政策进行预演，预判政策实行的效果。系统数理分析的一个好处就是可以建立计量模型，模拟政策实施后可能产生的经济效果。根据模拟结果，可以对尚未最终确定的政策内容进行修改完善；也可以形成几个备选方案，从中选优。

（4）政策效果概况

大萧条后，美国的经济体制开始调整，到 1946 年，美国国会立法正式授权联邦政府干预经济后，美国逐步建立起混合经济体制。从此后美国经济的发展看，从 1946 年到 2022 年的 76 年间，再没有发生像 1929—1933 年那样严重的大萧条，其间尽管出现了若干次经济衰退，但经济波动的幅度明显变小，破坏性程度得到有效控制。尽管出现了 2007—2009 年那次比较严重的金融危机，但美国的银行业在 2013 年就恢复并实现了盈利。据 1948—2007 年的统计资料，美国实际 GDP 年均增长率为 3.52%。2021年，美国的 GDP 达到 23.3 万亿美元，总人口达到 3.3 亿，人均 GDP 约 7 万美元。在人口超过 5000 万的发达国家中，还没有一个国家能够达到如此高的水平。主要发达国家的人均 GDP 一般是 4 万多美元。当然，尽管从宏观经济指标看，美国的经济发展成就是显著的，但也存在收入分配差距比较大、财政赤字与外贸赤字比较高、国家债务水平高等突出问题。

3. 美国创新战略评析

值得强调的是美国的创新发展政策。本章开篇已经简要介绍了美国科技政策及创新发展政策的变化。以美国发布《美国创新战略》为标志，美国创新发展政策有了新进展。

2007 年下半年，美国爆发了金融危机，这场在美国首先爆发的金融危机很快波及全球，演变成国际金融危机。这场危机尽管没有大萧条造成的破坏大，但也重创了美国经济。2008—2009 年，美国经济连续两年负增长。2007 年，美国 GDP 占全球的比重约为 24.8%，此后不断下降，2013 年的比重约为 21.7%。直到 2021 年，这个数据也没有恢复到危机刚发生时 2007 年的水平。

为了有效应对这一次国际金融危机，恢复经济增长，也为了再次实现经济持久增长，提高美国经济的国际竞争优势，美国出台了体系化的立法与政策措施。2007 年，美国国会通过了《美国竞争法》；2009 年，联邦政府出台《美国复兴与再投资法案》，同年还发布了《美国创新战略》。从这些密集推出的重大战略部署看，美国的目标绝不仅仅是应对国际金融危机造成的商业周期、恢复经济增长，而是实现美国经济的强劲增长，扩大并巩固美国经济的全球竞争优势。二战后，美国经济快速发展壮大，其 GDP 占全球的比重在很长时间里保持在 40% 左右。进入 21 世纪以来，以 2000 年、2001 年为例，这个比重分别为 30.4%、31.6%，此后，基本呈现逐年下滑的态势。从美国出台的战略部署看，以长期政策为主，也有短期政策，最鲜明的政策特点就是创新发展政策。所以，美国于 2009 年发布的《美国创新战略》是一个具有里程碑意义的重大政策。它有以下几个特点。

（1）创新发展政策的制定、发布与实施上升到联邦政府最高层级

《美国创新战略》的发布机构是美国总统行政办公室、国家经济委员会和科技政策办公室。时任美国总统奥巴马还专门为发布创新战略而发表讲话，主题就是：充分发挥创新潜力，促进就业、发展新企业和新产业。这证明美国把创新战略作为国家经济发展的重要战略进行部署。这是继二战结束 64 年，在美国制定并成功实施科技政策后，第一次在联邦政府最高层级出台创新战略。这反映了美国科技政策的结构调整，原有的科技政策不仅没有被削弱，并且通过创新战略得到了进一步加强。

（2）政策目标

时任美国总统奥巴马在《美国创新战略》发布后发表讲话，讲话主题体现了《美国创新战略》的目标：充分发挥创新潜力，促进就业、发展新企业和新产业，实现经济增长。战略目标也反映在《美国创新战略》的副标题上：推动可持续增长和高质量就业。这反映了美国把创新战略作为实现宏观经济发展的重要举措，其着力点不仅是恢复经济增长，而且是通过发展新产业，致力于实现美国经济可持续、长周期的增长；并在实现经济增长的同时，发展高质量就业，改变美国就业结构，增加劳动收入。从这个意义上说，《美国创新战略》是一项新的宏观经济政策。

（3）政策内容简述

《美国创新战略》分为以下三个部分。

第一部分：建设国家创新基础架构。

第一，恢复美国在基础研究方面的领先地位，催生新就业，增加就业岗位。这一项政策主要是为了扭转自 1970 年以来的约 40 年间，美国联邦政府用于物理、数学和工程学方面的资金占 GDP 的比重大幅度下降的态势。这个比重在 1970 年是 0.25%，在 2009 年下降到 0.13%。因此，美国政府将大幅度增加基础研究投入。这项政策是对美国科技政策的加强。

第二，培养具备新世纪知识和技能的新一代人才，建设世界一流劳动力大军。大幅提高从幼儿园到高中的基础教育水平，设立"争优基金"，鼓励学生学习科学、技术、工程和数学。这一项政策的目标是适用于新世纪、新产业发展的人力资本培育。

第三，建设先进的物质基础设施，改善交通设施等。改善公共设施有助于提高美国创新生态的效能，提高公共服务水平，降低企业创新发展成本，提高经济效率。

第四，发展先进的信息技术生态系统，改善互联网服务。这将有利于数据共享与利用、知识扩散和社会交流。

第二部分：激励创新创业。

激励创新创业，为创业和风险投资营造成熟的环境。确保美国企业在全球创新领域的国际竞争力。

第一，促进出口。美国政府认为出口在未来美国经济中的作用日益重要。关键是确保美国企业享有公平和开放的市场。传统上，国际贸易在美国经济中的所占比重并不高，从宏观政策上强调出口，这或许反映了美国经济政策的重大调整趋势。尽管美国存在国际贸易逆差的突出问题，但是这涉及美元作为世界主要货币的特殊性，因此政策调整的难度是比较大的。

第二，支持开放的资本市场。资本市场是美国经济的优势，创新战略强调确保这些市场运转正常，为最具发展前途的创新创业有效配置资源。资本市场属于货币政策影响的领域，这证明了美国创新发展政策与货币政策的交叉、融合。这一点是值得关注的。

第三，鼓励高增长。鼓励建立在创新基础上的企业家精神。企业家保持活力、创造富有活力的新产业至关重要。

需要强调的是，现代经济学更加重视对富有创新精神的企业家的研究，认为企业家精神的核心要素就是创新精神。《美国创新战略》提出把鼓励企业家精神作为鼓励高增长的举措，这是重要的政策创新。

第四，提升公共部门创新能力，支持社区创新。创新必须来自社会所有层面，包括政府本身。要提高政府效率和工作水平，增加行政开放度。

这项政策表明政府非常重视创新。一方面，政府不仅要推动产业、经济、社会创新，而且自身也是创新战略实施的重要组成部分。这是一个容易被忽视的领域。另一方面，《美国创新战略》明确了创新必须来自社会所有层面。这意味着美国致力于建设创新发展的国度。

第三部分：推动国家重点项目取得突破。

美国政府认为，对于特别重要的涉及经济的重点项目的推进，单靠市场本身不可能获得令人满意的结果，政府适当介入成为重点项目取得突破的关键。

这项政策突出反映了美国创新发展政策的进一步调整，不再沿用"有经济目标的应用研究主要依靠私营企业部门"的做法。对于单靠市场本身组织实施困难的项目，政府应当介入。从经济学的角度看，科学、技术、创新均有不同程度的外部性，市场要么完全失灵，要么部分失灵。政府出手干预，如果方式方法担当，则可以矫正市场失灵，仍然让市场发挥决定作用，防止因政府干预造成市场扭曲，损失效率。

《美国创新战略》明确的重点项目包括以下几个。

第一，推动清洁能源技术应用。目的是针对美国依赖化石燃料、企业和消费者易受国际油价震荡冲击、威胁美国经济和国家安全等问题，发展清洁能源，并强调美国不能错失引领未来清洁能源经济的机会。重点是智能电网、风能、太阳能、生物燃料等可再生能源技术，并鼓励创新，创造工作岗位，促进经济增长。

第二，先进车辆技术。目标是确保美国在车辆技术领域的尖端地位。重点是先进车辆、汽车电池与电动汽车配件技术及其产业，发展电动汽车配套设施，以及提高汽车燃油效率。

第三，健康信息技术。医疗费用的过快上涨，是美国面临的巨大而复杂的社会问题，也是一个重大经济问题。战略明确了增加健康研究投入，开展卫生信息系统现代化建设，确保美国在这一新兴产业的领先地位。

（4）2011年版《美国创新战略》

在首版《美国创新战略》发布后，2011年，美国发布了新版《美国创新战略》，副标题是"确保我们的经济增长与繁荣"。新版创新战略在 2009 年版本的基础上进行了具体阐述和完善，提出维持美国创新生态系统；并强调美国政府始终将创新作为刺激经济增长、提升竞争力的核心。

新版《美国创新战略》的三个特点，值得深入研究。

第一，创新战略明确了目标：经济增长与繁荣。目标完全体现了创新发展政策的宏观经济政策属性。以此判断，美国正式将创新发展理论应用于宏观经济政策的制定中。

第二，国家层面的创新发展政策是联邦政府负责制定与实施的，不同于传统的财政政策与货币政策，是另一类宏观经济政策。这也表明，在美国政府发挥作用影响宏观经济发展的层面上，又增加了一个政策工具。

第三，正式将美国创新生态系统的概念与内涵纳入创新战略。这表明美国政府将创新理论的最新成果应用于创新发展政策的制定。传统的创新理论认为，科学、技术、创新、产业发展是一条线；创新理论的最新成果是，科学、技术、创新、产业发展是一个生态系统。1994 年，美国克林顿政府发布了报告《科学与国家利益》，首次在联邦政府层面提出了"创新生态系统"的概念，当时的提法是"今天的科学和技术事业更像一个生态系统"。2004 年，美国竞争力委员会正式提出了"创新生态系统"的概念。

创新生态系统

学术界对创新生态的定义进行了研究，可以将创新生态系统理解为一个具备完善合作创新支持体系的群落，其内部各个创新主体通过发挥各自的异质性，与其他主体进行协同创新，实现价值创造，并形成了相互依赖和共生演进的创新生态系统。

2004 年，美国竞争力委员会在《创新美国——挑战与变革》报告中，将创新生态系统定义为由社会经济制度、基本课题研究、金融机构、高等院校、科学技术、人才资源等构成的有机统一体，其核心目标是建立技术创新领导型国家。

创新生态系统涉及的主体包括以下几个。

第一，政府。作为制度创新的主体，可发挥宏观调控、法规监管、政策引导、财政支持、服务保障等功能，以及提供优良的政策环境、资源环境、法律环境。创新生态系统中的其他创新主体和创新活动均受制度与政府政策影响。

第二，企业。作为科技创新的主体，在创新生态系统中处于核心位置。

第三，大学和科研机构。作为创新生态系统中知识、人才、技术的重要提供者，很显然，大学和科研机构既能促进企业发展，又可从企业发展中获得回报，进而促进自身发展。

第四，中介机构。作为创新服务主体，能为创新主体提供社会化、专业化的各种服务，促进各方沟通、协作。

第五，金融机构。作为创新生态系统的重要组成部分，可为创新生态系统提供必需的资金、创新创业服务等。

第六，最终用户。最终用户的形成，可直接驱动企业创新发展。尤其是新技术、新产品的发展前景，取决于最终用户的形成，从而培育形成新的市场。

（5）2015年版《美国创新战略》

2015年版《美国创新战略》在2011年版的基础上进一步完善、细化。这里做一个框架简介和分析。

该版创新战略进一步突出了战略主题：创新是经济增长的源泉，在其他国家依靠现有技术和商业实践实现经济增长的同时，美国必须持续创新，从而确保美国企业处于技术前沿。

需要说明的是，美国政府把创新作为经济增长的源泉。按照产业革命以来产业产生、成长、兴衰的逻辑规律，没有科学知识、技术开发、科技创新，就没有新产业；没有科技创新，现有的产业也难以持续发展。

新版创新战略包括以下 6 个部分。

第一部分：投资创新基础要素，构建美国创新生态系统。

- 在基础研究领域的投资保持世界领先。
- 推进高质量 STEM 教育。
- 为移民铺平融入创新经济之路。
- 构建 21 世纪领先物理基础设施。
- 构建新一代数字化基础设施。

第二部分：带动私人部门创新活力。

- 提高研究和实验税收抵免。
- 支持创新企业家。
- 确保为创新提供正确框架条件。
- 利用公开联邦数据为创新者提供服务。
- 加强联邦资助研究商业化进程。
- 支持区域创新生态系统发展。
- 帮助美国创新企业在国外竞争。

第三部分：建立创新者国度。

- 帮助更多美国人成为创新者。
- 通过创新激励机制提高美国人的创造力。
- 通过众包和公众科学开发创新者潜能。

第四部分：创造高质量就业和促进经济增长。

- 强化美国先进制造业优势。

- 对未来工业投资。

- 构建包容性创新经济。

第五部分：催化国家优先突破点。

- 应对全球科技挑战及国内国际面临的其他重大挑战。

- 利用精准医学应对重大疾病。

- 加快新纳米技术开发。

- 实现卫生保健领域突破性创新，实施大脑计划。

- 减少交通事故，发展先进汽车。

- 建设智能城市。

- 促进清洁能源技术开发，提高能效。

- 实现教育领域变革。

- 发展空间能力。

- 追求高性能计算机领域的新前沿发展。

- 2030 年前终结全球极端贫困。

第六部分：建立创新型政府。

- 为公共部门解决问题提供创新解决方案。

- 通过联邦实验室发展创新文化。

- 通过有效数字服务实现高效政府管理。

从《美国创新战略》的框架设计看，这个战略依然是围绕美国经济增长，涉及创新生态系统建设、激发私人部门与私营企业新活力、培养并激励创业者、建立创新型政府、促进美国社会发展的综合性国家战略。该战略同时在11 个方面推出了国家优先突破点。总体设计体现的是建设创新生态系统的理念与思想，并通过政策制定，努力提高创新生态系统的效能。把科学、技术开发、科技创新创业、企业创新发展、高质量就业、人口健康、城市与区域创新发展等事关美国全面发展的主要领域，统一纳入了一个体系化的国家战略中。这对于发挥科学、技术、创新对经济、就业、社会发展、生活质量、文化建设的作用，激发各部门、各领域、各行业多元化主体，以及社会公众的创新发展积极性，并通过制定细化配套政策，形成系统协同效应，具有重要意义。

时至 2023 年，距 2009 年首版《美国创新战略》发布，已经过去了 14 年，距 2015 年版《美国创新战略》发布，也已过去 8 年。从美国科学发展、科技创新创业发展、科技企业发展、科技产业进步、现代军事装备研发和列装、出口情况，以及宏观经济发展、就业情况看，《美国创新战略》的实施已经取得了显著成效。当然，这仅仅是粗略的观察。

第四节　中国的宏观经济政策

1. 中国的经济体制

（1）中国经济体制的发展

中国自 2010 年起成为世界第二大经济体。现在，中国的 GDP 规模约为美国 GDP 规模的 70%。中国在 1978 年改革开放以来 40 多年的时间里，实现了解决人民温饱问题、人民生活总体上达到小康水平的发展目标。2021 年，中国脱贫攻坚战取得了全面胜利，并宣布在中华大地上全面建成了小康社会。2019 年，中国的人均 GDP 超过 1 万美元。中国的经济发展引起了全球的广泛关注，不少西方经济学家对中国的发展困惑不解。自产业革命以来的 250 多年，经济发展取得重大成就都是实行了资本主义市场经济的国家的故事。中国经济的迅速崛起，很难用西方的经济学理论解释。

中国在改革开放前，借鉴苏联的经济模式，实行的是社会主义计划经济体制。那时，中国作为贫穷落后的农业国，在计划经济体制下，集中资源，推进工业化，建立了门类齐全的产业体系，包括工业体系、农业体系，也建立了现代科技与教育体系。但是，计划经济体制的弱点是，在调动企业、个人发展经济的积极性方面存在比较突出的问题，经济效率、生产率与人们生活水平增长缓慢。

改革开放后，中国采取了积极稳妥的步骤推进经济体制改革和对外开放。首先从农业与农村开始改革，将土地经营权配置给农户，由农户自主经营；取消了人民公社，重建乡镇体制，乡村实行中国共产党领导下的村民自治。农业、农村改革获得巨大成功，粮食产量和农民收入快速增加。在农村、农业改革取得成功进展的基础上，1984 年，改革措施被逐步扩展到城市和非农产业。1992 年以前，经济体制改革的模式是发展有计划的商品经济，在计划经济体制中引入了商品经济。这样做的好处是既积极稳妥推进计划经济体制的渐进式改革，培育市场，又可以防止经济体制改革可能造成的大幅度剧烈波动。1992 年，中国决定建立社会主义市场经济体制，由此加快了全面改革的进程。2001 年，中国加入了 WTO，这对中国发展外向型经济发挥了巨大作用，一方面中国经济开始全面融入全球化，对外贸易、投资、科技合作、人员交流等全面深入发展；另一方面，进口、引进外资也快速发展。

到 2022 年，中国的社会主义市场经济建设走过了 30 年的历程，取得了巨大的发展成就。2011 年，按常住人口统计，中国的城镇化率首次突破50%，这是中国社会结构的重要变化。几千年以来，中国一直是农业社会，大部分人口居住生活于乡村，1978 年中国的城镇化率仅为 17.9%。至此，中国进入了城镇化社会。2013 年，中国成为世界第一货物贸易大国，据统计，2013 年中国货物进出口总额为 4.16 万亿美元，其中出口额 2.21 万亿美元，进口额 1.95 万亿美元，中国已经是 120 多个国家和地区的最大贸易伙伴。2013 年，中国的产业结构调整发生了质的变化，从产业增加值占

GDP 的比重来看，当年中国的第三产业成为最大的产业。这是中国产业转型升级的重要标志。2022 年，中国 GDP 达到约 121 万亿元，城镇化率超过 65%。

（2）社会主义市场经济体制的特点

总的来看，中国的社会主义市场经济体制是混合经济体制，但又有自己的特点。

第一，中国是中国共产党领导下的社会主义国家，与美国等西方国家的政治体制明显不同。

第二，在基本经济制度上，中国实行的是以公有制为主体，多种所有制经济共同发展的制度。例如中国的土地制度是公有制；在企业组成上，既有强大的国有企业，也有充满活力的民营企业、外资企业；在公司的产权结构上，混合所有制不断发展。

第三，在分配方式上，中国实行以按劳分配为主体、多种分配方式并存的分配制度。在 2012 年中国提出实施创新驱动发展战略后，基于知识和技术的分配方式取得了快速发展。

第四，在公司治理结构中，除了董事会、监事会、经营管理层外，还有党组织。

第五，有为的政府与有效的市场结合，是中国混合经济的重要特点。涉及国计民生、国家安全、国防安全的部门，如能源、电力、交通、通信、粮食储备、武器装备等，往往由国有企业经营。

2．中国宏观经济政策的主要内容

中国经历了改革开放前的计划经济，改革开放后到 1992 年间的有计划的商品经济，1992 年后的社会主义市场经济，逐步形成了社会主义市场经济体制下的宏观经济政策。中国宏观经济政策的主要内容及影响宏观经济发展的其他政策包括：财政政策、货币政策、改革开放政策、区域发展政策、教育政策、科技政策、创新发展政策等。

关于财政政策。主要包括财政预算、预算执行、税收政策。中国的财政政策是独特的，合理划分了中央政府和地方政府承担的责任和事权。财政政策覆盖的范围和具体事项也有自己的特色。例如，在收入方面，国有企业的利润收入、土地收入属于财政收入；在支出方面，中央政府负责的基础设施建设属于财政支出的范围。总的来看，中国的财政负担是比较重的。但是与计划经济时代的财政相比，现在财政承担的事项已经大幅度减少，属于市场范围的支出交由市场承担。财政负责的主要是公共产品、公共服务的供给。

关于货币政策。中国人民银行是中国的中央银行，负责货币政策的研究、相关政策的制定与执行；重大货币政策由国务院负责制定。利率、信贷量、信贷条件都是重要的货币政策工具。中国与美国等西方国家在货币政策上存在较大不同。例如，中国的货币政策并不以通货膨胀率、失业率作为基本的货币政策目标，这是由中国经济体制的特点所决定的，中国目前的经济结构存在较多问题，经济体系内部在较多方面存在不平衡问题。

关于改革开放政策。自 1978 年开始，中国开始实施一系列市场导向的经济改革，比较重要的措施包括以下几个。

- 将传统上政府直接干预经济甚至参加企业经营的事务，转给市场体系，逐步推进让市场成为资源配置的决定力量。
- 产权制度改革。改革国有企业，支持民营企业发展；保护各种所有制经济财产权；建立知识产权制度，保护知识产权。
- 建立健全市场经济法律体系，让企业成为市场主体，依法公平竞争。
- 建立经济要素市场。建立土地、资金、技术、劳动力市场；建立公开有价证券市场、房地产市场，允许家庭拥有房产，并允许买卖。

- 对外开放。一方面大力发展国际贸易，拓展国际市场。另一方面，积极引进外资，鼓励外商在中国投资兴业；鼓励国与国之间科技合作；支持出国留学等。

总的来看，改革开放政策取得了巨大成功。对于中国这样拥有众多人口和庞大市场的后发国家、发展中国家，改革开放政策的效果是明显的。尤其是沿海、沿江地区，它们拥有出海的便利条件，更容易获得改革开放的红利。

关于区域发展政策。总的来看，中国的区域发展政策包括城市与乡村发展政策、东中西部与东北地区发展政策，重要区域如京津冀、长三角、粤港澳大湾区发展政策等。中国拥有人口众多、经济发展比较落后的乡村，根据第七次全国人口普查结果，居住在乡村的人口约 5 亿。2021 年，农村居民人均可支配收入仅是城镇居民人均可支配收入的约 40%。城乡差距与发展不均衡，是中国经济社会发展中最大的结构性问题。所以，中国在制定宏观经济政策上的一个鲜明特点是，中共中央把农业农村发展政策作为重点，进行单独研究部署。在东部、中部、西部及东北地区发展上，中国也存在明显的区域发展不平衡的问题。因此，在制定区域发展政策方面，相比其他地区，中国对在东部率先发展起来的京津冀、长三角、粤港澳大湾区等比较发达的地区，做出了差异化的战略与政策部署。

关于教育政策。中国实行改革开放政策的一个重要举措，就是恢复高考。从此，中国实行教育优先发展的政策，既发展大学前教育，又发展大学教育、职业教育。中国经济发展成功的一个重要原因就是，优先发展教育特别是 STEM 教育，使中国的人力资本得以积累，高技能劳动力比较丰富。

3．中国宏观经济政策的制定与执行特点

中国的宏观经济政策的制定与执行是全国统一的，其体制保障就是中国共产党的统一领导。各项重要政策经中共中央、国务院制定发布后，各省、市均统一贯彻落实。这样做的一个好处就是，可以获得全国范围的、广泛的政策效果。当然，相应的风险也存在，如果政策出现偏差，也可能产生比较大的副作用。中国独特的国情决定了制定宏观经济政策始终是一件大事。中国各级政府均建立了专门的政策研究与政策实施监测机构，也有众多社会性的智库机构，它们可以为宏观经济政策的制定提供专业支持。

宏观经济政策的国际对比是一件困难的事情。例如，中美两国分别是世界第一、第二大经济体，但两国的经济体制、发展阶段、发展目标、要解决的问题、经济发展任务并不相同。因此，两国宏观经济政策存在比较大的差异。原因是处于不同发展阶段的国家，其产业结构、产业体系、城乡结构、区域结构是不同的；经济发展面临的问题、制定与实施政策的保障条件，以及要达到的政策目标也是不同的。所以，无论是从实践中观察，还是从经济学理论分析，处于不同发展阶段的国家，其宏观经济政策也必然是不同的。但是在全球化时代，尤其对实行经济开放的国家来说，确实存在国内宏观经济政策与合作伙伴国家的宏观经济政策的协调问题。对中国而言，这是不能回避的一个重大问题。自 2007 年底爆发国际金融危机之后，以美国为代表，其宏观经济政策开始出现重大调整，其他发达国家也逐步跟进。对中国这样经济开放的国家来说，其宏观经济政策与主要经济体的宏观经济政策的协调，是开放经济发展所面临的重大挑战。

4．中国的科技政策与创新发展政策

除了恢复高考，中国改革开放的另一件大事就是中共中央对科技发展

做出的部署。这件大事发生在农业与农村改革前的 1978 年 3 月。此后，随着科技体制改革不断进行，我国科技政策体系逐步完善和形成。

1978—2012 年，是形成和执行科技政策的时期。1986 年，中国成立了专门负责支持基础研究的国家自然科学基金委员会，总的来看，这一时期的宏观科技政策是以应用研究、技术开发为主体的。这反映了后发国家的普遍特征：利用现成科学知识和可低成本获得的、不是十分先进的技术，发展产业，发展经济。这实际上也是一种后发优势。2006 年，中国提出建设创新型国家。这是首次在国家最高层面提出的重要创新发展目标。不过，它是作为科技政策的一部分被提出的，相当于科技政策的延伸。

2012 年，中国提出了实施创新驱动发展战略，并于 2016 年发布了《国家创新驱动发展战略纲要》。

（1）关于制定发布《国家创新驱动发展战略纲要》的原因

基本原因是落实中共中央提出的实施创新驱动发展战略。先提出重要政策事项决策，然后形成方案性、细化后的政策内容与部署，这是中国宏观政策制定与执行的特点。纲要的发布既是中国宏观科技政策的重要调整，也标志着创新驱动发展战略进入了全面实施的新阶段。

（2）关于《国家创新驱动发展战略纲要》的分析

为了便于理解和分析，根据公开资料，这里简要介绍《国家创新驱动发展战略纲要》的框架，共包括六个部分（在原文件基础上有删改）。

纲要提出，创新驱动发展战略是立足全局、面向全球、聚焦关键、带动整体的国家重大发展战略。

第一部分：战略背景。

创新驱动是国家命运所系、世界大势所趋、发展形势所迫。

第二部分：战略要求。

纲要提出，要按照"四个全面"战略布局的要求，把创新驱动发展作为国家的优先战略，以科技创新为核心带动全面创新，以体制机制改革激发创新活力，以高效率的创新体系支撑高水平的创新型国家建设，同时提出了"紧扣发展""深化改革""强化激励""扩大开放"四项基本原则。

在战略目标方面，纲要提出，按照 2020 年、2030 年、2050 年三个阶段进行部署。

第一步，到 2020 年进入创新型国家行列，基本建成中国特色国家创新体系，有力支撑全面建成小康社会目标的实现。

第二步，到 2030 年跻身创新型国家前列，发展驱动力实现根本转换，经济社会发展水平和国际竞争力大幅提升，为建成经济强国和共同富裕社会奠定坚实基础。

第三步，到 2050 年建成世界科技创新强国，成为世界主要科学中心和创新高地，为我国建成富强民主文明和谐的社会主义现代化国家、实现中华民族伟大复兴的中国梦提供强大支撑。

第三部分：战略部署。

纲要提出，实现创新驱动是一个系统性的变革，要按照"坚持双轮驱动、构建一个体系、推动六大转变"进行布局，构建新的发展动力系统。

双轮驱动就是科技创新和体制机制创新两个轮子相互协调、持续发力。一个体系就是建设国家创新体系。六大转变就是在发展方式、发展要素、产业分工、创新能力、资源配置、创新群体等方面实现根本转变。

第四部分：战略任务。

纲要提出了八个方面的战略任务。

第一，推动产业技术体系创新，创造发展新优势。发展新一代信息网络技术，增强经济社会发展的信息化基础；发展智能绿色制造技术，推动制造业向价值链高端攀升；发展生态绿色高效安全的现代农业技术，确保粮食安全、食品安全；发展安全清洁高效的现代能源技术，推动能源生产和消费革命；发展资源高效利用和生态环保技术，建设资源节约型和环境友好型社会；发展海洋和空间先进适用技术，培育海洋经济和空间经济；发展智慧城市和数字社会技术，推动以人为本的新型城镇化；发展先进有效、安全便捷的健康技术，应对重大疾病和人口老龄化挑战；发展支撑商业模式创新的现代服务技术，驱动经济形态高级化；发展引领产业变革的颠覆性技术，不断催生新产业、创造新就业。

第二，强化原始创新，增强源头供给。加强面向国家战略需求的基础前沿和高技术研究，大力支持自由探索的基础研究，建设一批支撑高水平创新的基础设施和平台。

第三，优化区域创新布局，打造区域经济增长极。构建各具特色的区域创新发展格局，跨区域整合创新资源，打造区域创新示范引领高地。

第四，深化军民融合，促进创新互动。健全宏观统筹机制，开展军民协同创新，推进军民科技基础要素融合，促进军民技术双向转移转化。

第五，壮大创新主体，引领创新发展。培育世界一流创新型企业，建设世界一流大学和一流学科，建设世界一流科研院所，发展面向市场的新型研发机构，构建专业化技术转移服务体系。

第六，实施重大科技项目和工程，实现重点跨越。在关系国家安全和长远发展的重点领域，部署一批重大科技项目和工程。面向 2020 年，继续加快实施已部署的国家科技重大专项；面向 2030 年，再部署一批体现国家战略意图的重大科技项目和工程。

第七，建设高水平人才队伍，筑牢创新根基。

第八，推动创新创业，激发全社会创造活力。发展众创空间，孵化培育创新型小微企业，鼓励人人创新。

第五部分：战略保障。

第一，改革创新治理体系。顺应创新主体多元、活动多样、路径多变的新趋势，推动政府管理创新，形成多元参与、协同高效的创新治理格局。建立国家高层次创新决策咨询机制，定期向党中央、国务院报告国内外科技创新动态，提出重大政策建议。转变政府创新管理职能，合理定位政府和市场功能。强化政府战略规划、政策制定、环境营造、公共服务、监督评估和重大任务实施等职能。对于竞争性的新技术、新产品、新业态开发，应交由市场和企业来决定。建立创新治理的社会参与机制，发挥各类行业协会、基金会、科技社团等在推动创新驱动发展中的作用。合理确定中央各部门功能性分工，发挥行业主管部门在创新需求凝炼、任务组织实施、成果推广应用等方面的作用。科学划分中央和地方科技管理事权，中央政府职能侧重全局性、基础性、长远性工作，地方政府职能侧重推动技术开发和转化应用。构建国家科技管理基础制度。再造科技计划管理体系，改进和优化国家科技计划管理流程，建设国家科技计划管理信息系统，构建覆盖全过程的监督和评估制度。完善国家科技报告制度，建立国家重大科研基础设施和科技基础条件平台开放共享制度。建立国家创新调查制度，引导各地树立创新发展导向。

第二，多渠道增加创新投入。切实加大对基础性、战略性和公益性研究稳定支持力度，完善稳定支持和竞争性支持相协调的机制。改革中央财政科技计划和资金管理，提高资金使用效益。完善激励企业研发的普惠性政策，引导企业成为技术创新投入主体。探索建立符合中国国情、适合科技创业企业发展的金融服务模式。鼓励银行业金融机构创新金融产品，拓展多层次资本市场支持创新的功能，积极发展天使投资，壮大创业投资规模。充分发挥科技成果转化、中小企业创新、新兴产业培育等方面基金的作用，引导带动社会资本投入创新。

第三，全方位推进开放创新。抓住全球创新资源加速流动和我国经济地位上升的历史机遇，提高我国全球配置创新资源能力。支持企业面向全球布局创新网络，鼓励建立海外研发中心，提高海外知识产权运营能力。推动我国先进技术和装备走出去。鼓励外商投资战略性新兴产业、高新技术产业、现代服务业，支持跨国公司在中国设立研发中心，实现引资、引智、引技相结合。深入参与全球科技创新治理。丰富和深化创新对话。积极参与和主导国际大科学计划和工程，提高国家科技计划对外开放水平。

第四，完善突出创新导向的评价制度。建立健全科学分类的创新评价制度体系。推进高校和科研院所分类评价，实施绩效评价，把技术转移和科研成果对经济社会的影响纳入评价指标。完善人才评价制度，增加用人单位评价自主权。推行第三方评价，探索建立政府、社会组织、公众等多方参与的评价机制，拓展社会化、专业化、国际化评价渠道。改革国家科技奖励制度，强化对人的激励。发展具有品牌和公信力的社会奖项。完善国民经济核算体系，逐步探索将反映创新活动的研发支出纳入投资统计，反映无形资产对经济的贡献。改革完善国有企业评价机制，把研发投入和创新绩效作为重要考核指标。

第五，实施知识产权、标准、质量和品牌战略。加快建设知识产权强国。提升中国标准水平。推动质量强国和中国品牌建设。

第六，培育创新友好的社会环境。健全保护创新的法治环境。培育开放公平的市场环境。加快突破行业垄断和市场分割。建立符合国际规则的政府采购制度，利用首台套订购、普惠性财税和保险等政策手段，降低企业创新成本。推进要素价格形成机制的市场化改革，强化能源资源、生态环境等方面的刚性约束，提高科技和人才等创新要素在产品价格中的权重，让善于创新者获得更大的竞争优势。营造崇尚创新的文化环境。倡导百家争鸣、尊重科学家个性的学术文化。重视科研试错探索价值，建立鼓励创新、宽容失败的容错纠错机制。营造宽松的科研氛围，保障科技人员的学术自由。加强科研诚信建设。加强科学教育，激发青少年的科技兴趣。加强科学技术普及，提高全民科学素养，在全社会塑造科学理性精神。

第六部分：组织实施。

纲要提出，加强领导，国家科技体制改革和创新体系建设领导小组负责本纲要的具体组织实施工作；分工协作，国务院和军队各有关部门、各省（自治区、直辖市）要根据本纲要制定具体实施方案；开展试点，对重大改革任务和重点政策措施，开展试点；监测评价，将创新驱动发展成效作为重要考核指标，加强创新调查，建立定期监测评估和滚动调整机制；加强宣传。

从这个框架可以获得这样一些认识。

第一，这是一个名副其实的，关乎经济增长、社会发展、国家安全、教育与人才培养的国家战略。从战略实施周期看，时间跨度长达 34 年，是典型的关系国家全面长远发展的战略。这样的战略只能由中共中央、国务院制定。

第二，这是一项比较典型的宏观创新发展政策，突出了产业技术创新、创新主体培育、创新人才队伍建设、科技创新创业，这些领域对于经济增长非常重要。

第三，创新驱动发展战略体现了科学、技术、教育、创新、产业、经济的跨界融合。总的来看，这个战略体现了创新发展的关键方面。但对于发挥创新对宏观经济增长、就业的作用，没有深入描述。

5. 中国的科技政策与创新发展政策的效果

2006 年，中国正式提出建设创新型国家，当年也发布了《国家中长期科学和技术发展规划纲要（2006—2020 年）》，提出到 2020 年，中国要进入创新型国家行列。2012 年，中国提出实施创新驱动发展战略。2016 年，《国家创新驱动发展战略纲要》发布，再一次明确到 2020 年，中国要进入创新型国家行列。

中国在 2020 年成功跻身创新型国家行列。这是产业革命以来，第一个实行社会主义市场经济的人口大国，而且还是发展中大国，成为创新型国家。中国创新发展态势强劲，2021 年，中国的研发投入达到了 2.79 万亿元，居世界第二位，研发投入强度为 2.44%，接近 OECD 国家平均水平；其中，基础研究投入占全社会研发投入的比重为 6.09%。尽管中国的基础研究投入在近几年呈快速增长的趋势，但是与 OECD 国家相比，仍有比较大的差距。按照世界知识产权组织发布的全球创新指数排名，2021 年，中国位居第 12 位；2022 年，中国位居第 11 位。中国的科技企业和科技产业也取得了巨大的发展，截至 2021 年底，中国拥有国家高新区 169 家，这 169 家高新区的生产总值占 GDP 的 13.4%；高新技术企业达到 33 万家，贡献的就业岗位超过 4500 万个；科技型中小企业达到了 32.8 万家，是中国技术创新最为活跃的一个企业群体。

由此，不难判断，在 2006—2021 年这短短的 15 年中，中国创新发展的成就是显著的。

第五节　宏观创新发展政策趋势与优化分析

1. 宏观创新发展政策的重要变化趋势

进入 21 世纪以后，世界进入了科技革命和产业变革的快速发展期。

数学与数字化技术、脑科学与人工智能技术、量子科学与量子技术、生命科学与生物技术等领域聚焦前沿，呈现出新的原始创新。从历史发展规律判断，这些新的前沿创新，预示着深刻改变生产与生活方式的新技术、新产品与新服务的兴起，未来产业已显端倪；产业与经济、就业与生活、城市、农业和乡村将因此而发生深刻变革。

新材料、新能源、先进制造、新一代信息技术产业等新兴产业领域已经快速兴起，逐步在全球形成新的竞争赛道。这些新兴产业在自身快速发展的同时，正通过数字化转型与绿色转型深刻改变这个世界。人们看到的是，这些领域日新月异，不断推出新的产品，诞生了具有巨大影响力的科技企业；科技财富快速积累膨胀，深刻影响金融市场。现代产业体系、经济体系正在形成。新技术、新科技产品引发了武器变革，深刻改变了战争与战斗方式。

科学技术对产业、产业竞争力、贸易与投资以及武器装备产生了深刻影响，重要科学技术已经成为保障军事优势、维护国家安全的重要工具。

自冷战结束、互联网兴起以后，由于科学、技术、创新对产业兴衰、就业机会与就业质量、经济增长的影响呈持续的上升趋势，因此，制定宏观创新发展政策，以促进经济增长和增加高质量就业机会，已经成为宏观政策的一个重要发展趋势。对于不断兴起的新技术、新产业，显然，传统的宏观经济政策显得"力不从心"，需要政府制定专业化的创新发展政策，以适应和促进新的科技产业的发展。

美国和中国作为世界第一、第二大经济体，其宏观创新发展政策具有典型性，这两个国家分别于 2009 年、2016 年，发布了旨在促进经济发展的创新战略这一宏观政策，反映了宏观创新发展政策的新变化、新趋势。

2. 宏观创新发展政策的特点

提出宏观创新发展政策概念的原因有三个：一是需要把创新发展作为一个整体，对一个国家创新发展的宏观状况进行观察、分析；二是研究对创新发展有整体性影响作用的政策；三是与传统宏观经济政策的协同。就其本质而言，宏观创新发展政策的目标是实现经济增长。

宏观创新发展政策的属性或者特点体现在以下几个方面。

（1）宏观创新发展政策属于宏观经济政策的范畴

宏观创新发展政策核心目标是促进经济增长，促进高质量就业，但又不同于传统的宏观经济政策，如财政政策、货币政策等。

（2）宏观创新发展政策属于长周期政策

宏观创新发展政策对应对重大经济挑战（如金融危机）、提升经济竞争力、影响未来竞争优势有基础性的作用。

（3）宏观创新发展政策有相对独立的政策体系

这一点表现在科学、技术、创新、教育、企业与产业创新发展、金融创新的贯通与融合等方面，跨界与全局特点突出。因此，宏观创新发展政策一般须由国家最高层级推出。

（4）宏观创新发展政策效果的多元化

宏观创新发展政策效果表现在经济竞争力、创新活力、经济效率、高质量就业等宏观经济方面；也表现在创新产出，如技术自主程度、科技企业孵化培育、科技产业发展、知识产权发展、技术开发与科技成果转化等方面；还体现在高水平大学、人才培养、国家安全以及人类健康、城乡管理、公共服务水平等社会发展层面。

（5）宏观创新发展政策工具的多样化

宏观创新发展政策工具的多样化体现为 R&D 经费投入、科技金融、科技创新税收政策、人才与人力资本、风险投资与创新资本市场、知识产权制度等。

3．制定宏观创新发展政策的经济学原理

创新发展理论、宏观经济学理论为宏观创新发展政策的制定提供了经济学原理的支撑。

（1）外部性及其管理

在经济体系的运行之中，存在外部性现象。外部性会导致市场失灵。科学、技术、创新均存在外部性，为防止市场失灵，需管理利用好外部性，以激励科学知识应用、技术开发及科技成果的商业化。这就要求政府与市场合作发挥作用。良好的宏观创新发展政策可以有效管理外部性、治理市场失灵，形成有效的内生增长机制。

（2）要素组合理论

现代要素组合理论的重要发现——知识、技术与人力资本参与要素组合，可以实现更高效率的要素组合。这是对土地、资金、劳动力等传统经济要素理论的重要补充。良好的宏观创新发展政策，可以明确知识、技术、人力资本、数据等作为经济资产的属性，与土地、资金、劳动力等传统要素一样，参与要素组合，参与经济活动，并获得相应的合法经济回报；可以从制度与政策上，围绕经济增长，实现科学知识、技术成果、创新创业、企业孵化与产业发展、金融发展一体化，激发相关领域的主体参与经济活动的积极性。

（3）科技企业与科技产业成长规律

科技企业的源头是科技创新创业。由于具有高风险、高不确定性，传统的融资与投资并不适用于科技创业孵化，需要风险投资的参与。风险投资参与科技创业孵化活动，一方面应当有发展风险投资业的制度与政策安排；另一方面需要有良好的营商环境和适度监管，以促进科技企业快速成长。科技企业只有不断成长，才能在当下企业不断集聚及大中小企业协作的环境下，实现不断成长和发展。

（4）技术进步、竞争、效率理论

企业、产业提升竞争力的关键在于效率，提高效率的关键在于技术进步。促进经济领域的技术进步，最有效的手段是公平竞争。科技企业、科技产业的发展符合这一经济学理论。良好的宏观创新发展政策将有利于营造公平竞争、技术进步、高效率的机制与环境。

（5）创新生态理论

学术界在观察分析创新型国家创新发展实践与效果的过程中，提出了创新生态的概念与内涵。20 世纪 90 年代，美国将创新生态理论纳入政府政策之中。实践证明，实现创新发展，涉及大学、科研机构、创业者、企业、金融机构、社会服务机构等多元主体；需要政府发挥作用制定相关制度与政策，营造良好科技创新创业环境；需要有良好的激励科技创新创业的文化；企业家精神、人才与人力资本，对创新发展也十分重要。营造这样的创新生态系统，需要相应的宏观创新发展政策。现有的宏观经济政策没有这样的功能。

4．宏观创新发展政策的研究方法与制定流程

（1）关于宏观创新发展政策的研究方法

循证决策是研究制定宏观创新发展政策的一种科学方法，前文已经进行了介绍，在此不赘述。应用循证决策方法，需要建立支撑宏观创新发展政策的基础保障。比较重要的事项包括以下几个。

第一，建立创新发展评估制度。对已经实施的各项创新发展政策的实施效果进行科学评估，应当由有资质的第三方专业机构进行评估。

第二，建立创新调查制度。对各项创新发展政策实施过程进行日常监测并记录各种数据。

第三，建立产业技术监测制度。面向重要产业特别是科技产业，对其产业发展、技术应用、技术开发状况进行动态监测。欧盟于 2021 年启动了先进产业技术项目，目的是对先进产业技术进行技术监测、开展政策分析，并建设数据库。

第四，建立数据共享制度与政策。涉及宏观创新发展政策的部门，要有统一的指标体系、数据标准、共享要求。尽管数据可以由不同的机构汇集，但是要保证这些数据按照统一的标准采集并可以共享。

第五，建立技术尽职调查制度。重要创新项目或工程均应进行实施前的技术尽职调查，对相关技术前沿、技术成熟度、技术水平以及相关创新能力等进行尽职调查。像集成电路特别是高端芯片这样的科技项目，由于涉及的技术非常复杂、专业，而且投资数额偏大，仅凭文字叙述、文字论证是不够的，应进行技术尽职调查，这对确认项目或工程可行性、减少项目风险是必要的。

第六，建设专业化的宏观创新发展政策研究机构、监测与评估机构，并建立稳定的专业化研究队伍。政府应当建立高水平的创新发展政策研究机构与队伍，并把循证决策方法、数理逻辑系统分析方法等全面引入这些政策研究机构。政府也应当对开展政策研究的社会性智库给予指导，或通过项目指南、项目资助予以引导，从而提高政策研究机构的科学化、专业化水平。

在国际化发展时代，不仅要开展国内数据的采集工作，而且必须开展国际数据采集，特别是对主要竞争与合作国家的数据采集，并实现国际对比与研究分析工作的常态化。

（2）关于宏观创新发展政策的制定流程

政府应当有制定宏观创新发展政策的标准化流程。从研究的角度，宏观创新发展政策研究制定的流程应当包括以下几步。

第一，完成上一个政策周期的监测数据采集汇总，并完成必要的事实搜集。

第二，完成上一个政策周期的政策实施评估，或者至少有阶段评估事实。政策实施评估切忌局限于总结成绩，应当客观评估进展、成就，更要评估问题、遇到的风险。

第三，就政策制定与内容，听取相关专业人士的建议。必要时，要进行实地调查研究，了解掌握客观事实。

第四，由专业机构或专业团队，基于数据和事实，提出基于数理分析的新政策草案。

第五，与相关方开展政策制定的讨论。参加一轮政策制定讨论的部门代表应当相对固定，参与人员应当是部门负责政策研究制定的专业人士。应当以现场会议的形式开展辩论、讨论，并且保证时间充分。

第六，形成比较成熟的政策文本后，应当进行政策实施效果及风险预评估。有计量模型的应当进行计算模拟。如果涉及重大项目或工程，还应当进行可行性研究。项目实施前，应当进行技术尽职调查。

这些工作完成后，才能进入最终的文本决策和发布阶段。

因此，如果采用了循证决策方法，那么宏观创新发展政策的制定在很大程度上就是一个政策研究的过程，形成的政策文本是一个基于科学分析和科学计算而得出的结果。为了使政策研究的过程更符合政府决策需要，一方面，政府的政策制定部门需要与政策研究机构保持日常沟通，建立有效的互动交流；另一方面，政府应当给政策研究机构充分的研究数据。这里提出了政策周期的概念，制定基于科学计量分析的宏观创新发展政策，就不应当仅仅基于工作经验和工作情况，不能一味追求速度，应当基于政策周期，针对新政策的研究，进行提前部署，留出充分的调查、数据采集、实证收集、计算、研究分析、设计，以及预先评估的时间，以保证政策制定的科学化、专业化、精准化。

5．宏观创新发展政策的框架

这里要讨论的是宏观创新发展政策的框架，即围绕宏观创新发展政策的目标，研究分析主要的政策功能。

（1）关于政策目标

应当从制度上确定宏观创新发展政策的基本目标：经济增长、高质量就业、应对商业周期，促进宏观经济稳定、持久增长并保持经济活力。

宏观创新发展政策带来的经济增长主要来源于两部分，一是孵化培育的科技企业和科技产业创造的经济产出；二是其他经济领域由于技术进步形成的经济产出，表现为效率的提高，例如全要素生产率的提高。第一部分比较容易统计，第二部分则需要计算。

采用这样的方法，一是为了准确反映宏观创新发展政策实施带来的经济效果；二是区别于实施一般宏观经济政策所带来的经济效果。从现行实践的维度观察，实施宏观创新发展政策所形成的产出，在统计计量和分析评价上还比较薄弱。

（2）关于重要政策事项

宏观创新发展政策是一个政策体系。作为一项相对独立的宏观政策，应当具有六方面的政策功能，根据政策功能将宏观创新发展政策分成以下几个重要的政策事项。

第一，培育和发展创新要素。

科学知识是创新发展的基础要素。必须加强基础研究，加强基础研究的好处是可以提高和保持知识生产能力，增加科学知识，还可以培养科学家。特别地，当一个经济体达到中等偏上收入水平后，后发优势逐步减弱，在开放经济环境中，国际竞争的要素将趋向结构性变化，科技含量逐步成为关键要素，提高原始创新能力成为必然要求，因此，加强基础研究是必要的。

技术是创新发展的核心要素。必须加强技术开发与知识产权保护、利用。在科技革命和产业变革深入发展的时期，技术呈现出多样化的复杂趋势。出于巩固竞争优势的需要，主权国家对重要技术的国际转移、流动，会普遍加强管控。决定科技产业发展的主要是三类技术：产业核心技术、产业集成技术、底层支撑技术。对技术开发的体系化部署已经成为创新发展政策的重要趋势。

创新创业人才与人力资本是创新发展的第一要素。发展 STEM 教育、培养专业人才是新产业培育及产业转型升级的关键，建立技能培训体系并开展劳动者技能培训是积累、增加人力资本的有效方式。对于创新创业人才的培养，应当加强大学创业教育。与传统的大学专业教育相比，大学创业教育很容易被忽视或被边缘化。

创新创业资金是创新发展必不可少的要素。通常，风险资金是符合创新创业活动需要的资金。创新创业过程本质上也是一个投资过程。不过这个投资过程不同于技术已经成熟的传统产业的投资活动。因此，风险投资是一类专业化的金融部门，需要专业化的制度与政策支持。

第二，建设和发展创新生态。

科技创新创业基础设施。这是科技创新创业的物质载体，如众创空间、孵化器、加速器；科学实验与测试、验证平台；中试实施等。

信息网络、数据与共享。让创业者便利地获得充分的知识、数据、服务、政策信息；通过网络参加会议、进行交流；开展推介科技产品等商务活动。

形成多元主体协作机制。参与创新创业活动的主体包括大学、科研机构、企业、创业服务机构、风险投资机构等。建设科技园区、创新街区可以形成这些主体聚集的空间组织形式；也可以借助网络把相关参与者联系起来，形成相互协作的创新创业社区或群体。激励科技创新创业的制度与政策安排，是形成多元主体协作机制的关键。良好的政策设计，不仅可以鼓励大学、科研机构参与科技创新创业，还可以激励不同主体之间共同创业。对于科技型初创企业，能获得与大企业合作的机会，对自身的成长是十分有益的。通过空间布局、物质设施建设、政府公共服务体系化部署等手段，将有力推动创新生态的形成。

创新文化。倡导和激励社会公众参与创业，是推动创新创业发展的新趋势。鼓励创新、崇尚创业、敬重创业者的社会文化，对形成创新发展的社会氛围非常重要。

政府公共服务。政府在营造创新生态系统中发挥着主导作用，特别地，建设创新创业公共设施、提供创新创业公共服务，对降低创新创业成本、减少创新创业风险、促进创新生态系统良好运转发挥着重要作用。

第三，明确政府关注的重点领域。

科技创新创业对满足国家战略需求、经济与社会发展，以及国家安全、国防建设具有重要意义，关系国家利益和重要公共利益，因此，对于私人部门不宜或难以组织开展的科技创新领域中的活动，政府应当发挥重要作用。需要强调的是，创新创业本质上是经济活动，企业是其天然的主体，政府有必要明确重点领域或重点项目，明确支持政策，明确项目的实施应当由企业自主开展。除此以外的其他领域及项目，则应由市场发挥决定性作用。

第四，推动科技创新创业。

推动有效率的科技创新创业活动，主要依靠市场力量，发挥公平竞争的作用。相应的政策事项包括以下几方面：激励创业者创业，让创业者通过创业获得高额经济回报，获得社会尊重，这对激励创业者创业是十分有效的，国家设立的国家创客日、针对创业者的奖项也是一类有效的激励；支持各种各样的创新创业活动；发展向科技创业投资的风险投资部门；发展有利于科技企业上市的资本市场。

第五，激励企业创新发展。

激励企业创新发展是宏观创新发展政策的核心，包括大企业创新发展与中小企业创新发展。

关于大企业创新发展。大企业有条件自行组织开展科技研发和创新，需要激励措施促进大企业增加科技研发与创新投入，提高科技创新能力。对于行业领军企业特别是科技领军企业，还应当激励其开展基础研究。

关于中小企业创新发展。由于受自身实力的制约，中小企业自行组织开展科技研发和创新是比较困难的。政府不仅要鼓励中小企业创新发展，还应当在遵循市场规律的前提下，给予必要的资金支持和适度监管，例如给予资金资助中小企业竞争前研发。鼓励大学和科研机构与中小企业开展创新合作，建设服务中小企业创新的公共服务平台等。

传统上，大学与科研机构属于创新主体，政府资助它们开展科学研究、科技研发，但是形成的科学知识、科技成果，容易沉淀于大学和科研机构内部。在创新发展政策逐步成为宏观政策后，从法律和政策上规定接受政府资助的大学、科研机构，有义务向企业、社会宣传推广科学知识，转移技术成果，促进科学知识应用与科技成果产业化，这是成功的政策实践。

帮助科技创业企业获得订单，促进科技产品开发生产，是从需求端促进企业科技创新的有效市场化措施。

需要强调的是，政府的着力点是营造良好的创新发展环境，而不宜直接干预企业开展科技创新。从经济效率的角度分析，实施创新战略的关键，就是企业有科技创新创业的积极性，以及公平竞争的环境。

第六，保障措施。

执行创新发展政策，实现创新发展的目标，需要有体系化的保障措施。比较重要的事项包括以下几方面。

建立创新型政府。政府部门有创新发展意愿，把创新发展事务作为政府的重要责任，并进行绩效考核评价是必要的。

做好与宏观经济政策的衔接。宏观创新发展政策既不是传统的宏观经济政策，也不是传统的科技政策、教育政策。所以，在制定和执行宏观创新发展政策的过程中，需要相应的宏观经济政策（如财政政策和货币政策）的制度与政策安排，以支持创新发展。

中央政府与地方政府、政府相关部门在制定和执行宏观创新发展政策上要进行合作。首先，在监测统计指标、数据采集、数据共享、事实信息等方面，要执行统一的标准，为宏观创新发展政策制定提供科学依据。然后，要形成政策执行的合力，尤其是在政府部门层级，防止在政策执行上出现区域封闭和排外现象。

开展适度监管。对于新技术和新的科技产品，要采取包容性的审慎监管政策，防止因为缺乏与新产品相配套的规范、标准，而限制其发展。有限区域的试验性实际应用是促进新产品商业化的有效方式。

6. 重要的宏观创新发展政策工具

这里提出一类量化工具，作为制定、执行、监测、评估宏观创新发展政策的基础工具。

（1）R&D 经费投入

包括 R&D 总量、R&D 经费投入强度（一般采用 R&D 经费投入占 GDP 的比重）、基础研究投入及其占 GDP 的比重、政府研发投入及其占 GDP 的比重。

（2）风险投资

指的是用于科技创业孵化的投资，一般指从科技企业成立至上市这个阶段，用于支持科技企业运营和成长的权益性投资。可以运用的量化指标包括风险资金总量及其占 GDP 的比重，风险资金投资总额及投资收益。

（3）创新资本市场

包括创新资本 IPO 数量、市值及总体运行状况（可以用指数描述）。

上海证券交易所科创板、深圳证券交易所创业板和纳斯达克证券交易所是主要的创新资本市场。

（4）银行科技创新贷款

包括商业性科技创新贷款、政策性科技创新贷款，以及专门用于支持科学技术、创新创业的债券融资。

（5）科技创新税收政策

科技企业、技术市场、科技创业、风险投资、科技服务等创新主体、创新活动涉及的各种税收。

（6）研究型大学及STEM教育发展

包括研究型大学数量、优势学科，STEM优势学科，本科生、研究生数量等。

（7）技能培训

重点是围绕高新技术及其产业发展、新兴技术及其产业发展的劳动者技能培训。

（8）教育与技能培训投资

包括政府教育与技能培训投资、企业及社会教育与技能培训投资。

（9）科研机构

主要科研机构的情况。

（10）科技企业

包括科技型初创企业、高成长企业（瞪羚企业、独角兽企业）、科技型中小企业、高新技术企业、科技产业发展情况。

（11）知识产权制度

包括知识产权发展状况及高价值专利情况。

（12）人才与人力资本

包括科学家、科技企业家、工程师、风险投资者、创新创业人才及其数量。

（13）其他工具

包括社会创新创业载体数量、重要科技基础设施、科研机构等。

引入量化工具的好处是，有利于提高宏观创新发展政策的制定、执行、监测、评估的科学性、针对性和有效性。

7. 宏观创新发展政策的发布方式

宏观创新发展政策体系中包括长期和短期的政策，主要包括以下几种发布方式。

（1）宏观战略

对创新发展的长期宏观部署兼具原则性、方向性、全局性。宏观战略的执行意义重点在于为细化、专业化的政策部署提供战略指导。中国的《国家创新驱动发展战略纲要》和美国的《美国创新战略》就是宏观战略。

（2）创新发展规划

在宏观战略基础上，对创新发展进行更加细化的中长期部署，明确未来一个时期要坚持的战略思想、规划的发展目标、重点发展领域、分阶段实施计划，以及政府要采取的保障措施等。规划时间一般是 5 ～ 15 年。中长期规划具有指导性和操作性。对于实施周期较长的重点领域、重点研究项目、重要科技设施或科学装置，可以依据中长期规划做出实施安排。对于短期规划（如年度项目），可以通过中长期规划指导的年度计划或短期计划予以确定。

（3）具体政策

在宏观战略和创新发展规划基础上，制定细化的政策部署。由于宏观创新发展政策是典型的跨部门、跨领域政策，因此，需要由执行部门 / 行业 / 领域制定细化政策。例如，宏观战略之下的配套财政政策、货币政策、科技政策、教育政策等细化的政策，可以针对具体政策对象直接执行。对于重大项目或重要工程的实施，还需要根据战略部署、规划安排，进行具体的方案设计、可行性研究，获得正式批准之后才能进入实际执行和实施阶段。

参考文献

[1] 习近平 . 高举中国特色社会主义伟大旗帜 为全面建设社会主义现代化国家而团结奋斗——在中国共产党第二十次全国代表大会上的报告 [M]. 北京：人民出版社，2022.

[2] 中国共产党第十九次全国代表大会文件汇编 [M]. 北京：人民出版社，2017.

[3] 凯恩斯 . 就业、利息和货币通论 [M]. 宋韵声，译 . 北京：华夏出版社，2013.

[4] 萨缪尔森，诺德豪斯 . 经济学 [M]. 萧琛，译 . 北京：商务印书馆，2013.

[5] 德鲁克 . 创新与企业家精神 [M]. 蔡文燕，译 . 北京：机械工业出版社，2019.

[6] 熊彼特 . 经济发展理论 [M]. 王永胜，译 . 上海：立信会计出版社，2017.

[7] 拉奥，斯加鲁菲 . 硅谷百年史：伟大的科技创新与创业历程（1900—2013）[M]. 闫景立，侯爱华，译 . 北京：人民邮电出版社，2014.

[8] 贾敬敦，米磊，于磊 . 硬科技：中国科技自立自强的战略支撑 [M]. 北京：人民邮电出版社，2021.

[9] 贾敬敦，刘忠范 . 国家科技战略引擎：新型研发机构 [M]. 北京：中国经济出版社，2022.

[10] 贾敬敦，安磊，郭曼，等 . 创新资本：决胜高质量发展的关键 [M]. 北京：人民日报出版社，2022.

[11] 布什，霍尔特 . 科学——没有止境的前沿 [M]. 范岱年，解道华，译 . 北京：商务印书馆，2004.

[12] 雅各布斯.美国大城市的死与生 [M].金衡山，译.南京：译林出版社，2020.

[13] 刘世锦.中国经济增长十年展望（2019—2028）：建设高标准市场经济 [M].北京：中信出版社，2019.

[14] 斯密.国富论 [M].戴光年，译.武汉：武汉出版社，2010.

[15] 国家发展和改革委员会.2021年中国大众创业万众创新发展报告 [M].北京：人民出版社，2022.

[16] 科学技术部火炬高技术产业开发中心.中国创业孵化发展报告2021 [M].北京：科学技术文献出版社，2022.